長浜曳山祭の過去と現在

市川秀之・武田俊輔［編］

祭礼と芸能継承のダイナミズム

おうみ学術出版会

長浜曳山祭の過去と現在
—祭礼と芸能継承のダイナミズム—

目次

第1章　序説・長浜曳山祭の歴史と現在　市川秀之　1
はじめに　2
一　長浜曳山祭の歴史　6
二　長浜曳山祭の行事の流れ　11
三　祭りを支える組織　20
四　全体的組織の戦後史　24
五　本書の成り立ち　36

第2章　長濱八幡宮における七郷の現在　中野洋平　43
はじめに　44
一　「七郷」の組織形態　46
二　七郷としての役務　53
三　長浜曳山祭における七郷の位置　64
四　七郷の形成　69
おわりに　77

第3章　長浜曳山祭における祭りと囃子、山組と囃子方　東資子　81

はじめに　82
一　長浜曳山祭囃子の伝承　83
二　社会の中の長浜曳山祭囃子　92
おわりに　101

第4章　シャギリと周辺農村　上田　喜江　107
はじめに　108
一　近江の曳山祭とシャギリ　110
二　現在の長浜曳山祭におけるシャギリの担い手　118
三　周辺地域のシャギリとその担い手　119
四　地元独自の祭りへの転換期　133
五　周辺地域からの協力による囃子　134
六　長浜型をはじめとするシャギリの広がり　138
おわりに　140

第5章　三役と湖北農村部の娯楽　小林　力　145
はじめに　146
一　二人の上演記録　147

二　昭和四年の滋賀県の公衆娯楽調査　155
三　湖北農村部の浄瑠璃愛好者と子ども歌舞伎　166

第6章　歌舞伎芸能の地方伝播　橋本　章　169
—長浜曳山祭の子ども歌舞伎における振付の来訪の様相を題材に—
はじめに　170
一　歌舞伎芸能の地方伝播に関する研究史　173
二　長浜曳山祭における歌舞伎芸能の様相　177
三　長浜曳山祭における三役の様相について　180
四　地域の歌舞伎に携わる芸能者の展開　186
おわりに　188

第7章　山組の組織の変化と今後　村松　美咲　195
はじめに　196
一　問題設定　197
二　若衆の成員構成とその推移　203
三　若衆組織を構成する縁の変容と継承をめぐる課題　215

第8章　若衆―中老間のコンフリクトと祭礼のダイナミズム　武田　俊輔　231
はじめに　232
一　若衆たちの祭礼の準備のプロセス―X町を事例として―　235
二　祭礼における町内のコンフリクトとその演出　242
三　積極的に創り出されるコンフリクト　252
四　世代間コンフリクトが創り出す祭礼のダイナミズム　257
終　章　ウチ―ソト関係からみた長浜曳山祭　市川　秀之　269
あとがき
索引
執筆者紹介

第1章　序説・長浜曳山祭の歴史と現在

市川　秀之

はじめに

滋賀県の中心には面積約六七〇平方キロメートル、周囲約二四〇キロメートルに及ぶ琵琶湖が広がり、その東岸には南から大津・草津・守山・近江八幡・彦根などの都市が並ぶ。いずれも琵琶湖と深くかかわりながら歴史を刻んできた都市であるが、湖岸に並ぶ都市群のうちもっとも北側に所在するのが長浜である。長浜は豊臣秀吉が初めて城持ちの大名となった町として知られるが、その長浜城の城下町として、あるいは浄土真宗の名刹大通寺の門前町として発達し、長浜城が廃された江戸期には絹織物（浜ちりめん）や仏壇製作（浜壇）などの産業が発達した。長浜城自体が琵琶湖に接して建てられた水城《みずしろ》であり、長浜の町も北陸地方や湖北の物資を大津を経て京都・大坂へと運ぶ港湾都市でもあった。長浜の戸数は近世を通じておおむね一二〇〇～一三〇〇戸、人口は四六〇〇から五〇〇〇人ほどであった（長浜市史編さん委員会、一九九九、二）。明治以後も長浜は地方都市としての発展を続ける。明治一五年（一八八二）には東海道線の駅ができたが、その当時の東海道線は長浜までであり、長浜湊と大津の間は船運で結ばれていた。(1) 長浜はこのように交通の要地でもあり。昭和八年（一九四三）には市制を施行している。近年では平成の大合併によって湖北の諸町をあわせて、現在では人口一二万六〇〇〇人余り、面積六八〇平方キロ余りという大きな自治体となっている（図1）。

長浜はこのような性格を持つ歴史都市であるが、現在では黒壁スクエアを中心とした旧市街地に多くの観光客が訪れる観光都市でもある。このような都市の繁栄を背景として、この地では長浜曳山《ひきやま》祭

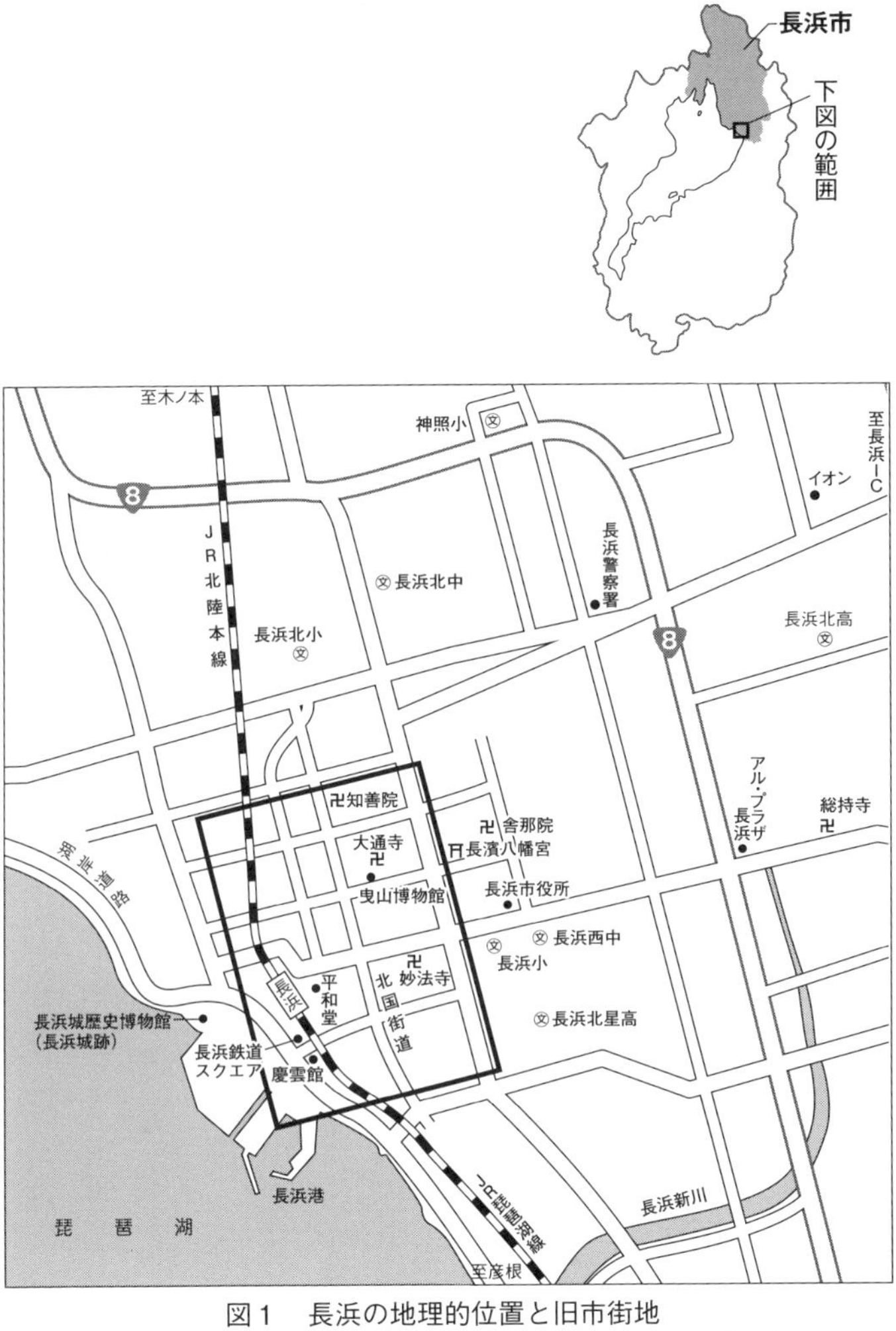

図1　長浜の地理的位置と旧市街地
(『長浜曳山まつりの舞台裏』の7頁図・太線は山組町の範囲)

が長く営まれてきた。長浜曳山祭の中心は子ども歌舞伎である。長浜では子どもによる歌舞伎を狂言と呼ぶことが多いが、能狂言との混同を避けるため本書では「子ども歌舞伎」の表記を用いることとしたい。子ども歌舞伎などの芸能を奉納する地縁的な組織は山組と呼ばれる。山組が所在するのは先に述べた長浜市のなかでも旧市街地と呼ぶべき一帯で、JR北陸本線の長浜駅をほぼ西端としそこから東側に約一キロ、南北一・二キロ程の範囲である（図2）。その中心を東西に貫く大手門通りを中心に華やかな子ども歌舞伎が演じられる。この一帯はかつては豪壮な商家が立ち並ぶ湖北地方の商業の中心地であったが、少し離れた場所にある国道八号線沿いにショッピングセンターや大型スーパーが進出することによって買い物客が減少し、一九八五年ころにはシャッター街の状況になった。黒壁スクエアはこのような状況に陥った旧市街地に所在した銀行の建物を再利用し、昭和六三年にガラス工芸の製造や販売を中心として出発した第三セクターによる商業施設である。その後空家となった古民家を利用したレストランやギャラリーなども次々にオープンし、多くの観光客がこの地を訪れるようになっている。長浜曳山祭と黒壁スクエアは現在の長浜を特徴づける両輪とでもいうべき存在である。

本書はこの長浜曳山祭の近世以降の長い歴史を前提としながら、その戦後から現在に至る姿に焦点を当てた論考を集めている。とりわけ祭りを支える集団や人々を考察の中心に据え、近代・現代の地方都市においていかに祭礼が継承されてきたのかを主たるテーマとしている。過疎に悩む村落部では祭礼や民俗芸能の継承が大きな問題となっているが、空洞化が進行する伝統的都市においてもやはり同様の事態が全国的に生じている。長浜における祭礼・人・集団の関係性を有機的に考察することは、

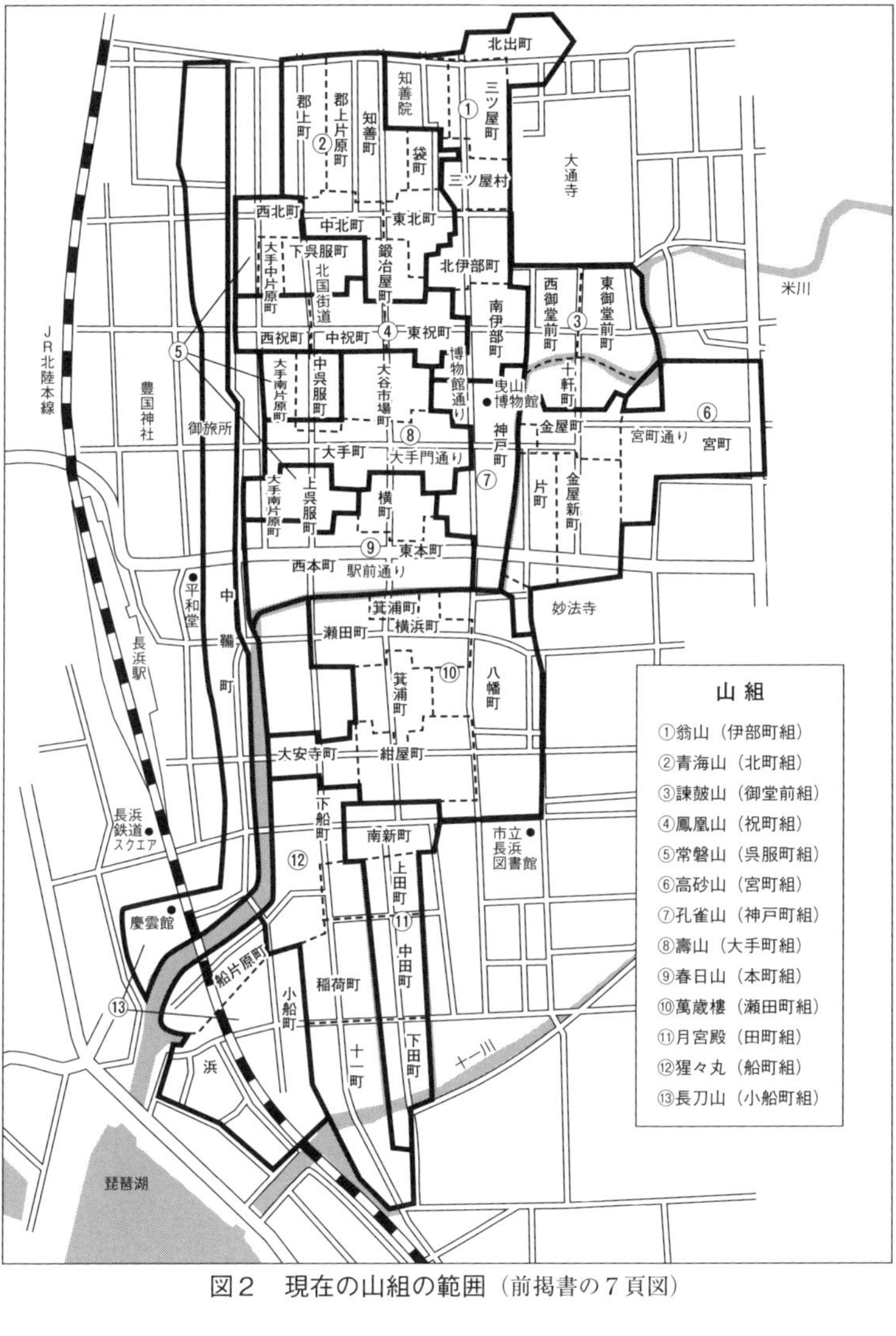

図２　現在の山組の範囲（前掲書の７頁図）

他の都市祭礼や伝統的都市を分析する際の有効な視座を与えるものといえるだろう。

本書の各章ではこの祭礼を構成するさまざまな集団や要素について、多様な立場から考察が展開されているが、それに先立ってここではひとまず長浜曳山祭の概要を説明しておく必要があるだろう。

一　長浜曳山祭の歴史

長浜曳山祭は、国の重要無形民俗文化財に指定されており、これまでにもいくつかの書籍や報告書、論文が出されている。

古いものとしては昭和一〇年（一九三五）に中村林一によって出された『長濱祭禮記』がある。同書には当時の行事の次第や祭りの由緒が記されており、現在でも引用されることが多い書物である。昭和一一年に戦争の影響で子ども歌舞伎などが中止され神事のみの祭りとなる直前の記録としても貴重である（中村、一九三五）。また『長浜曳山祭総合調査報告書』は長浜曳山祭総合調査団・長浜市教育委員会の五カ年にわたる調査の成果報告書であり、祭りの組織、曳山などについて図面を交えた詳細な記載があり、曳山祭りそのものと曳山に関する史料も数多く収録されている（長浜市教育委員会・長浜曳山祭総合調査団、一九九六）。『長浜市史　六　祭りと行事』は旧長浜市全域を対象としているが、長浜曳山祭に多くのページが割かれ、その歴史や祭りの進行などについて細かな記載がある（長浜市史編さん委員会、二〇〇二）。また市立長浜城歴史博物館・長浜曳山祭保存会なども図録・写真集を刊行している（市立長浜城歴史博物館　一九九五・長浜曳山祭出版委員、一九八三）。

ここではそれら先行研究を参照しながら、長浜曳山祭の歴史をたどることとしたい。

長浜曳山祭は旧市街地の東端に鎮座する長濱八幡宮の春の大祭として行なわれている。

写真1　太刀渡り

長濱八幡宮は、社伝によれば延久元年（一〇六九）に石清水八幡宮より勧請《かんじょう》したといわれる古社である。同社は長浜旧市街地（近世の長浜町）に属する各町と、七郷《しちごう》と呼ばれる隣接する集落群を氏子圏としているが、この範囲はほぼ中世の石清水八幡宮細江荘（八幡庄）にあたり、その荘園鎮守社として当社は勧請されたものと思われる。後述するように祭りでは一三の山組がそれぞれに曳山などを出すが、そのうち長刀《なぎなた》組だけは子ども歌舞伎を奉納せず長刀山という山車を奉納し、また力士や大きな太刀を腰にした武者に扮した若者が行列して一番に宮入する。この行列は太刀渡《たちわた》りと呼ばれ（写真1）、長浜曳山祭の本日《ほんび》[2]の冒頭を飾る行事であるが、これは八幡太郎義家が後三年の役から凱旋の途中、八幡宮に参拝したときの行列を模したもの、あるいは義家が当社勧請のころに、対岸から船で湖上をわたり長浜の湖岸に上陸して参拝したときに土地の人々がこれを警固した様子を模したものと伝承されている[3]。

天正二年（一五七四）、豊臣秀吉は長浜城主となり、城下町を整備した。それに際して秀吉は、戦国の動乱で荒廃した長濱八幡宮の復旧を手掛けている。秀吉の城下町造成や復旧に際して、八幡宮が移転したという説もあり、『長浜曳山祭総合調査報告書』・『長浜市史　六　祭りと行事』はこの説を支持している。また長浜曳山祭の創始を伝える伝承として秀吉が長浜城主のときに男子が出生しその祝いに町民に砂金を下したがこれを基金として曳山が作られたという伝承もある。秀吉は天正一一年（一五八三）の賤ヶ岳《しずがたけ》の戦いの後、大坂に本拠を移す。その後、関ケ原の戦いを経て慶長一一年（一六〇六）に内藤信成が入城するものの、内藤氏は元和元年（一六一六）には摂津高槻城に転封となり長浜城は廃された。このため長浜に城が置かれた期間はごくわずかであった。しかしながら近世には長浜は湖北を代表する港町として、あるいは浜ちりめんや浜仏壇に代表される商工業都市として大きく発展した。先述のように長浜町の中心、ことに大手門通りには大きな商家が軒を並べた。

これらの商工業の発展が長浜曳山祭にとって欠かすことのできない経済的なバックボーンとなった。元禄八年（一六九五）の「大洞弁財天祠堂金寄進帳」によると長浜町には四三四軒の商工業者が軒を並べていたことがわかるが、そのなかでも船持（舟持）五六軒・酒屋二三軒・紺屋二〇軒などが軒数の多い職種である。この数字から当時の長浜が商業と交通の中心地であったことがうかがわれる（長浜市史編さん委員会、一九九九、一五九～一六〇）。

現在に続く長浜曳山祭がどのように形成されていったのかを直接的に示す史料はごく少ないが、『長

浜市史　六　祭りと行事』や『長浜曳山祭総合調査報告書』では、由緒書や近世地誌類をもとに、次のような発展段階を想定している。

第Ⅰ期【初期練物】神幸に太刀渡りが登場する（一七世紀初頭）

第Ⅱ期【中期練物】太刀渡りのほかに仮装の出し物（一七世紀前半）

第Ⅲ期【後期練物】「山」が町組ごとに出され、仮装の練物が廃れる（一七世紀半ば）

第Ⅳ期【プレ長浜型曳山】芸能が演じられる芸屋台構造の「山」が現れる。芸能内容は不明。太刀渡りの太刀を飾る飾り山形式の「長刀山」が整備される。（一七世紀後半〜一八世紀前半）

第Ⅴ期【成立期長浜型曳山】子ども歌舞伎を演じる本格的芸屋台が整備される。（一八世紀前半〜一八世紀後半）

第Ⅵ期【完成期長浜型曳山】亭を増設し、装飾も大きく改良される。（一九世紀前半）

長浜曳山祭では長浜の町の東端にある八幡宮から、長浜駅にほど近い御旅所《おたびじょ》まで神幸《しんこう》がおこなわれ、八幡宮境内や御旅所、その途中において歌舞伎が行われている。御旅所は八幡宮から約七〇〇メートル西側にあり、その途中は大手門通りと呼ばれる商店街となっている。御旅所は三〇〇〇平方メートルほどの面積を持つ広場で、その北側にある神輿堂《みこしどう》という建物に祭礼のときには神輿が置かれ、その神輿に奉納する形で広場において歌舞伎がおこなわれる。この場所は現在では市街地の中心であるが、かつては琵琶湖に近い場所であった。そのさらに西側の湖岸に長浜城が築かれたのである。第Ⅰ期の神幸とは神社から御旅所への神幸であり、先に述べた太刀渡りは曳山などに先立ちもっともはやく奉納されるようになったという。

第Ⅱ期にみられる仮装の出し物とは、地誌「長浜記」が記す大谷市場町が奉納していた「太刀振り」、郡上片原町が奉納した「大首大衣装」などを指しているが、やがてこれらがおこなわれなくなり一七世紀半ばから出現した「山」が祭礼の中心となっていく。ただ出現当初の山は現在残されている曳山に先行する形のものであり、そこでどのような芸能が行われていたのかも不明である。現在の長浜曳山祭は子どもによる歌舞伎が演じられるのが最大の特色であるが、子ども歌舞伎がおこなわれるようになるのは一八世紀の後半と考えられる。寛政四年（一七九二）に刊行された地誌『淡海木間攫《おうみこまさらえ》』は子ども歌舞伎について次のように記す。「神前及び経過の市町旅所まで処々にて児童俳優をなす。おおよそ洛陽・武江・浪速などにてなす所の戯場に類せり。いずれも屋台の上にて作すなり。屋台の下にては鐘鼓・横笛を以て俗楽をなす。土俗これを以てシャギリをはやすという」。ここに描かれた情景はおおむね今日のものと同様であるが、ただシャギリ（囃子）をはやすのが、歌舞伎と同じ「舞台の上」であるという点は異なっている。現在の曳山は舞台の後方に楽屋と呼ばれる場所があり、ここで三味線・浄瑠璃が奏される。そこから階段を上がった二階部分は亭《ちん》と呼ばれ、ここでシャギリが演奏されることとなっている。先に紹介した第Ⅵ期の「完成期長浜型曳山」という時期区分は、この二階部分への亭の増設をその画期としている。曳山の形態としては確かにこの第Ⅵ期を一つの完成形態とすることができるが、明治以後も長浜の曳山祭りは大きく変貌して現在に至っている。この近代以降の長浜曳山祭の歩みと現在の姿こそが本書の主たる対象となる。

二　長浜曳山祭の行事の流れ

毎年、四月一五日を中心に長浜曳山祭はおこなわれている。まずはその行事の流れを時系列に従って概説することとしたい。何度も述べてきたように長浜曳山祭の最大の特色は曳山の上の舞台で演じられる子ども歌舞伎である。歌舞伎を奉納する山組は全部で一二あり、近世には毎年一二基すべてが奉納していた。明治一九年(一八八六)より六基の奉納となり、その後変化があったものの現在では毎年四基が奉納しており、これを出番山、そしてその年奉納しない山を暇番山《かばんやま》と呼んでいる。個別の山組は三年に一度出番山を務めることとなる。

各山組は表1が示すとおり、一つないし六つの町によって構成されている。この「町」は近世の町名であり、現在の地名ともまた自治会の名称とも異なる。山組内では町ごと、あるいは複数の町による組を単位として祭典委員などの役員を出したり、また後述する負担人や籤取人《くじとりにん》などの役職を輪番で選出したりしている。また表1に実線で示したのは、出番山のときの組み合わせであり、上から下の順番で四組ずつ出番山が廻っていくこととなっている。

祭りの準備は前年の祭りが終わったときから、あるいは前回の出番山であった三年前から始まるといわれるが、本格的には前年一一月一日の初集会からスタートする。祭り全体を差配する組織として總當番《そうとうばん》があるが、初集会は總當番が招集し各山組の負担人と宮司が出席する。負担人とは山組の代

表1　山組を構成する町

山名	組名	構成する町
長刀山	長刀組(小舟町組)	
春日山	本町組	西本町・(東本町)・横町
月宮殿	田町組	南新町・上田町・中田町・下田町
青海山	北町組	郡上町・郡上片原町・中北町・東北町・鍛冶屋町・袋町
諫鼓山	御堂前組	西御堂前町・東御堂前町・十軒町
高砂山	宮町組	宮町・片町・金屋町・金屋新町(錦南)
壽山	大手町組	大手町・大谷市場町
猩々丸	船町組	上船町・中船町・下船町・稲荷町・十一町
鳳凰山	祝町組(魚屋町組)	東祝町・中祝町・西祝町(近世には東魚屋町・中魚屋町・西魚屋町)
翁山	伊部町組	南伊部町・北伊部町・三ツ屋(三津屋)町・三ツ矢村
常磐山	呉服町組	上呉服町・中呉服町・下呉服町・南片原町・西北町
孔雀山	神戸町組	神戸町
萬歳樓	瀬田町組	瀬田町・八幡町・横浜町・箕浦町・大安寺町・紺屋町

表であり、各組二名ずつ置かれている。初集会では出番の山組が本年も子ども歌舞伎を執行するかなどその意向を確認し、以後それぞれの山組でも準備が進められていく。山組で子ども歌舞伎の実務を担うのは若者の組織であり、これは若い衆・若連中・若き者・奇合《きごう》などと呼ばれている。本書では若者の組織を一般的に呼ぶ時には、もっともよく用いられる「若衆」を用いることとしたい。若衆はその代表である筆頭を中心に外題《げだい》や三役を決定し、子ども役者の選定もおこなう。外題とは歌舞伎の演目であり、三役とは芝居の脚本を製作したり指導をする振付、および三味線、浄瑠璃(太夫と呼ばれる)を指している。これらの諸組織や三役の役割については後にさらに触れることとする。二月一日には山組総集会が開か

れこのときに各出番山の外題、三役などが発表される。この山組集会のあと役者となる男子の家に役者依頼が正式におこなわれる。三月に入ると出番山において若衆の総寄りがおこなわれ、それぞれの役割分担が決定されるなど祭りの体制が整っていく。衣装合わせやパンフレットの作成などの準備はこの間も着々と進められている。

本格的な歌舞伎の稽古の開始は子どもが春休みに入る三月二〇日ごろである。稽古の中心となるのは振付であるが、振付は遠くから呼ばれることが多いため、このころから長浜に宿泊し、各山組の集会所などで稽古が始まる。稽古場には曳山と同じ大きさの舞台が仮設され、そこで稽古がおこなわれる。若い衆は交代で稽古場に詰め、一日三回おこなわれる役者の稽古を手伝ったり、休憩時の飲み物の世話をしたりする。若衆には芝居のなかでも大道具を入れ替えたり、拍子木を打ったりする役割があり、それらの準備・練習も進められる。また三役のうち振付は稽古開始と同時に長浜に入るが、三味線や太夫が稽古に参加するのは祭りの数日前になるので、稽古開始からしばらくの間は浄瑠璃や三味線を録音し、それを使って稽古をする必要がある。このテープやCDを鳴らす作業も若衆の仕事である。

現在の長浜曳山祭を考える上で、曳山博物館の存在は欠かすことができないものになっている。曳山博物館は長浜市の施設であるが、曳山文化協会が指定管理者として運営にあたっている。平成一二年（二〇〇〇）一〇月に開館し、館内には翌年の出番山の四基が収納展示されている。祭りが迫る毎年四月の第一日曜日には、それまで展示されていたその年の出番山の四基と、翌年が出番山となる四基を交代する曳山交代式がおこなわれる。このときにはシャギリが鳴らされ、また曳き手にとっては試し曳きの絶好の機会にもなる。なおシャギリとは祭りのお囃子のことで笛・すりがね・太鼓によって演奏されるが、祭りの局面によって演奏される曲目が異なっている。また山組によって曲目に差がみられるものもある（本書第3章東論文参照）。

この曳山交代式を契機に長浜の町は祭りムードが盛り上がっていく。四月九日には線香番がおこなわれる。これは總當番が各山組の稽古場をまわり芝居が定められた時間（現在は四〇分）の間に収まるかどうかを確認する行事である。この日までの稽古は振付と若衆・役者だけで行われ、役者の家族や山組によっては中老なども稽古場に入れないというところもあるが、この線香番の日からが稽古場は公開される。役者の家族や山組の人々にとって線香番は待ち遠しい行事となっている。この日までには役者の衣装合わせや鬘《かつら》合わせもすでに終了し山組は祭りの日を待つばかりとなる。

九日から一二日までの間、毎晩若衆によって裸参りが行われる。祭りの初日にあたる一三日の朝、長浜八幡神社の拝殿で上演の順番を決める籤取式がおこなわれる。裸参りは籤取りをおこなう籤取人を励ますことが目的だといわれるが、長い祭りの準備を続けてきた若衆のエネルギーの発散という性格が強い。各集会所で飲食をしたあと、白さらしにキマタ（祭り用の半股引のこと。ふんどしを締める山組もある）という姿で隊列を組んで出発し、「ヨイサ。ヨイサ」と声をあげながら豊国神社と長濱八幡宮まで行進し参拝する。両者の入口にある手水場《ちょうずば》で籤取人は水を浴びて体を清める。また山組同志がすれ違うとき、時にトラブルとなることもあり、これもまた裸祭りの一つの特色となっている。線香番の日から裸参りは四日間行われ、また深夜には起こし太鼓もおこなわれる。起こし太鼓とは、山組の人たちが祭りの期間中寝ないように起こして回るためのシャギリで、各組とも軽快な曲が演奏される。

祭りは四月一三日から始まる(表2)。この日の朝七時から御幣《ごへい》を八幡宮に迎えに行く御幣迎えの行事がある。この時の主役は狩衣に烏帽子姿の男の子で御幣持などと呼ばれている。男子は神社から御幣をもらい各家でそれを飾る。この行事に続いて神輿の渡御《とぎょ》が行われる。神輿は午前一〇時に神官によって神事が行われたのち、六〇人の男性によって担ぎだされ、長浜駅近くの御旅所まで巡幸する。この時には出番山・暇番山にかかわらず山組全体で神輿をかつぐ。また一五日の夜、御旅所での舞台が終わってから行われる神輿の遷御《せんぎょ》では七郷と呼ばれる地域の人たちが神輿を担ぐことになっている。七郷とは長濱八幡宮の氏子範囲の一部の村落を意味しており山組は含まれていない(本書第2章中野論文参照)。山組が長濱八幡宮より西側に所在しているのに対して。七郷の町は神社周辺やそれより東側に所在している。

ついで午後一時より、長濱八幡宮の幣殿で各山組の籤取人によって籤引きがおこなわれ、一番山から四番山までの順番が定まる。現在では男子による三番叟《さんばそう》もおこなわれているが、三番叟は子ども歌舞伎に先だって一番山の舞台で舞われることとなっている。

一三日の夕方には各町の町内で歌舞伎が初めて演じられる。この上演は十三日番と呼ばれている。祭り以外の時、山は各山組の山蔵に収蔵されているが、この日には曳山は山蔵から曳きだされ、曳山

4月13日 午前10時	神輿渡御 長濱八幡宮から御旅所まで神輿が担がれ神輿殿に納められる。
4月13日 午後1時	籤取式 八幡宮で出番山の上演順を決める籤が引かれる。籤取人は出番山の町内に住む未婚の男性。
4月13日 午後6時	十三日番 出番山組の自町内で最初の子ども歌舞伎が上演される。
4月14日 正午	登り山 午前中には自町内で子ども歌舞伎が上演される。そのあと山は長濱八幡宮まで曳かれ所定の場所に置かれる。長刀山は御旅所へ向かう。
4月14日 午後7時	夕渡り シャギリを先頭に子ども役者が長濱八幡宮から曳山博物館前の一八屋(いっぱちや)席までの参道を練り歩く。
4月15日 午前8時30分	朝渡り 子ども役者らが長濱八幡宮に衣装や化粧を整えて行列する。
4月15日 午前9時20分	太刀渡り 長刀組の若衆が、尻まくりした力士姿で先導し、太刀を携えた子どもの武者が行列する。
4月15日 午前9時40分	翁招き 太刀渡りの一行は参拝を済ませると、御旅所へと向かう。そのとき長刀組の年長者が席札を本殿に向かって3度振りその先を一番山に向ける。それを合図にシャギリが始まり、子ども歌舞伎の奉納がおこなわれる。
4月15日 午前10時	子ども歌舞伎奉納 長濱八幡宮境内で一番山から順に子ども歌舞伎の奉納が始まる。それが終わると御旅所への途中にある5カ所の席で上演される。
4月15日 午後4時30分	御旅所神前奉納 曳山は一番山から御旅所に神前入りをして上演がおこなわれる。
4月15日 午後9時	神輿還御 御旅所での奉納歌舞伎がすべて上演されると、神輿は七郷の若衆によって担がれ、長濱八幡宮へと向かう。
4月15日 午後9時30分	戻り山 神輿が札の辻を超えると、長刀山、一番山、二番山の順に曳山は自町へと向かう。
4月16日 午前10時以降	後宴狂言 各山組の自町で子ども歌舞伎が上演される。昼間は長浜文化芸術会館での上演も行われる。最後の自町上演は千秋楽と呼ばれ、若衆筆頭の挨拶や振付への花束贈呈などがおこなわれる。
4月17日 午前8時	御幣返し 各山組の御幣を長濱八幡宮に返し本殿に納められる。
5月中旬~6月上旬	出番山組集会・山組集会 總當番と出番山組による集会、全山組による集会がひらかれ、今年度の反省や報告、決算の報告などがおこなわれる。
7月上旬	總當番引継ぎ 来年の總當番への引き継ぎがおこなわれる。

表2　祭りの年間日程

7月～9月初旬	山組総会 各山組で総会が開かれ、祭りにむけての準備が始まる。
9月	總當番役員寄り、挨拶回り 暇番山の2組から正副總當番委員長が決まり、役員寄りや、関係機関への 挨拶が始まる。
10月中旬	總當番委員初寄り 新總當番委員全員による初寄り。
10月下旬	出番山組初集会 来年の出番山、長刀組の負担人と總當番委員が集まり、来年の出場の意思 確認をする。
11月1日	山組集会 長濱八幡宮参集殿で全山組の負担人と總當番による集会がおこなわれる 来年の出番山の出場が確認される。
2月1日	山組集会 全山組の負担人と總當番による集会。出番山組から外題、三役などの発表 がおこなわれる。
2月中下旬	役者決定 出番山組に振付が来て、役者親と役者が集められ、配役が決定される。
2月～3月中旬	總當番寄り・出番山組集会 この期間に何度も集会が開かれ、曳き手や財源の確保、安全対策などにつ いて話し合われる。
3月20日以降	習い番 各出番山の稽古場で稽古が始まる。
3月下旬	衣装合わせ 出番山組に衣装屋、髪屋が来て、役者の採寸などをおこなう。
4月1日	山組総会 全山組の負担人と總當番による山組集会が開かれる。このときには祭典参 与の長浜市長・曳山文化協会理事長・観光協会長なども参加する。
4月上旬	三役・役者初顔合わせ 出番山組に太夫、三味線も来て、三役、役者、役者親、負担人、若衆筆頭 などによる初顔合わせ。以後、稽古に太夫、三味線が加わる。
4月第一土曜日	曳山交替式 曳山博物館に展示されていた出番山の4基が自町に帰り、翌年の出番山4 基が博物館に入る。
4月9日 午後6時30分	線香番 總當番が稽古場に出向き、子ども歌舞伎の時間(40分以内)を計る。この日 より稽古場が公開される。
4月9日～12日 夜	裸参り 出番山の若衆が稽古宿から長濱八幡宮、豊国神社までを練り歩く。
4月13日 早朝	起こし太鼓 全山組のシャギリが町内を練り歩き町民を起こして歩く。以後15日まで続く
4月13日 午前7時	御幣迎え 全山組の御幣持ち、負担人、若衆などが長濱八幡宮に参集する。玉籤によっ て御幣拝受の順番を決める。長刀組は金幣を他の組は白幣を受ける。出番 山では御幣を山の前柱につける。

の周囲には幕が飾られる。これらの山や幕もまた貴重な文化財である。一四日にも自町狂言がおこなわれ、そのあと昼過ぎから曳山を長濱八幡宮まで曳行《えいこう》する登り山の行事が行われる。長浜の町の道は狭く、両側の家の軒をかすめるように山は神社へと進んでいく。神社の境内に入った曳山は出番の順に並べられる。一四日の夜七時からは神社から大手門通り商店街を通って自町まで役者たちが行列する夕渡りの行事がある。子どもの役者たちは衣装を着け化粧をして、観客の声にこたえながら辻々で見えを切りながら少しずつ進んでいく。この日までは観客も地元の人が多く、近所の子ども役者への掛け声も温かい。ほのぼのとした雰囲気のなか夕渡りの行列は続いていく。

一五日が祭りの本日《ほんび》である。この日には境内での神前狂言のあと、大手門通りの何カ所かで各山が歌舞伎を演じながら御旅所へと進んでいく。最初に各山組から役者が八幡宮まで練り歩く朝渡りの行事がおこなわれる。ついで先述した長刀組（小舟町組）による太刀渡りがある。太刀渡りの一行が境内の所定の場所につくと、總當番委員長から狂言執行の挨拶がある。その後太刀渡りは御旅所にむけて出発し一同の最後尾が手水舎《ちょうずや》の前にさしかかったとき、長刀組の担当者が「最初長刀組」と書かれた札を先端につけた竿を動かし本殿に向けて三度招く所作をし、その後一番山の曳山に差し向ける。これは翁招きと呼ばれる行事で、これを契機として、籤の順番に神前での歌舞伎が奉納される。終わった山は次々と神社から大手門通りをくだり、その何カ所かでさらに歌舞伎を演じる。歌舞伎の開始、終了の際にはかならず負担人が總當番に挨拶をする。このときには人行事《にんぎょうじ》が先導することとなっている。なお人行事とは山を曳く人（山曳き）のリーダーで、かつて遠隔地から人を集めていた時代には、人を集める責任者が務めていたという。現在ではシルバー人材センターやボランテイアに依頼している。

夕刻には四基が御旅所に勢揃いし、ここで最後の上演がおこなわれる。すべての芝居が終わると九時ごろになっている。まず御旅所に安置されていた神輿が七郷の人々によって担ぎあげられ神幸のときとは異なるルートで八幡宮へと向かう。それに続いて各山も自町の山蔵へと帰っていく。この行事は戻り山と呼ばれている。

翌一六日には各山組の町内で後宴《ごえん》狂言がおこなわれる。これは数回演じられるが最後の狂言では役者の子どもたちから振付に花束の贈呈があったり、若い衆の筆頭の挨拶があったりして祭りの大団円を祝う。

一七日には御幣返しの行事がある。これは一三日に各山組に迎えた御幣を午前八時に八幡宮に返す行事である。これをもって祭礼は終了となる。

長浜曳山祭の中心はいうまでもなく曳山の舞台で演じられる子どもによる歌舞伎である。歌舞伎の役者は小学一年から中学一年までの男子で、その山組を構成する町の中から選ばれるのが基本だが、他町の子を借りてくる借り役者もみられる。また先述のとおり、歌舞伎をささえる振付・太夫（浄瑠璃）・三味線を三役と呼んでいる。役者を指導するのが振付で、振付は芝居の脚本を作り、全体の演出をして、子どもにそれを教えるため相当な専門知識を必要とする。山組内の人が振付をつとめることもあるが、多くは京都などから専門家を招いて振付を依頼している。また太夫や三味線も他所から呼んでくることが多いが、近年では後述する三役修業塾などもでき長浜の住人がこれを務めることも多くなってきている。

子ども歌舞伎と並んで曳山祭を支えるもう一つの芸能がシャギリ（囃子）である。シャギリは戦前には長浜周辺の農村の人を雇って演奏してもらっていたが、戦時期の中断期にそれがとだえた。戦後は復活したものの時代の変化の中で徐々にとそれが困難になり、一時は録音テープでシャギリを流すことなどもあった。かつては成人男子がシャギリを奏していたが、昭和四六年（一九七一）年に長浜祭囃子保存会が組織され現在では女子を含む子どもによるシャギリが中心になってきている。ただ曳山の上に登れるのは男性だけであり、その他の子どもは曳山の廻りで演奏する形となっている。

三　祭りを支える組織

以上述べてきたように、長浜曳山祭は長い準備期間を要する大規模な祭礼であり、それを支える組織の構成も複雑である。その詳細は本書の各論考で述べられるため、ここではその概要だけを紹介しておきたい。

長浜曳山祭には一三の山組が参加している。山組とは祭りのための地縁的組織であり、それぞれは複数の町から構成されている。山組・曳山・町の関係は表1、図2に示すとおりである。

山組の内部はある種の年齢階梯制によって秩序づけられている。子ども歌舞伎を行う一二の山組では、それを若衆、若き者などと呼ばれる男性の若者による組織が担っている。現在ではおおむね二〇歳から四〇代半ばまでの男性で組織され、代表者である筆頭と副筆頭が指揮を執る。若衆を卒業した男性は中老と呼ばれ、祭り全体の執行を担うこととなっている。（本書第7章村松論文・第8章武田論文参照）中老のなかから負担人・副負担人・会計・祭典委員などが選ばれる。負担人は山組の代表で各山組から二人が選ばれる。負担人は總當番が主催する全体的な集会に参加するとともに、祭りでは芝居の執行前後の挨拶などの重要な役割をつとめる。他の若い衆や中老にも細かく役割が割り振られる。ここでは例として平成二三年に出番山であった月宮殿の中老・若衆（月宮殿では若キ中という）の役割と人数を挙げておこう（表3）。

表3　役割分担表（月宮殿）

役　職	人　数
中老相談役	4人
若キ中相談役	2人
負担人	2人
總當番委員	1人
祭典委員	4人
運営委員	4人
若キ中筆頭	1人
若キ中行事進行・副筆頭	1人
若キ中三役補佐・副筆頭	1人
中老会計	1人
若キ中会計	1人
中老記録	1人
若キ中記録	1人
籤取人	1人
籤取付添人	1人
三役係	中老3人、若キ中2人
衣装カツラ係	中老3人、若キ中3人
御幣宿（中田町）	1人
御幣持及係	1人
榊持及係	2人（各榊持1人）
役者及び役者方総責任者	1人
役者及び役者方副責任者	2人
役者係	14人（各役者2人）
舞台後見	2人
稽古宿責任者	中老3人、若キ中4人
中老賄方	5人
若キ中賄方	5人
若キ中賄方相談方	1人
警備担当者	4人
若キ中警備係	4人
綱先取締	中老3人、若キ中2人
電気方	2人
道具方	2人
火防係ローソク方	2人
提灯・扇子方	中老4人、若キ中6人
ボンボリ方	4人
囃子方若キ中	若キ中51人、中老2人
囃子丸管理者	1人
広報係	2人
パンフレット委員	3人
天幕シート方	10人

子ども歌舞伎の主役である役者は小学校一年生から中学校一年生の男子が務める。外題によって異なるが人数は五〜七人である。年齢や体格によって適切な役が割り振られる。三年に一度出番山があたるので、多い場合には三回役者を務めることになる。ただその山組内で適切な子どもがいない場合などには、他の山組や、時には同じく子ども歌舞伎をおこなっている米原から借りてくることもある。

また祭り全体の組織として總當番がある。總當番は二組ずつ組になった山組から毎年交代で六名、その年の出番山から四名、氏子総代、長刀組、七郷から一名ずつの計一三名で構成されている。總當番は初集会（一一月一日）、山組総集会（二月一日）などの集会を主宰し祭りの準備を進めるとともに、芝居の時間を計測するなど祭礼全般にわたって大きな権限をもっている。それぞれのメンバーには委員長・副委員長・会計・渉外・記録・広報・神事・賄い事・警備などの役割が割り振られる。總當番の構成メンバーのうちいくつかについてはここで説明が必要であろう。七郷は、旧長浜町のうち、八幡中山・列見・三ツ矢・北高田・南高田・八幡東町・神前・北門前の諸地区によって構成される。祭りのなかでは神輿を担ぐなど重要な機能を果たしている集団である。この集団からも一名が總當番に加わっている。また氏子総代は文字どおり長濱八幡宮の氏子の代表者である。長濱八幡宮の氏子域は旧長浜市の八五自治会におよび、その範囲は山組と七郷をあわせたものよりも遥かに広い。そのなかから八七名の総代と、責任役人が選ばれる。その中から一名が氏子総代として總當番に加入しているのである（氏子総代・七郷とともに本書第2章中野論文参照）。

長浜曳山祭において、子ども歌舞伎とならんで大きな役割を果たす芸能にシャギリと呼ばれるお囃子がある。これはかつては各山組それぞれが芸能の伝習や執行をおこなっていたが、昭和四六年（一九七一）に長浜曳山祭囃子保存会が組織され、以後活発な活動を継続している。この組織は總當番や長浜市曳山文化協会およびその前身である長浜曳山祭保存会とは独立した組織であり、各山組がここに加入する形を取っている。祭りでシャギリを演奏するほか、各種のイベントなどにも出演し、長浜曳山祭の発展に大きく寄与してきた。

祭りの執行を担うのはこれらの団体だけではない。重さ約六トンといわれる曳山を曳くには多くの人手が必要である。山曳きと呼ばれる曳き手は、戦前には近郊村落や遠い場合には岐阜県などからも来ていたといわれ、先述した人行事という役職がそれを統率していた。戦後、遠隔地から人を雇うことが困難になり、学生アルバイトを雇ったりしていたが、現在では自町で役のない男性が曳いたり、いくつかの山組が連合を作り暇番山の者が出番山の山を曳いたりしている。これでも不足が出る分については自衛隊等に依頼していたが、二〇一一年の東日本大震災の年に行われた祭礼では自衛隊の応援を得られなくなり、翌年よりボランティアを募集することとなった。

さらに以上述べてきた諸組織とはまた別に、長浜曳山祭全体にかかわる組織として長浜曳山文化協会がある。これについては次節で説明するが、戦後の文化財指定や観光を目的として整備されてきた団体を前身とする組織で、現在では先に述べた曳山博物館の運営のほか、三役修業塾や子ども歌舞伎教室の運営、曳山の修理などの事業をおこなっている。

四　全体的組織の戦後史

これらの諸組織のうち、祭礼の全体にかかわる長浜曳山文化協会などの歩みは長浜曳山祭の戦後史をそのまま体現したものということができる。またこれら祭りの全体にかかわる組織は、以下の各章で展開されるさまざまな人・組織に関する論考のいわば前提となるものであるため、ここでは戦後における長浜曳山祭の歴史の流れをたどりながら、これらの組織の推移について述べておくこととしたい。

(1) 戦争による中断

昭和一二年、日中戦争の影響で曳山狂言が中止となる。戦争が祭礼や民俗行事に与えた影響については近年いくつかの研究が見られるようになった。金子直樹の研究によると一九四一年の大政翼賛体制の成立とともに開始された翼賛文化運動のなかで民俗芸能の復活が企画され、青森県では盆踊りやねぶたの復活がおこなわれたことが明らかになっている(金子、二〇〇三)。これらの行事はいずれも長浜曳山祭とほぼ同時期に中止されていたものであった。しかしながら長浜曳山祭の場合にはこのような戦時下での復活はなされず、その後一〇年余りの間神事は行われたものの子ども歌舞伎は実施されなかった。この間の事情については西川丈雄の研究が詳しいのでこれによりながら戦時中の状況を述べることとしたい。

戦前まで現在の長浜曳山祭の前身である長浜祭は長濱八幡宮の一〇月の祭りとしておこなわれていた。昭和一二年（一九三七）七月の盧溝橋事件を契機として、長浜町では一〇月一三日から一九日までを国民総動員強調週間とし、それに重なるため長浜祭りも神輿渡御や太刀渡りはおこなうものの、子ども歌舞伎はおこなわず曳山は山蔵前で飾るのみとされた。その後もこのような状況は継続した。昭和一六年には二基の曳山で子ども歌舞伎を執行する予定があったが、防空演習と重なるためにこれも中止された。敗戦直後の昭和二〇年の秋祭りでは太刀渡りや神輿渡御も中止され神社での官祭のみがおこなわれている。また翌二一年には占領下ということもあり官祭もおこなわれなかった。ただそのような中で昭和二一年度の「總當番記録」に祭典復興委員会の設置が記されるのは、この祭りの復興への最初の一歩とみることができるだろう。昭和二二年には子ども歌舞伎の復活が企画され、小谷丁《おだによう》野《の》の振付に依頼して子ども歌舞伎をする予定もあったが、一〇月のカスリーン台風による関東地方での大水害罹災者に遠慮してこの年も実施されなかった。翌昭和二三年四月には長浜市制施行五周年記念として、八幡宮ほかで高砂山・孔雀山・常盤山による曳山狂言がおこなわれている。この子ども歌舞伎も丁野の三役、子どもたちによるものであった。また昭和二三年一〇月の秋祭りについては神輿渡御や起こし太鼓、有志による能舞台での子ども歌舞伎などがおこなわれている。そして昭和二四年四月には豊国神社での豊臣秀吉三五〇年祭りとして子ども歌舞伎が執行された。このときには委員会制で子ども歌舞伎が運営され、修理中の常盤山を除く一一基によって一日四組ずつの歌舞伎が奉納された。またこの年の秋祭りには曳山狂言以外の太刀渡り、神輿渡御などがおこなわれている（西川、二〇一二)。

西川が述べるこのような戦中から戦後にかけての、曳山での子ども歌舞伎復活へのさまざまな試みからは、長浜の人々のこの祭りへの強い思いを感じることができるが、それにもかかわらずその復活は容易ではなかった。戦中から戦後にかけてのこの時期は長い長浜曳山祭のなかでも最大の危機の時代であったといえるだろう。

(2) 戦後の復興

昭和二五年(一九五〇)は長浜曳山祭が本格的に復興した年である。この年の臨時山組総会では今日の祭りに連続する事項がいくつか決議された。もっとも重要なことは祭りの時期を春に変更したことであろう。また名称も「長浜曳山まつり」とし、観光客が多い春の行事の一つとして祭りがおこなわれることとなった。もちろん祭りの執行には多額の費用が必要となるが、この年からは観光協会からの補助が開始されている。また資金の確保のために協賛委員、市や観光協会との交渉のために渉外委員会という役職・組織が作られたのもこの年である。以上のように長浜曳山祭の戦後史はその観光化とともに開始されたのである。翌昭和二六年四月より總當番制度によって春季大祭がおこなわれるようになり、後述するように幾多の変遷を経ながらも今日に至っている。

また長浜曳山祭の本格的な復興にとって大きなはずみとなったのは昭和二六年一一月の昭和天皇の近畿地方巡幸であった。昭和天皇は終戦後多くの巡幸をおこなっているが、この時の巡幸では、一一月一五日に京都を出発しその日は彦根楽々園に宿泊、翌一六日に長浜を訪問している。この長浜巡幸に際して奉迎場となった西中学校には一二基の曳山が出された。それに先立つ一四日の『京都新聞』は、巡幸をまつ長浜の様子を次のように伝える。

「一二基三五年ぶりに出そろう　陛下を奉迎する長浜の曳山

長浜市の奉迎場にあてられた西中学校隣りの長浜小学校校庭に全国にほこる市民の宝「曳山」が十三日各山組若衆始め市内青年会や人夫らの手で運ばれている。この運搬費二十数万円、十四日に十二基全部が出揃う。「曳山」十二基が出そろうのは大正五年四月執行の春祭以来三十五年振りのことで、十六日午前十時十五分御着になる陛下にお見せするのだと市民は大ハリキリ。一方市民奉迎場も万余の準備を整え、また近江ベルベット会社も社内外をサッパリと整とんして巡幸をお待ち申上げるばかりになつている。（後略）」

また巡幸後滋賀県が作成した写真集『湖国巡幸』は巡幸の様子を次のように記している。

「気づかわれた朝の曇りもからりと晴れわたり、雄峰伊吹山が秋晴の空にくつきりとそびえている。陛下の御旅情をお慰めしようと特に勢揃いした十二基の曳山には各山組の人々が紋付羽織に威儀を正してお待ちしていた。十一時二分、ブラスバンドが奏でる君が代に迎えられ寺本長濱市長の御先導で静かに歩を進められた陛下は湧きあがる萬歳の渦につづけさまに帽子をふつて応えられ、身体障碍者、遺家族の席に立止まられて「しつかりやつて下さい」と励まされた。ブラスバンドの奏楽はいつしか「君が代」合唱の声にかき消され、奉迎台に立たれた陛下はしばし直立の姿勢で立たれ、市長の発声で奉迎者が萬歳を連呼、陛下は右手に帽子をぐつと高く、強く五度、六度とうちふるわれた。お車に向われる陛下は伝統を誇る長濱祭りの曳山を御興深げに御覧になつた。お車に乗られると、奉迎の列は崩れ、萬歳の熱狂がなだれてお車に押し寄せ、いつまでも興奮の渦が渦巻いた。」

以上の記載からは、昭和天皇の巡幸に対する長浜市民の興奮がうかがえるが、それとともに曳山が長浜を代表するモノとして認識されていたことがうかがえる。ただ、聞き取りによれば長らく祭りでの出番がなかった曳山や山蔵には随分痛みの目立つものもあったという。昭和天皇巡幸は祭りだけではなく、これらの修復をうながす一つの契機にもなった。

このように長浜曳山祭の曳山狂言は昭和二五年に復活し、二六年の昭和天皇巡幸を契機に曳山や山蔵の補修も進んだが、復興に要した時間は他の滋賀県下の祭礼と比較しても長いものであった。水口の曳山祭は昭和一三年に曳山の曳行が中止されたが、昭和二一年に復活している(水口町立歴史民俗資料館、一九八七、七七)。

このように長浜曳山祭の復興に時間を要したのは、その規模の大きさと、子どもによる子ども歌舞伎の執行に関連する人的資源が戦争によって大きな影響を受けたためであると考えられるだろう。

(3) 文化財指定と保存会

復興したとはいえ、戦前の長浜曳山祭をそのままの形態で戦後も継続することは困難であった。戦前の運営は總當番（戦前には総取締と呼ばれた）が中心となっておこない、歌舞伎の役者はそれぞれの山組の町内から出ることが多かったものの他町や米原、時には岐阜県垂井《たるい》から呼ぶこともあった。三役は今日と同様に専門家に依頼していた。またシャギリや山曳きについては一部の山組を除いては長浜の近隣村落の人々に依頼しており、山曳きなどは人行事を通じて岐阜県から来てもらうこともあった。このような広域の人々が参加する祭礼の運営形態を支えていたのはいうまでもなく豊かな長浜の経済力であった。しかしながら戦争とそれに伴う経済の変化によって、このような外部の人材を集中させる運営形態を継続させることは難しくなり、山組が中心となった新たな方法が模索されたのである。復興期の「總當番記録」には祭礼の運営経費に関する記述が頻出し、ことに行政からの補助を求める声がたびたび載せられている。また祭礼そのものの継続だけではなく曳山の修繕にも多額の費用が必要であった。それらの費用の一部を補助金の形で行政から得るためには、文化財に指定されることが必要であり、それを一つの目的として戦後の長浜曳山祭の組織化が進められてきた。

昭和三二年（一九五七）一二月一九日、長浜曳山祭は滋賀県無形民俗文化財に選択される。この選択は昭和三一年一二月二五日に公布された滋賀県文化財保護条例に基づくものであり、長浜曳山祭はその公布直後にさっそく選択されている。県下の文化財における長浜曳山祭の位置づけがうかがわれる。昭和三二年は戦後春季に祭が行われるようになって以降も秋に実施されていた太刀渡りが春季大祭時におこなわれるようになった年でもあった。この選択を受けて翌三三年一月には長浜曳山祭文化財保護委員会が設立される。この会は事務所を市教育委員会内に置き、国や県の補助によって実施する文化財保護事業の円滑な推進を目的とするものであった。県選択の行事の管理団体であり、また県からの補助金を受けやすくするための団体でもあった。この年から県の補助を受け曳山一二基と長刀山の実測調査が実施され報告書もそれぞれ作成されている。この調査は昭和四五年まで続けられた。

また昭和四一年(一九六六)には長浜曳山祭協賛会が設立されている。この会は事務所を観光協会事務局に置き、長浜曳山祭の保存および行事に協賛する事を目的とする団体であった。具体的には会員から一口二〇〇円(当時)の寄付を集めるなど経済的に曳山祭を補助することを目的としている。これに続いて翌昭和四二年三月には長浜曳山祭保存会が設立されている。この会は事務所を八幡神社社務所に置き、行政から独立した形態を持っていた。また「長浜曳山祭の伝統を保存することを目的」とし、そのために(1)長浜曳山祭の公開に関すること、(2)曳山およびその附属物の維持保存に関すること、(3)その他目的達成に必要な事業、をおこなうものとされた。各山組からも理事が出るなど文化財保護だけではなく祭り全体にかかわる組織として位置づけられた。昭和四二年度の収支予算書によれば、収入は各山組と長刀組からの会費が二五万円、狂言公開助成費が二〇万円であった。この助成は観光協会からのものと思われる。また支出の大半は出番山に対する狂言執行助成金と曳山維持費にあてられていた。昭和四〇年代以降の協賛会や保存会の設立は、当然祭りの維持を目的としたものであったが、同時に国指定へむけての下準備の意味を持っていたものと思われる。

国文化財への指定は、国の制度の変化に合わせて段階的に進展した。昭和四五年(一九七〇)六月、曳山狂言は国の無形文化財に選択された。選択とは正式には文化財保護法上、文化庁長官が「記録作成等の措置を講ずべき無形の民俗文化財」として選択することをいう。選択された無形文化財に対しては国や県から補助金が出され、それを調査事業や記録作成などに充てることができる。しかしながら恒常的な祭りの執行について補助がでるような制度ではなかった。長浜曳山祭においても昭和四六年に記録保存のための映画とスライドが作成されている。昭和四五年の段階では文化財保護法上、今日の民俗文化財は無形民俗資料とされていたが、昭和五〇年の改正によって無形民俗文化財という現在の名称になり同時に指定制度が導入された。それ以前には選択制度はあっても無形民俗文化財には指定制度は存在しなかったのである。この制度改正の直後である昭和五三年（一九七八）一二月に長浜曳山祭は国指定重要無形民俗文化財にふさわしい行事として答申を受け、翌昭和五四年二月には指定を受ける。このような文化財指定の動きに合わせて長浜では新たな組織が設立された。現在の長浜曳山文化協会の前身である長浜曳山祭保存会がそれである。この会の設立は市教育委員会が中心となって進められ、その過程で何度か準備会が開かれ会の性格について議論がおこなわれているが、最終的には總當番をはじめとして関係組織を広く含んだ組織構成となっている。無形民俗文化財は無形文化財と異なり法律上は保持者や保持団体の存在を必要とはしていない。しかしながら祭礼や芸能についてはその継承や補助事業の受け皿として保存会などが組織されることが多くみられる。国指定を受けた無形民俗文化財には、国や県、市の補助金が出されることが多く、それなりの規模と高い事務能力が求められることとなる。長浜曳山祭保存会についても、京都の祇園祭りをはじめ高山や秩父・高岡など同種の祭りの保存会の状況を事前に調査しそれを生かした組織が作られている。

昭和五四年二月には長浜曳山祭保存会設立趣意書が設立準備委員長吉田茂より出されている。吉田茂は当時の總當番委員長であるが、ほぼ同時に吉田は總當番委員長として県に対して長浜曳山祭に対する補助金の要望書を提出している。文化財指定の問題と行政からの補助の問題が密接に関連していたことを知ることができる。この年二月一五日には長浜曳山祭保存会結成総会が開かれ、同二四日には東京虎ノ門共済会館で指定証書の交付式があった。そして二月二七日には正式に長浜曳山祭保存会が発足することとなった。この発足をもって、従前からあった保存会および長浜曳山祭文化財保護委員会は廃止されることとなった。当時の新聞記事などから、この保存会発足の段階ですでに曳山会館の建設や三役の育成については課題として浮上していたことがうかがわれる。

(4)三役修業塾

以後、長浜曳山祭保存会(以下、保存会と略)は、約二〇年間にわたり子ども歌舞伎を含む長浜曳山祭の執行に大きな役割を果たしてきたが、本報告書でとりあげる芸能に関しては、その保存会内の子ども歌舞伎伝承委員会(以下、伝承委員会と略)の存在が重要である。保存会内にはいくつかの委員会・部会があるが、伝承委員会は平成元年(一九八九)一一月九日に設立された委員会である。長浜曳山祭では振付・太夫・三味線の三役については、専門家に依頼し子ども歌舞伎をおこなってきたが、この三役、ことに太夫と三味線を地元で育成することは早い段階から課題であった。伝承委員会は主としてこの問題に取り組み、地元の小中学校にクラブの設置などを働きかけるとともに三役修業塾を設立することとなった。この三役修業塾の事業は、各市町村が国から一億円を交付され独自の事業を実施するという当時の竹下内閣の目玉事業、ふるさと創生事業の一つであった。同年一一月二九日の第二回伝承委員会において三役修業塾の設置と募集が決定され、その後各山組などに呼び掛け、また市の広報なども利用して募集が開始された。平成二年度から事業は開始されたが、この年には四月から毎月四回義太夫講座が開講され、一二月からは三味線講座も始まっている。受講者数は義太夫講座の場合当初は月に七〇名程度だったが年度末には四〇人程度となっている。また三味線講座は月に三〇人程度の受講であった。また伝承委員会が中心となり長浜小学校にも子供歌舞伎クラブが設立され毎月二〜三回の講座が実施されている。こちらは平成二年度の場合、約四〇人が参加している。三役修業塾はその後現在に至るまで続けられ、約一五名の受講者が修行を続けており、その出身者のなかには松竹などでプロになった人もでている。伝承委員会では発表会を開催しており、一部の山組では三役修業塾出身者に三役を依頼するケースもでてきている。また、そのほかにもゆう壱番街商店街振興組合が中心となった長濱ゆう歌舞伎が平成九年から開始されるなど活躍の舞台も増えてきている。

(5) 曳山博物館と曳山文化協会

現在の長浜曳山祭にとって重要な存在となっている曳山博物館の計画は先にも述べたように昭和五四年の国指定の段階で浮上していたが、その実現には二〇年の月日を要した。昭和五八年(一九八三)年に、市民からの寄附をもとに長浜城歴史博物館が開館し、それを記念して「長浜出世まつり」というイベントが開催された。しかしながら出世まつりには多くの観光客を集めることはできず、その反省を踏まえて長浜市は翌昭和五九年(一九八四)に「博物館都市構想」を策定する。これは単に博物館を建設するだけではなく、それを起点とした旧市街地の活性化を目指すものであり、そのハード事業の一つとして曳山博物館の建築も計画された(山崎、二〇〇七)。この計画もなかなか具体化しなかったが、平成四年(一九九二)ごろには市を中心に曳山博物館建設検討推進委員会が結成され、その主催で識者を招いて数度の講演会が開かれている。曳山博物館が開館したのは平成一二年(二〇〇〇)のことであったが、先述のとおり、博物館の内部には翌年の出番山が収蔵展示され、二階部分には曳山や祭りの歴史が展示されている。また館内には伝承スタジオが設けられ、各種講演会のほか伝統芸能の公演などもおこなわれている。また曳山博物館の機能のなかで重要なのは修理ドックの存在である。曳山はそれ自体が重要な文化財でありながら、毎年の祭礼では長時間の曳行がおこなわれ、その上では子ども歌舞伎が上演される。したがって一二基の曳山はつねにどれかが修理が必要な状況になっており、この修理ドックはそのための施設として活用されている。このように曳山博物館は戦後の長浜曳山祭の基調となってきた観光化と文化財保護という二つの流れを象徴する施設として建設され今日に至っている。

曳山博物館の建設に先立つ平成一一年四月に保存会は財団法人化し曳山文化協会となった。財団の基本財産のすべてが長浜市から支出され、市が職員を派遣するなど、長浜市の外郭団体としての性格が濃い。現在でも曳山博物館の指定管理者としてその運営にあたるほか、先述の三役修業塾や曳山の修理の事業をおこなうなど、總當番組織とはまた別の立場から長浜曳山祭を推進する組織となっている。

長浜市および曳山文化協会にとって近年の大きな課題となっているのは、長浜曳山祭のユネスコ無形文化遺産への登録である。文化庁の平成二七年（二〇一五）三月五日の報道発表資料によると、文化庁は国指定重要無形民俗文化財である「山・鉾・屋台行事」三三件の登録をユネスコ事務局に提案している。この三三件の一つが長浜曳山祭である。ユネスコ無形文化遺産とは無形文化遺産の保護に関する条約に基づいて登録されるもので、二〇〇六年より発効している。日本では二〇〇一年に能楽が初めて登録されているが、二〇〇九年には京都祇園祭の山鉾行事および日立風流物が登録されている。その後、秩父祭りや高山祭りなどを祇園祭・日立風流物を拡張する形で登録することが図られたがなかなかうまく進捗しなかった。そして平成二七年に他の山・鉾・屋台行事を加える形での再提案となったのである。このような動きを受けて国指定の山・鉾・屋台行事をもつ全国の自治体では活発な推進運動が展開されている。平成二五年の「和食」の無形文化遺産登録に象徴されるように、近年の無形文化遺産や世界文化遺産の登録には、単なる文化財行政の問題にはとどまらず、観光や商工、農業までを巻き込んだ官民の大きな動きが見られるようになってきている。これまで見てきたように長浜曳山祭の戦後史には文化財保護以上に、観光化の動きが強く影響を与えてきた。ユネスコ無形文化遺産への登録も市をあげておこなわれ、長浜曳山祭ユネスコ無形文化遺産登録推進会議が中心となって講演会やロゴマーク作成、ガイドブックの刊行などさまざまな事業が実施されてきた。平成二八年一〇月三〇日には事前審査をしていた評価期間から登録の勧告があり、ユネスコ政府間委員会において、一一月末には長浜曳山祭を含む三三件の「山・鉾・屋台行事」の無形文化遺産登録が決定した。これをうけて一二月一日には長浜で記念セレモニーが開かれている。このユネスコ無形文化遺産への登録によって、長浜曳山祭の近現代史もさらに新たな段階を迎えることとなる。

五　本書の成り立ち

以上、長浜曳山祭の概要と祭りを支える人々と諸組織について俯瞰してきたが、これらを対象にしておこなわれてきた調査と研究によって本書は構成されている。ここで本書刊行に至る経過について簡単に触れておきたい。

本書の編者である市川が長浜曳山祭に初めてかかわったのは、二〇一一年のことであった。曳山文化協会が文化庁の補助金を得て、記録映像の作成および現状の作成記録を作成することとなり、市川がその調査の責任者をお引き受けすることとなったためである。調査は二〇一一年および二〇一二年の祭りを対象としたが、多くの研究者や学生の協力をえて終了し、その成果は『長浜曳山祭の芸能』(二〇一二)にまとめられている。また調査に参加した学生を中心とした原稿によって一般向けの書籍『長浜曳山まつりの舞台裏』も二〇一二年に刊行されている。これは調査の概要を、学生目線で読み物風に叙述したものである。

その折の調査に参加した研究者や学生のなかには、その後も調査を継続するものもあり、それら一連の調査に基づく研究を集成したものが本書になる。したがって本書は二〇一一年・二〇一二年の共同調査および以後の各自の調査を基とした研究によるものといえる。二〇一一・二〇一二年度の調査は、先にも述べたとおり、映像作成と併行した調査であったため、現状の祭礼をありのままに調査し叙述することを第一義の目的としている。その調査を通じてわれわれ調査参加者は、この祭礼を支える実に多様な組織と人々の姿を目の当たりにすることとなった。観光客でにぎわう黒壁スクエア周辺でも、メインストリートから少し入った集会所では子どもたちが振付の厳しい指導を受け、それを連日若衆がサポートする姿を目の当りにした。また長濱八幡宮の参集殿で祭り前に何度もおこなわれる集会では、羽織袴をきた總當番の面々や負担人が厳粛なしきたりに従って挨拶をかわしていた。これらの光景は参与調査を続けるわれわれにとって一つの異文化体験であり、その驚きが以後の調査の大きなモチベーションとなっている。また調査を続けるうちに、今日ではその伝統が強調されるこれらの組織やその諸行為も、近代・現代の歴史のなかで大きな変容を経た結果のものであることも明らかになってきた。この変容過程もまたわれわれにとって一つの驚きであった。長浜曳山祭は、狂言と呼ばれる子ども歌舞伎、あるいはシャギリと呼ばれる囃子などの芸能で広く知られるが、本書が芸能史や民俗芸能研究の立場ではなく、時代的には近現代に眼を据え、対象としては人や組織を中心とした構成となっているのはこの調査における驚きの共同体験に由来している。

次に本書の内容を簡単に紹介しておきたい。

本章、市川秀之「序説・長浜曳山祭の歴史と現在」は、本書の各論の前提となる事項を述べたものである。戦後の全体的な組織についてはやや詳しい説明を付している。この祭りの歴史や芸能、曳山についてさらに詳しく知りたい読者は、『長浜曳山祭総合調査報告書』(一九九六年)、『長浜市史　六 祭りと行事』(二〇〇二年)、『長浜曳山祭の芸能』(二〇一二年)などをご参照いただきたい。

長浜曳山祭といえば子ども歌舞伎に注目が集まりがちであるが、この祭りの多様な性格をみる上で子ども歌舞伎以外の要素に着目することもまた重要である。中野洋平「長濱八幡宮における七郷の現在」は祭礼の神輿をかつぐ七郷と呼ばれる集団に注目した論文である。七郷は祭りの進行のなかでは他より優位な立場を確保されており、そのようは優位性の根拠が分析されている。

東資子「長浜曳山祭における祭りと囃子、山組と囃子方」は、子ども歌舞伎とならぶ長浜曳山祭を彩る芸能であるシャギリ(囃子)を対象とした論考である。シャギリは元来、長浜周辺の農村部の人たちがつとめていたが、戦後それが困難になり長浜曳山祭囃子保存会が結成され、現在では子どもを中心としたシャギリが行われている。東論文はこの過程を歴史的にたどりながら、現在の練習の様子などについても細かく描写する。そして結論部分においては、このシャギリという芸能、あるいはそれを支える組織やこの祭りのなかでどのような位置を占めるのかが述べられている。

上田喜江「シャギリと長浜周辺農村」もシャギリを対象化した論考である。長らく長浜曳山祭のシャギリは周辺農村の人々によって支えられてきた。戦後、その継承がいかにおこなわれ、またそれがどのように廃絶していったのかを聞き取り調査によって明らかにしている。また長浜のシャギリ文化が各地方の祭礼の囃子として定着していく過程についても述べられている。

小林力「三役と湖北農村部の娯楽」も子ども歌舞伎の三役に着目した論文である。次の橋本論文が振付を総括的に分析したのに対し、小林論文では太夫宮川清七と三味線伊吹甚造という二人の芸能者の活動に着目している。湖北の農村に生まれた二人は長浜だけではなく滋賀県北部や中部地方で広域に活動をしていたころが明らかにされている。

橋本章「歌舞伎芸能の地方伝播—長浜曳山祭の子ども歌舞伎における振付の来訪の様相を題材に—」も子ども歌舞伎の三役を主題化した論考である。長浜曳山祭の白眉である子ども歌舞伎の演出や脚本を担当するのが振付であるが、橋本論文ではこの振付に着目し、振付の移動による芸能の地方伝播について論じている。

村松美咲「山組の組織の変化と今後」も現在の山組組織、ことに若衆に眼を向けた論考である。一つの山組の若衆組織を取り上げ、そのメンバーがどのように変化していったかを丹念にたどりながら、現在の山組の課題と今後の展望を見出そうとしている。

武田俊輔「若衆—中老間のコンフリクトと祭礼のダイナミズム」は、山組のなかでも子ども歌舞伎上演の主体となる若衆組織を対象化した論考である。祭りを運営する上では組織内、あるいは組織対組織においてさまざまな矛盾が現出するが、武田論文ではそれらの矛盾に眼を向けながら、その矛盾をいかに克服して祭礼が進行していくのかが述べられている。

市川秀之「終章・ウチ—ソト関係からみた長浜曳山祭」は、各論考で扱われた祭礼をめぐる人や組織を、ウチーソトという概念を用いて整理し、本書全体のまとめとしたものである。

長浜曳山祭については、大部の報告書や充実した映像記録が作成されてきており記録の蓄積は相当な厚みがある。今後の変化を粘り強く追いかけ記録化する必要はもちろんあるものの、現在は従来からの記録をベースとした、分析・研究の段階を迎えつつある。本書の各章で触れられるように、長浜曳山祭を支える諸組織も現在大きな課題を抱えつつある。人と組織に分析の焦点を絞った本書が、今後の長浜曳山祭の発展に資するとともに、他の都市祭礼の研究や実践にとっても有益な視座をもたらすものであることを願いたい。

［注］

（1）その後、明治二二年（一八八九）に東海道線はルートを変え米原を通る現在の場所を通るようになり、長浜駅は北陸線の駅となる。

（2）「本日」はホンビと読み、滋賀県内ではひろく祭礼の一番中心的な日を意味する。

（3）中村林一『長濱祭禮記』一九三五年、発行所不明、五頁。

［参考文献］

市川秀之・武田俊輔編著／滋賀県立大学曳山まつり調査チーム、二〇一二、『長浜曳山まつりの舞台裏―大学生が見た伝統行事の現在―』（淡海文庫48）、サンライズ出版。

金子直樹、二〇〇三、「勝ち抜く行事―賛文化運動における祭礼行事・民俗芸能の「活用」―」「郷土」研究会編『郷土―表象と実践―』嵯峨野書院。

市立長浜城歴史博物館、一九九五、『山車・屋台・曳山―長浜曳山祭の系譜を探る―』市立長浜城歴史博物館。

長浜市教育委員会・長浜曳山祭総合調査団編、一九九六、『長浜曳山祭総合調査報告書―重要無形民俗文化財―』長浜市教育委員会。

長浜市史編さん委員会編、一九九九、『長浜市史　三　町人の時代』長浜市。

長浜市史編さん委員会編、二〇〇二、『長浜市史　六　祭りと行事』長浜市。

長浜曳山文化協会・滋賀県立大学人間文化学部地域文化学科編、二〇一二、『長浜曳山祭の芸能―長浜曳山子ども歌舞伎および長浜曳山囃子民俗調査報告書―』長浜曳山文化協会。

長浜曳山祭出版委員企画・編集、一九八三、『曳山のまち』長浜曳山祭總當番。

中村林一、一九三五、『長濱祭禮記』発行所不明。

西川丈雄、二〇一二、「戦中・戦後の曳山祭」財団法人長浜曳山文化協会・滋賀県立大学人間文化学部地域文化学科編『長浜曳山祭の芸能』。

水口町立歴史民俗資料館、一九八七、『水口曳山祭　滋賀県指定無形民俗文化財調査報告書』。

山崎弘子、二〇〇七、「黒壁と町衆の二〇年―博物館都市長浜のこれまでとこれから―」『ＮＩＲＡケーススタディシリーズ』二〇〇七―〇七。

第2章　長濱八幡宮における七郷の現在

中野　洋平

はじめに

滋賀県長浜市宮前町に鎮座する長濱八幡宮は、延久元年（一〇六九）創建という由緒をもつ古社である。「長浜曳山祭」は、同社の春季大祭において、長浜市市街地を中心に四月九日から一七日にかけて一週間にわたって行われる祭礼で、曳山と呼ばれる芸屋台の舞台上で子ども歌舞伎が演じられる曳山行事で知られる。(1) これまでにも長浜曳山祭に関する研究は数多くなされてきているが、主に関心を集めてきたのは曳山行事とそれを担任する「山組」と呼ばれる氏子集団であった。しかしその中で長浜曳山祭の維持運営が、山組に限らず多くの担い手によって行われてきたことは、ともすれば見過ごされがちであった。

本稿は、長濱八幡宮氏子のなかの、山組と対をなす存在である「七郷《しちごう》」と呼ばれる氏子集団に注目し、長濱八幡宮および長浜曳山祭の姿をこれまでとは違った角度から描き出すことで、祭礼の新たな総体的理解に寄与しようとするものである。今回は現代における七郷の組織形態、長濱八幡宮に対する役務、他の氏子集団との関係といった基礎的事実を明らかにし、それらの形成過程について考察する。本論に入る前に、先行研究における七郷理解と問題点について整理しておくことにしたい。

長濱八幡宮の氏子は同社の周辺に存在するが、その地域は歴史的に二つに区分することができる。一つは現在の長浜駅から黒壁スクエアを通って長濱八幡宮に至る中心市街地で、近世期の長浜町に相当する地域である。もう一つは中心市街地の外側に展開する外縁部で、近世期に列見《れっけ》村・八幡中山村・

八幡東村・三津屋村・南高田村・北高田村・宮村・瀬田村の八カ村が存在していた地域である（地図1）。現在の理解では、山組を組織して曳山行事を行うとされる旧長浜町域の氏子に対し、旧長浜町域以外の旧村落地域の氏子を七郷と称して区別されている。

ただ、七郷に関する研究では、比較的新しい研究報告書においても、「七郷（江戸時代の長浜町の周辺にあった列見村・八幡中山村・八幡東村・三津屋村・南高田村・北高田村・宮村・瀬田村の区域を指す）」と記述されるのみで（滋賀県立大学人間文化部地域文化学科・長浜曳山文化協会、二〇一二、三）、現在どのような組織運営がされているのか、あるいは七郷が長浜曳山祭にどのように関係し、山組や長刀組とどのような社会関係にあるのかについては必ずしも明らかにされておらず、この点を詳らかにする必要があるだろう。

七郷が、長浜曳山祭において駕輿丁《かよちょう》（神輿《みこし》の舁《か》き手）を担任することは知られているが（長浜曳山祭文化財保護委員会、一九七一）、本稿で述べるような、神饌の奉納や楽人の奉仕という役務については従来取り上げられることがなかった。

さらに言えば、七郷の歴史的形成過程に関する考察も未だ十分なされているわけではない。先述したように七郷＝近世期の八カ村という観念が固定化してしまっているが、現在の七郷は必ずしも近世期旧八カ村の限りではない。本稿では、近世期の七郷が現代の七郷へと再編成されていく過程を明らかにする。

なお断りがないかぎり、七郷の記述は筆者が平成二四年一月から二五年四月にかけて断続的に行った、七郷関係者への聞き取り調査およびそこで得られた資料、各種祭礼の参与観察に基づくものである。

一 「七郷」の組織形態

最初に、現在における七郷の組織形態について考察しておきたい。これまで長濱八幡宮の氏子組織については、山組のように、近世期の「町」を母体とする集団が注目されてきた。しかし現代においては、平時における基礎的な氏子の組織単位は、自治会である。現在、長濱八幡宮の氏子は、基本的に長濱八幡宮周辺の八五の自治会を単位として組織されている。長濱八幡宮は表1に見られるように、それらの自治会を九つのブロックに分けて掌握している。本稿で対象とする「七郷」とは、そのなかで「七郷ブロック」として区分された二二の自治会に属する氏子たちを指す。地図1は、七郷ブロック二二自治会の位置を示したものである。一見して、これらの自治会が中心市街地を取り囲むように分布していることをお分かりいただけよう。番号を付してはいないが、中心市街地には一から八ブロックの自治体が位置している。彼らのなかから、「山組」が組織されるのである。ちなみに、各自治会からは氏子を代表する総代が選出され、さらに総代のなかから代表の氏子総代が選出される。

さて、七郷の在りようを理解するためには、まず七郷ブロック二二自治会の祭祀組織について検討が必要である。彼らのうち北門前町、神前西町、神前東町を除いた自治会には、長濱八幡宮とは別にも氏神が存在する。具体的には、八幡東町の天満宮神社、南高田町の高田神社、高田町の天満宮神社、

表1　長濱八幡宮氏子ブロック表

第1ブロック
御坊東町　神前栄町　三ノ宮北町　三ノ宮中町　三ノ宮南町　神前上町　米川町　八幡中山東町　月見ヶ丘
第2ブロック
片町　宮町　十軒町　金屋町　錦南町　神戸町　伊部町　御堂前町
第3ブロック
三ツ矢南町　三ツ矢中東町　大通寺町　中三ツ矢町　三ツ矢新道町　京町
第4ブロック
三ツ矢北町　仏光寺町　北三越町　南三越町　北日吉町　中日吉町　南日吉町　三ツ矢新町
第5ブロック
郡上町　相生町　北呉服町　祝町　南呉服東町　大手町　甲郡上町
第6ブロック
南呉服上町　南呉服元町　南呉服南町　南呉服殿町　公園町　北船西町
第7ブロック
横町　西本町　東本町　八幡町　永保町　箕浦町　紺屋町　北船東町　北船北町　北船南町
第8ブロック
南船町　栄船町　船山町　南新町　上田町　中田町　下田町　田旭町　三和町
七郷ブロック
列見町　東三ツ矢北町　東三ツ矢中町　東三ツ矢南町　八幡中山町　北門前町　八幡泉町　一ノ宮町　八幡中山栄町　中山町　分木町　南川町　八幡東町　神前東町　神前西町　高田東町　高田北町　高田町　高田中町　高田西町　南高田町　東高田町

七郷總當番引継文書所収の「長濱八幡宮氏子」を基に筆者作成

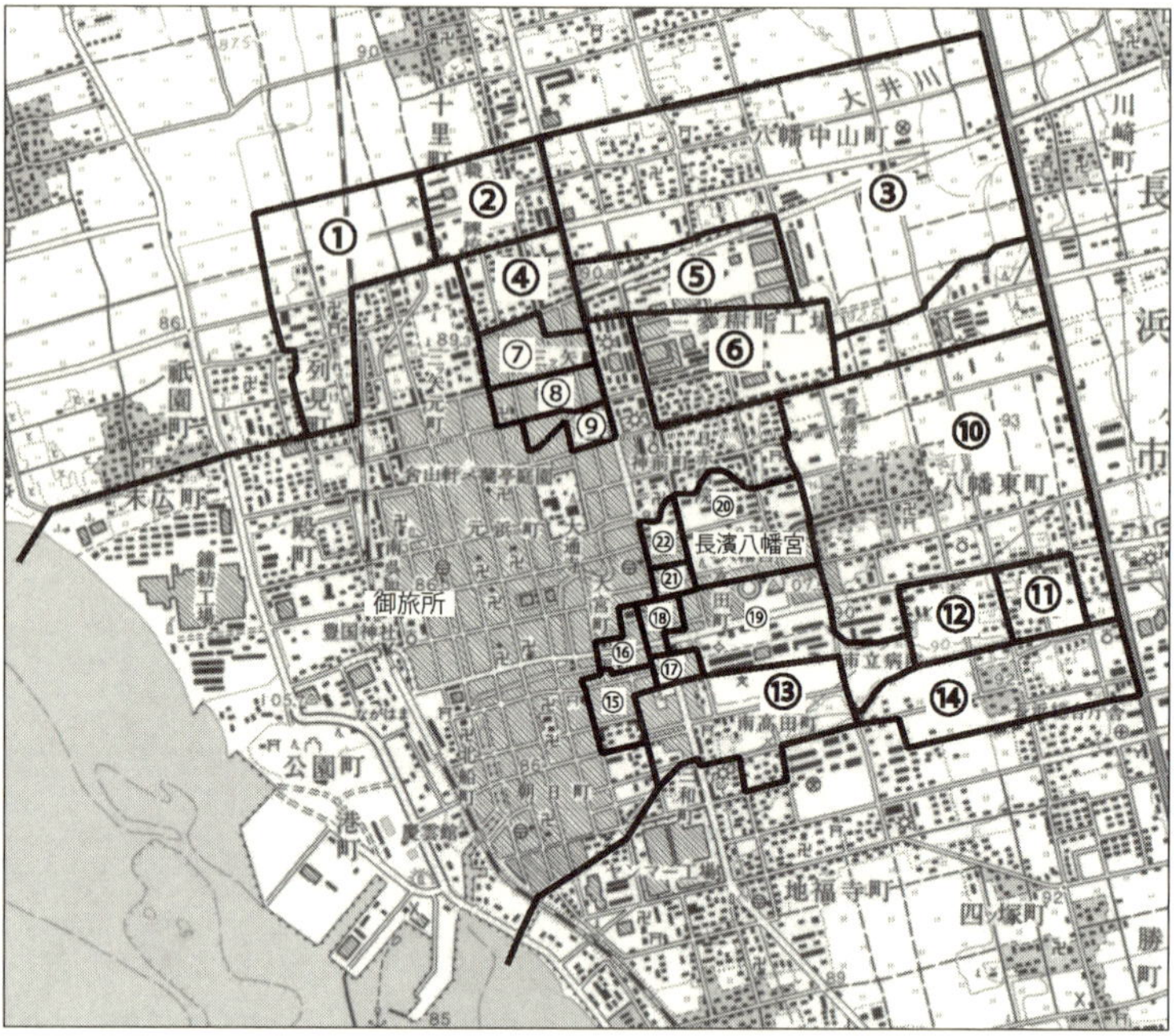

地図１　長濱八幡宮氏子範囲および七郷ブロック

本図は、国土地理院発行 25000 分の 1 地図を基に筆者が作成した。
地図中の番号は、以下の自治会と対応する。
①列見町、②八幡栄町、③八幡中山町、④分木町、⑤中山町、
⑥一の宮町、⑦東三ツ矢北町、⑧東三ツ矢中町、⑨東三ツ矢南町、
⑩八幡東町、⑪南川町、⑫八幡泉町、⑬南高田町、⑭東高田町、
⑮高田西町、⑯高田中町、⑰高田町、⑱高田北町、⑲高田東町、
⑳神前東町、㉑神前西町、㉒北門前町

三ツ矢町の三ツ矢八幡神社、列見町の都久夫須磨《つくぶすま》神社、八幡中山町の天満神社である。これらの神社は、先述の近世期に長浜町周辺にあった八カ村の氏神に由来するものである。表2は、現行の町、自治会、氏神の関係と、後述する七郷の区分を整理したものである。繰り返すが、ここで北門前町、神前西町、神前東町の三者は個別の氏神を有していないが、七郷に属するものとされていることを確認

表2　七郷ブロックの自治会と七郷の単位（筆者作成）

町名	自治会	個別の氏神	七郷
八幡中山町[※1]	八幡中山町	天満神社	八幡中山
	八幡栄町		
中山町	中山町		
分木町	分木町		
一の宮町	一の宮町		
列見町	列見町	都久夫須磨神社	列見
三ツ矢町	東三ツ矢北町	三ツ矢八幡神社	三ツ矢
	東三ツ矢中町		
	東三ツ矢南町		
高田町	高田町	天満宮神社	北高田
	高田中町		
	高田西町		
	高田東町		
	高田北町		
南高田町	南高田町	高田神社	南高田
	東高田町		
八幡東町	八幡東町	天満宮神社	八幡東町
	八幡泉町		
	南川町		
宮前町[※2]	神前西町	なし	神前
	神前東町	なし	
	北門前町	なし	北門前

※1　八幡中山町には他に、八幡中山東町自治会が存在するが、七郷ではなく第1ブロックの氏子に区分されている。

※2　宮前町には他に、米川町自治会が存在するが、七郷ではなく第1ブロックの氏子に区分されている。

写真１　天満宮神社（2012年筆者撮影）

しておきたい。

各氏神社には、別個に祭祀組織が形成されている。例えば八幡東町は、天満宮神社（写真１）を氏神とする八〇〇世帯、人口約一九〇〇人の地区である。[2] 長濱八幡宮の東に位置し、東西に流れる大井川に沿って集落が歴史的に形成されてきた。中世期の八幡荘東郷、江戸期の東村が母体である。現在、この集落を中心に八幡東町自治会が形成され、もともとは農地であった県道五〇九号線以南の住民によって八幡泉町自治会・南川町自治会が組織されている。八幡東町自治会では、地区内を西組・中組・東組・南組・正号寺組という五組に分けて把握しており、各組には「組部長」という役職が置かれている。組部長を統括し、自治会の運営を担うのが「自治会長」である。

この自治会運営組織を基に、八幡東町では自治会内の祭事を担当する「総代会」という部署が設けられている。構成は代表である総代一名、副総代一名、組総代六名、長濱八幡宮責任役員一名、天満宮神社責任役員二名の計一一名である。ただし責任役員は神社の登記上必要な役職で、実質的に会の運営に携わるのは総代八名といってよい。総代のうち、組総代が組部長経験者から三年の任期で選出され、総代と副総代は自治会長経験者から選挙によって一年の任期で選ばれる。そして、長濱八幡宮の氏子総代は、この天満神社氏子総代が兼務することになっている。氏神社の祭祀組織がそのまま、長濱八幡宮の氏子組織としても活用されている、といったほうが的確だろう。

他の神社においても同じく総代会による祭事の運営が行われている。ただし三ツ矢町や高田町では、総代会の代表を氏子内の複数自治会から輪番制で選出している。例えば三ツ矢町の三ツ矢八幡神社では、東三ツ矢北町自治会、東三ツ矢中町自治会、東三ツ矢南町自治会から総代が一名ずつ選出され、さらに輪番で代表が決定される。代表がでた自治会を「行事町」あるいは「当番町」という。

氏神社の祭祀組織および自治会は、平素、各々の祭事が中心で、互いに関係し合うことはない。ところが共通の氏神である長濱八幡宮に関係する場合にのみ、彼らは連合して「七郷」という氏子集団を形成する。このとき各氏神社の祭祀組織はそのまま、八幡東、八幡中山、三ツ矢、列見、北高田、南高田という集団となり、加えて神前西町自治会と神前東町自治会とが連合して神前、北門前町自治会が北門前という集団となる。七郷は、これら八つの集団で成り立つのである（表2参照）。

各集団には、集団を代表する「七郷総代」という役職者が存在するが、これが氏神社の氏子組織を母体とする集団の場合はその氏子総代が兼務する。神前と北門前は自治会の長濱八幡宮氏子の総代がこれに当たる。七郷の運営はこの八名の七郷総代が組織する「七郷総代会」が中心となって行われる。会は三月と九月に長濱八幡宮参集殿で開かれる「七郷寄り」で、春季大祭や秋季例祭における諸事を協議する（写真2）。

写真２　長濱八幡宮参集殿に掛けられた「七郷寄り」の札
（2012年9月筆者撮影）

さらに七郷総代会を取りまとめるのは、七郷総代のなかから選ばれた「總當番」と「負担人」である。總當番と負担人を担当する組を「当番町」と呼ぶ。その選出方法は次のように定められている。まず、八つの集団は二つずつ四つの組に分けられる。便宜的な番号をつけると、①北高田—南高田、②列見—三ツ矢、③八幡中山—北門前、④神前—八幡東、となる。この組み合わせが変わることはない。そして①から④という一年ごとの輪番で、四年に一度、總當番か負担人の役を担当する。

順番が来ると、二つの集団は交互に役職を分担する。例えば、平成二四年（二〇一二）は八幡中山が總當番を、北門前が負担人を担当していたが、四年前の平成二〇年（二〇〇八）では逆に北門前が總當番を、八幡中山が負担人を担当した。したがって一つの集団に同じ役職があたるのは、八年に一度ということになる。さらに七郷を構成する自治会からみると、例えば北高田は五つの自治会による輪番で氏子総代（＝七郷総代）を選出しているので、ひとつの自治会が七郷の役職を務めるのは二〇年に一度となるのである。

曳山行事の山組であれば、總當番は總當番委員会に出仕し祭礼全体の運営を担い、負担人が山組の運営を行うというように役割分担がなされている。しかし七郷の場合、負担人は總當番の補佐的位置で会計を担当し、總當番は總當番委員会に出仕する傍ら、七郷全体の指揮も執るのである。總當番が七郷の代表、負担人が副代表といえよう。

多くの場合、それぞれの七郷総代は毎年正月に交代する。同時に總當番と負担人も次の当番町へ引き継がれる。これは各神社の氏子総代が、二月のオコナイを前にして交代するためである。ところが山組では九月一日に總當番と負担人が交代し、次の曳山祭りに向けた年度が始まる、したがって七郷の總當番と負担人は、山組の年度の途中で交代することになる。

また、山組は若衆と中老という年齢集団で構成されており、さらに児童らも子ども歌舞伎の役者や「シャギリ」の奏者として祭礼に参加する。ゆえに幼少期より、曳山行事に関係し、山組の一員であるという意識が形成される。一方、七郷にはそのような年齢集団は存在せず、七郷ブロックの氏子には、七郷といっさい関係しない者たちも多数いる。自治会の氏子総代となり、七郷総代を兼務することによって初めて七郷というものに関係する場合が多いため、七郷の相談事はつねに総代経験者へもちかけるのだという。

二　七郷としての役務

次に、長濱八幡宮に対する七郷の役務を明らかにしていこう。大別して駕輿丁《かよちょう》の担任、初穂《はつほ》の奉納、楽人《がくにん》の提供の三種がある。

(1)駕輿丁の担任

長濱八幡宮では、摂社《せっしゃ》も含めて年間約三〇の祭礼が営まれるが、ほとんどは宮司や神社職員、氏子の役員である責任役員が中心となっており、一般の氏子が参加することは少ない。ただ春季大祭と秋季例祭という二つの神事祭礼では、長濱八幡宮から氏子たちへ行事への奉仕が呼びかけられる。それが駕輿丁(神輿《みこし》の舁《か》き手)で、神社から氏子へ課される役務だと捉えてよいだろう。

ふたつの祭礼はどちらも、長濱八幡宮の神輿が御旅所《おたびしょ》へ渡御《とぎょ》する神幸祭《しんこうさい》である。御旅所は神社を西にいった南呉服町の観光駐車場に位置し、神輿堂と呼ばれる建屋がある。春季大祭は四月一三日から一五日、秋季例祭は十月一三日から一五日という日程で、どちらも一三日に神輿が出御《しゅつぎょ》し、一五日に還御《かんぎょ》する。(3) 祭礼期間中、神輿は御旅所の神輿堂に安置されて氏子の参拝を受けるのだ。曳山行事は、かつては秋季例祭に、現在では春季大祭に併催されて、全体で「長浜曳山祭」と称される。

長濱八幡宮は毎年、秋季例祭、春季大祭での駕輿丁を、神幸と還御とでそれぞれ異なる氏子に課している。一三日の神幸は旧長浜町(山組を構成する地域)の氏子、還御は七郷の氏子が担当し、両者が混在することはない。神社としては両者へ等分に役負担を課しているのである。この分担を分ける経緯については不明だが、後述するように近世中期からすでに行われていた。

毎年正月に総代が交代した七郷の、最初の役務が春季大祭での駕輿丁である。祭礼の約一カ月前、三月の中旬には長濱八幡宮参集殿で春の「七郷寄り」が開かれる。そこでは七郷総代八名と長濱八幡宮宮司が一時間ほど祭礼の確認事項や七郷に関する諸問題を話し合う。

会議の席では、長濱八幡宮から七郷総代たちへ、①「八幡宮春季大祭神輿還御御奉仕について」、②「春季大祭奉仕者名簿」、③「御神輿舁御奉仕方お願い」という三種の文書が配布される。①は、四月一五日の神輿還御にかかる日程や駕輿丁人数などを記した次第書である。これによれば、七郷から参加する駕輿丁は五〇名。その内訳は、八幡中山一五名、八幡東一三名、南高田町五名、三ツ矢町五名、北門前町四名、神前町二名、北高田町二名、列見町四名と決められている（写真3）。この割合については、少なくとも戦後から変更がないという。

七郷総代はこれを各集団へ持ち帰り、担当分の駕輿丁を選出する。各七郷総代は、高張提灯の奉仕者など、七郷から神輿還幸へ参加する人員を②の文書に記入し、祭礼前までに八幡宮へ提出しな

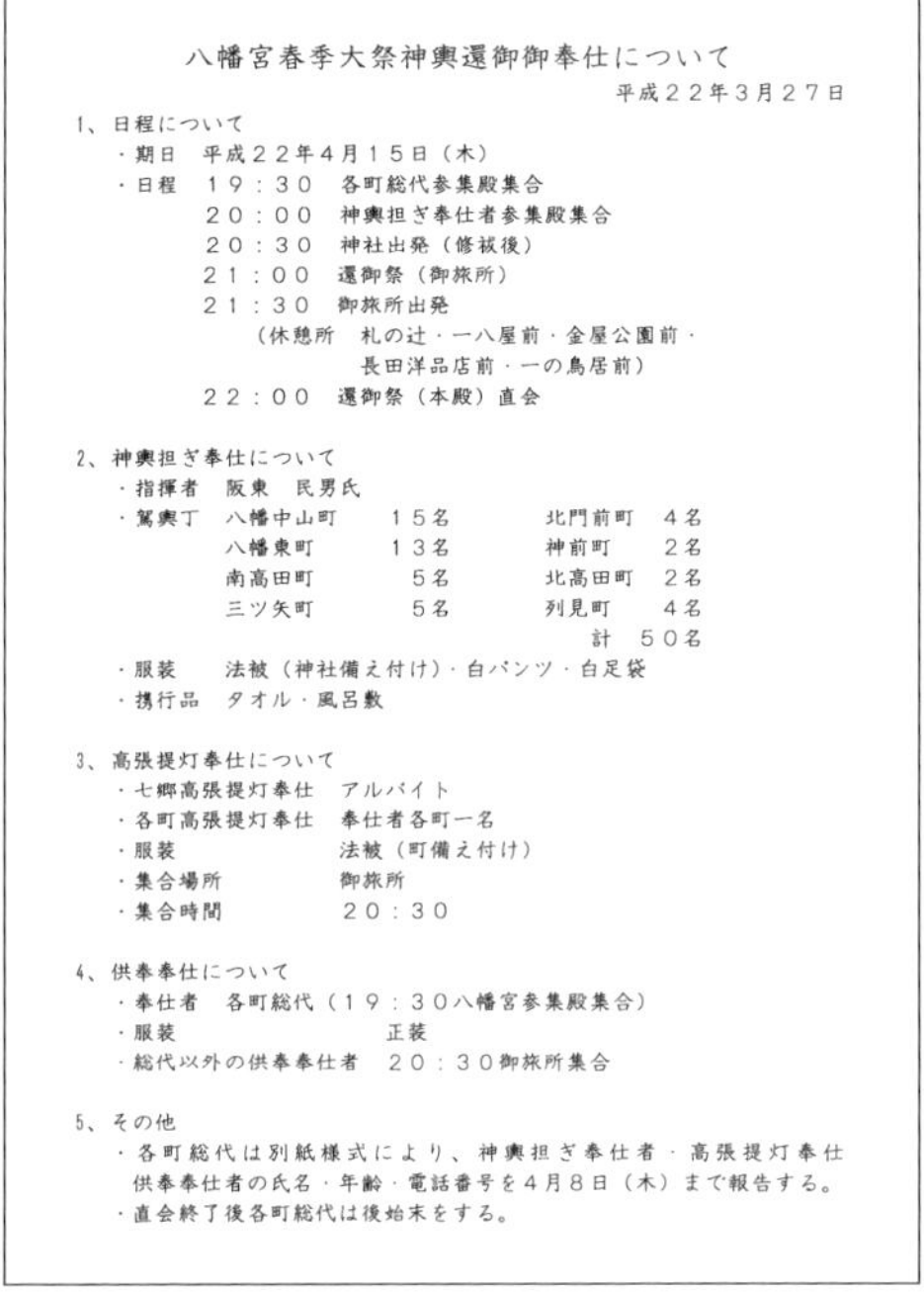
八幡宮春季大祭神輿還御御奉仕について

平成２２年３月２７日

1、日程について
・期日　平成２２年４月１５日（木）
・日程　１９：３０　各町総代参集殿集合
　　　　２０：００　神輿担ぎ奉仕者参集殿集合
　　　　２０：３０　神社出発（修祓後）
　　　　２１：００　還御祭（御旅所）
　　　　２１：３０　御旅所出発
　　　　　（休憩所　札の辻・一八屋前・金屋公園前・
　　　　　　長田洋品店前・一の鳥居前）
　　　　２２：００　還御祭（本殿）直会

2、神輿担ぎ奉仕について
・指揮者　阪東　民男氏
・駕輿丁　八幡中山町　１５名　北門前町　４名
　　　　　八幡東町　１３名　神前町　２名
　　　　　南高田町　５名　北高田町　２名
　　　　　三ツ矢町　５名　列見町　４名
　　　　　計　５０名
・服装　法被（神社備え付け）・白パンツ・白足袋
・携行品　タオル・風呂敷

3、高張提灯奉仕について
・七郷高張提灯奉仕　アルバイト
・各町高張提灯奉仕　奉仕者各町一名
・服装　法被（町備え付け）
・集合場所　御旅所
・集合時間　２０：３０

4、供奉奉仕について
・奉仕者　各町総代（１９：３０八幡宮参集殿集合）
・服装　正装
・総代以外の供奉奉仕者　２０：３０御旅所集合

5、その他
・各町総代は別紙様式により、神輿担ぎ奉仕者・高張提灯奉仕供奉奉仕者の氏名・年齢・電話番号を４月８日（木）まで報告する。
・直会終了後各町総代は後始末をする。

写真３　八幡宮春季大祭神輿還御御奉仕について

ければならない。③の文書は、駕輿丁に対する八幡宮からの依頼文で、総代は駕輿丁希望者へ複写して渡すことになっている。

駕輿丁の選出方法は各集団によって異なる。例えば八幡中山では、八幡中山六名、栄三名、一の宮一名、分木二名、中山三名というように、内在する五つの自治会で担当分一五名を分担している。一方、八幡東では、本郷である八幡東町自治会だけから選出され、他の二自治会は参加しない。

駕輿丁の候補になるのは、七郷ブロックの高校生以上の男子である。以前は、人材不足のために七郷以外から人を呼んだことがあった。しかし氏子でもない者が駕輿丁となるのはいかがなものか、という批判が出たためその後改めたという。八幡中山町自治会では、自治会内の若者が組織する自警団や体育部に前もって依頼をしておき、駕輿丁を確保している。毎年参加する者もいれば、一度きりの者もおり、個人差が激しいという。

四月一三日は神幸祭である。当日午前七時には、「神輿出し」あるいは「蔵出し」という行事が行われる。渡御で使用する神輿を、長濱八幡宮境内の神輿蔵から本殿前の神輿堂へ移動させる行事をいう。これを独占的に担当するのが八幡東の氏子たちだ。八幡東の七郷総代は、この時の駕輿丁のために自治会から五〇名の男性を手配する。午前七時前、彼らは平服で境内に集合すると、七郷総代の挨拶の後、神輿を移動させる。終わるとすぐに解散となる。ほんの三〇分のことである(写真4)。この神輿出しがいつから行われていたのか、またなぜ八幡東が独占的に担当することになったのかは詳らかでない。

神幸祭の駕輿丁は、先述したように旧長浜町、長浜市街地の氏子たち五〇名である。彼らは午前九時半を過ぎるころから参集殿へやってきて、神社が用意した蛇の目の浴衣に着替え、鉢巻を締める。下に履く白パンツと白足袋は持参する。一〇時前に神輿堂へ上がり、神輿を取り囲んで座る（写真5）。同時に本殿では神幸祭が行われ、御霊《みたま》移しが終わると神輿が出発する。

還御も含め、長濱八幡宮の神輿渡御で重要なのは、「アカハチ」と「神輿指揮者」の存在である。「ア

写真4　秋季例祭における神輿出し
（2012年10月13日筆者撮影）

写真5　秋季大祭神幸における駕輿丁
（2012年10月13日筆者撮影）

写真６　神輿指揮者およびアカハチ
(2012年10月13日筆者撮影)
襷を掛けた駕輿丁がアカハチ。背を向け先頭に立つ人物が神輿指揮者である。

カハチ」とは神輿の四隅に配された、駕輿丁の主格である。その印として赤い襷《たすき》を身につけることからそう呼称される。通常四名から六名程度で、祭礼当日に駕輿丁の中から選ばれるという。彼らは巡行中の神輿の状態を見、駕輿丁たちに指示をとばす。そしてアカハチたちをまとめるのが「神輿指揮者」である。彼は巡行の前から、集まった駕輿丁たちに神輿の由来を説き、神輿を担ぐ技術をレクチャーする。巡行では全体の速度を調整し、出発や休憩の号令をだす。まさに巡行を指揮するのである(写真6)。

平成二四年当時、毎年の神輿指揮者を務めているのは朝日町在住の男性であった。七郷の氏子ではない。彼は先代から職務を引き継いだものだが、先代も七郷ではないという。七郷も含めて、駕輿丁たちは神輿を担ぐという経験に乏しい。先述したように、駕輿丁はその都度集められる人員だからだ。いきなり神輿を担ぐことは、おそらく不可能であろう。したがって、毎年参加している神輿指揮者という存在が必要となるのである。

神輿指揮者というポジションが、いつ、誰から始まったことなのか明らかでない。七郷や長浜曳山祭関係者に取材すると、彼らは「有志の氏子」であると説明を受けることが多い。ただ、神輿指揮者としての出仕は、あくまでも祭礼前に七郷總當番と負担人から依頼される慣例であるという。

さて神幸は、神輿指揮者を先頭に氏子域を巡りながら御旅所へ向かう。神輿の後ろには七郷總當番と責任役員代表、宮司が従う。神幸祭であっても、山組の總當番など関係者は、神社参道の鳥居で見送るのみで供奉《ぐぶ》しない。神輿指揮者への依頼が七郷であることからもわかるように、神幸も七郷の管轄なのである。

渡御は途中数カ所で休憩をとるが、かつては三カ所であったという。渡御の経路は地図2のとおりである。昼前に御旅所へ到着し神輿を安置すると、駕輿丁たちはすぐに参集殿へ戻る。着替えてそのまま解散するのだ。一方、御旅所では御旅所祭《おたびしょさい》が行われ正午に終了する。

神輿の還幸は一五日である。一九時半、御旅所で子ども歌舞伎が奉納されるさなか、七郷ブロックの氏子総代たち二〇名ほどが参集殿へやってくる。還御に供奉するためだ。次いで七郷の駕輿丁が集まり、用意された浴衣に着替える。神幸祭の駕輿丁と同じものである。子ども歌舞伎の進行を見ながら、駕輿丁たちは神輿指揮者とアカハチを先頭に隊列を組み、御旅所へ向かう。すぐには御旅所へ入らず、御旅所祭が終了するまで札の辻付近で待機する。御旅所祭が終了すると神輿指揮者とアカハチの数名が勢い良く神輿堂へ駆け込んで渡御の準備を行ない、次いで駕輿丁たちが駆け込み、神輿を一気に堂外へ引き出し、御旅所の長刀《なぎなた》組や山組が居並ぶ中を何度も旋回する。その間に、大手門通では渡御行列が整えられる。神輿を迎えると、行列は神社へ向けて出発する。行列の構成は次のとおりである。

金棒―太鼓―榊―長刀組高張提灯―各七郷集団の高張提灯八対―山組の高張提灯―七郷の高張提灯―神輿―七郷總當番―神職―楽人―七郷負担人―七郷ブロックの各総代

簡素な神幸祭の行列から一転、こちらは前後に七郷と長刀組、山組の高張提灯が付き従う（写真7）。長刀組が先導し、七郷が殿《しんがり》を務めるのだ。また紋付袴に正装した七郷の総代たちも合流し、神輿に付き従う。行列は所々で休憩をとりながら、地図2のように大通寺表参道、やわた夢生小路《ゆめこじ》を進み、長濱八幡宮参道に入る。駕輿丁たちは神輿堂に神輿を担ぎ入れると、その場に居並んだところで、すぐに御霊移しが行われる。儀式が終了すると、供奉してきた高張提灯が片付けられ、神輿も神輿庫へしまわれる。駕輿丁および氏子総代たちは参集殿へ向かい、直会《なおらい》が行われるのである。一方、本殿では七郷總當番と責任役員代表たちが列席して還御祭が行われ、これが終了すると春季大祭が幕を閉じる。

写真7　春季大祭還御祭における七郷の高張提灯
（2013年4月15日筆者撮影）

毎年一〇月一三日から一五日までの秋季例祭における駕輿丁担任も、春季と大きく変わらない。九月下旬に「七郷寄り」が開かれ、春季と同じ割合で駕輿丁が募集され、一三日早朝には八幡東による

地図２　神輿渡御順路図

本図は、国土地理院発行 25000 分の 1 地形図を基に筆者が作成した。
地図中の ━━ は、13 日の神幸経路を表す。

「神輿出し」が行われる。神幸はやはり神輿指揮者が先導して、七郷総代が責任者を務め、長浜市街地の氏子が駕輿丁を務める。

　還幸祭は、午前中に本殿で例大祭の神事が行われ、夕刻からは薪能《たきぎのう》が催される。その最中、一九時に七郷の駕輿丁たちが神社参集殿へ集合し、神社所有の浴衣に着替えた後、修祓《しゅうばつ》を受けて一九時半に御旅所へ向けて出発する。一方御旅所では、一九時を過ぎた頃から正面の駐車場に各山組の「弁当山」と囃子方、高張提灯が集まり、シャギリを始める。これは神輿の還幸を囃すことが目的であり、囃子保存会が差配する。このシャギリは近年始まった催しで、それまでの還幸はかなり静かなものであったという。

（2）神饌の奉納

駕輿丁の他に、七郷のうち八幡中山・八幡東・南高田・列見が担任する役務として神饌の奉納がある。神饌とは長濱八幡宮の年中行事で使用する白米を指す。神社では「神田」や「御田」といって、祭祀用に使用する米を生産するための田地を所有する例が多い。しかし長濱八幡宮では専用の田地はなく、七郷のうち、農地を有する四地区が、中山―東―南高田―列見の年番交代で耕作と奉納を務めることになっている。

八幡中山の場合、神饌の担当が四年に一度まわってくると、七郷総代が農業組合長に相談し、農家のうちから神田の耕作者を決め、長濱八幡宮へ報告するという。農家は七軒あり、耕作者はその時の状況によって、すなわち神田を耕作する余裕があるか否かによって決定される。そして耕作者が所持する田地の一角を「長浜神饌田」として、耕作するのである。これは他の四地区とも同じであり、特定の神田を用意しているところはない。なお南高田は、東高田自治会が毎回担当することになっている。

耕作者が決定すると、四月末には氏子総代とともに長濱八幡宮へ行き祈禱を受け身を清める。そして五月初旬、お田植祭が行われる。当日、神饌田候補地は神職によって合計一六本の幣帛《へいはく》で区画され、祈禱が行われる。そしてコシヒカリが植え付けられ、豊作が祈願されるのである。九月に稲が実ると、日を選んで抜穂祭《ばっぽさい》という収穫の祭事が神職、七郷総代、耕作者で行われ、神田の幣帛は撤去される。

（３）楽人の提供

さらに八幡中山と八幡東は、楽人《がくにん》の提供という役務を担当している。長濱八幡宮では、秋季例祭と春季大祭の儀式（御霊移し、御旅所祭、御霊戻し、神幸祭、還幸祭）において楽が奏される。これを担うのが、中山の住人八名からなる笙《しょう》和《わ》会《かい》と、東の八名からなる八興《はっこう》会である。両会は一年交代で神事に参加する（写真８）。

写真８　御旅所祭における笙和会の楽人たち
（2013年4月13日筆者撮影）

笙和会も八興会も、その成員は三〇代から六〇代までの男性で、その全員が有志である。家筋や年齢集団に限定されることはない。多くは、先人からの勧誘がきっかけで入会したのだという。会では龍笛《りゅうてき》と篳篥《ひちりき》、笙という雅楽の基本楽器が分掌され、日々の練習を続けている。楽器や衣装、楽譜などは会が所有しており、その数に限りがあることから、欠員が生じないかぎり八名以上の入会は行わないのだという。楽人たちは長濱八幡宮での神事の他、神社の神職が担当する周辺地域の神社祭礼や舎那院《しゃないん》の法会《ほうえ》にも出向き、同じように楽を奏する。そのほとんどは無償のボランティアであるという。

楽人の提供については、次のような起源譚が八幡東に伝えられている（長浜市、二〇〇〇、一〇頁）。

明治時代の始めごろに、舎那院の住職がムラに来て、舎那院の法要の際には八幡東の若い者で楽を奏して欲しいと頼み、演奏法を教えた。また、若い者八人が組を作り、楽器を保存し、本山長谷寺で楽人の免状を貰った。

江戸期の新放生寺《しんほうしょうじ》や長濱八幡宮において、現在のような雅楽が奏されていたのかはわからない。むしろ神仏分離・神道国教化の影響を受けた神社の多くがそうであったように、祭儀が神道形式に改変されていく過程で、儀式楽としての雅楽が必要となったと考えられるだろう。加えて舎那院を残して解体された明治期の新放生寺に、楽人を抱えるだけの余裕はなかった。ゆえに氏子へ、それを担任させたと推測できる。この点、神道国教化を背景とした明治期以降における雅楽の民俗芸能化を考える上で興味深い。

三　長浜曳山祭における七郷の位置

では、七郷は「山組」や「長刀組」といった他の氏子集団とどのような関係にあるのだろうか。長浜曳山祭を例に考察しよう。

長浜曳山祭は、基本的に一二の「山組」、「長刀組」、そして「七郷」という三者によって実行される(4)。各集団の上にたって長浜曳山祭を差配するのが、總當番委員会である。委員会は、各集団から選出された總當番で組織される。委員会の内部は、常置委員・詰山委員・詰委員という三種の委員からなり、常置委員はその年の当番である二つの山組から選出された六名、詰山委員は出番山からの各一名、詰委員は長刀組・七郷・氏子総代からの各一名で構成されている。

總當番からは委員長・副委員長の他、祭礼の実行に直接関係する実行委員会の責任者が選出される。実行委員会は、渉外・賄事・警備・人事・財務の五部署からなり、それ以外に総務・内務・記録・広報といった任務が割振られる。總當番委員長と副委員長二名の他、主な役務は常置委員の山組から選出される。そしてそのサポートを詰山委員が担当する。このように、長浜曳山祭の実行は、ほとんどが山組によっている。

一方の詰委員である長刀組・七郷・氏子総代の總當番は、このとき「神事」という役務を担当する。これは春季大祭の儀式で本殿および御旅所に詰める宮付きの職務であり、山組が担任することはない。なかでも七郷の總當番は、大祭の中心となる神幸祭と還御祭の責任を負う。責任役員と共に神前の儀式に立ち会い、神幸還御の別を問わず神輿渡御に同道してその遂行を見守る。

祭礼の運営にあたって、山組、長刀組、七郷の三者は年間を通じて總當番委員会や山組集会などの各種集会、直会の宴席などで顔を合わせるが、興味深いことに、そこでは必ず三者の上下儀礼が確認される。例えば集会の席次は、上座から長濱八幡宮神職―長刀組・七郷・氏子総代―山組という順が保たれる。祭礼における山組と、長刀組・七郷の社会関係は、相対的に後者が上位に位置付けられているのである。長刀組と七郷が神事を担当する、ということがこの一因となっていよう。

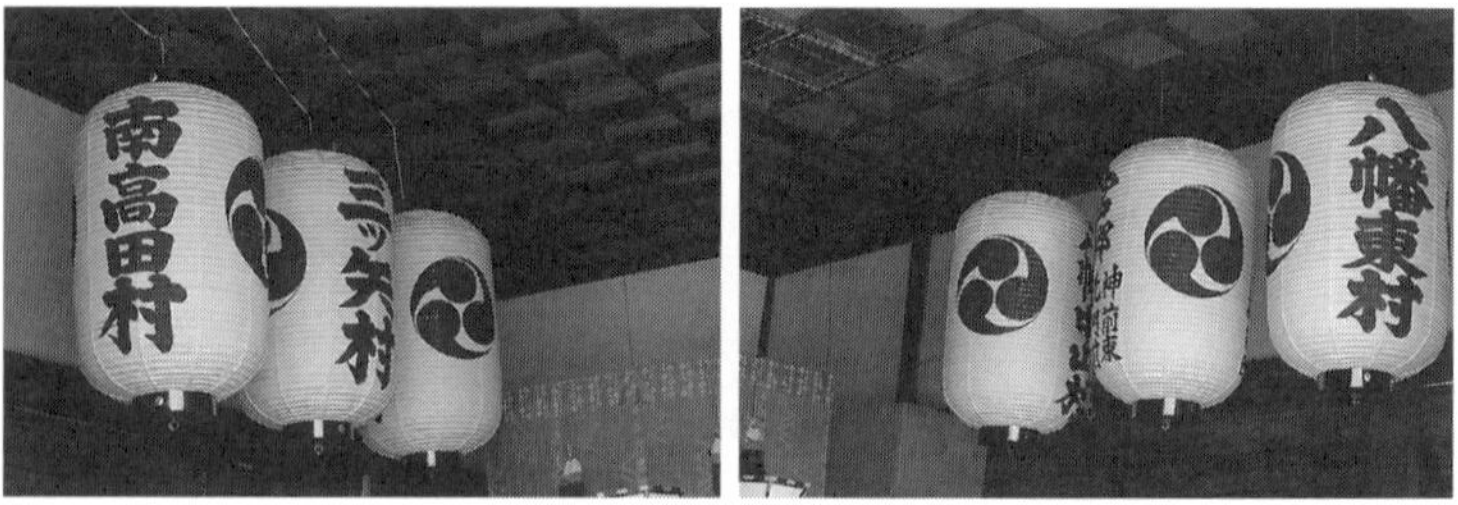

写真9　御旅所内の大提灯（2013年4月13日筆者撮影）

祭礼期間中、神輿が滞在する神輿堂には三者の紋様が描かれた提灯が飾り付けられる。堂外正面の壁には、中央に長刀組、その両脇に出番山の提灯が飾られている[5]。ところが堂内には、おもての提灯とは比べようもないほど巨大な提灯六張が、神輿を囲むようにして飾られている。これが七郷の大提灯である。ここには、神前西、神前東など、現在の七郷の名が記されている（写真9）。神幸還御の差配や駕輿丁を担任することから、神輿堂では、七郷が長刀組や山組より神輿に近しい存在であると演出されているのだ。

祭礼行事のなかにも、三者の関係を見出すことができる。例えば「最初長刀組」といって、山組に対する長刀組の優越はよく知られている。四月一三日早朝に神社から各出番山・長刀組へ幣帛を迎える「御幣《ごへい》迎え」の儀式においては、まず長刀組が金幣を、続いて山組は神社到着順に白幣を授与される。同じように子ども歌舞伎の順番を決定する同日午後の「籤取式」でも、山組は籤を引くが、長刀組は「籤取らず」といって、式には参加するものの籤はとらない。一四日の登り山は、長刀組が移動（太刀渡り）を開始した後、出番山が出発する決まりである。そして一五日の子ども歌舞伎奉納も、長刀組による「翁招き」がなければ開始できない。このように祭礼で山組と長刀組の行事が同時に進行する場面においては、つねに長刀組の優位性が演出されるのである。

祭礼において山組、長刀組、七郷の三者が一同に会す場面は、一五日夜の還御祭である。出番山による最後の子ども歌舞伎が奉納された後、總當番委員長は神職、長刀組、七郷の順に奉納終了の報告と還御祭、戻り山、神輿還御の準備にとりかかるよう依頼する。挨拶が済むと神輿堂では神職による還御祭が執行され、神事終了後に七郷の駕輿丁によって神輿が担ぎ出されて還御が始まる。神輿は御旅所を周回してなかなか還御に移らず、行きつ戻りつして御旅所を出、もう二度と戻らないことが確認されなければ、長刀組以下は戻り山を開始することができない。この時ばかりは、神輿と一体となった七郷が、長刀組と山組に対して優位となる。

このような社会関係は、三者の自己表象においても確認できる。現在の長濱八幡宮祭礼は、豊臣秀吉によって戦禍で荒廃していた神社が復興され、それに伴い創出されたという由緒をもつ。そして秀吉が男子誕生の祝として長浜町民に下賜した砂金によって曳山が建造され始まった、というのが曳山行事と山組の由緒としてよく知られている。

これに対して長刀組の由緒は次のようなものである。すなわち、長濱八幡宮祭礼の復興の時、秀吉は神社を勧請《かんじょう》した人物である源義家が凱旋する様子を模して太刀を作り、家臣に太刀渡りを行わせた。その後、太刀は長浜町を運営する十人衆へ渡された。この頃から、長浜の町々が練り物や曳山を祭礼に出し始め、十人衆による太刀渡りの維持が困難になると、由緒がある為に今度は小舟町組に受け継がれた。それから小舟町組は長刀組になった。

由緒は寛文六年（一六六六）の奥書をもつ「江州湖東八幡宮祭並祭礼ノ由来」という文書に記されているから、江戸時代にはすでに通説となっていたと考えられる（長浜市教育委員会、一九九六、三一）。これが史実か否かは別の問題として、太刀渡りの起源を秀吉の祭礼創出時に、担い手も秀吉家臣団と町役の十人衆に求めていることに注目したい。現在の祭礼において「最初長刀組」であるのは、山組や曳山行事に先行して太刀渡りが存在していたからだ、と歴史性を根拠に説明されるからである。

一方、七郷の自己表象として「七郷とは、中世期の八幡庄を構成した七つの郷である」という説明が、当事者や祭礼関係者からしばしば聞くことができる。現在の長浜市街地周辺は、遅くとも室町期には八幡宮が領有する八幡庄と呼ばれた荘園だった。当時の庄内には、今浜・横浜・満屋・高田・南高田・瀬田・宮・中山・東・列見という集落（郷）があり、江戸期に発達する長浜町は、天正元年（一五七三）に湖北三郡を拝領した豊臣秀吉が、湖岸の一漁村であった今浜を「長浜」と改名し長浜城を築いたことに端を発する。今浜と横浜の地には小谷城下から町人たちが移り住み、城下町として整備されていったのだ。そして長浜町の住人たちが祭礼のために組織したのが、長刀組であり山組だった。したがって八幡庄に淵源を求める七郷の歴史認識は、自身を彼らより以前の存在だとするものと捉えられよう。

四　七郷の形成

以上、現在における七郷の姿と役務、他の氏子集団との関係を考察してきた。最後にそれが、どのような歴史的展開において形成されてきたのか考えてみたい。その際、参考となるのが滋賀県内の曳山行事を郷祭りの一環としてみた米田実の論考である（米田、二〇〇五）。米田は、滋賀県内で行われている曳山祭礼の多くは「郷祭り」の形態をとり、長浜曳山祭も同様であると指摘した。郷祭りとは、中世期に淵源をもつ「郷」という地域共同体を母体とした祭礼で、郷を構成する複数の地域共同体――多くは農村――で運営される。ところが近世期になり、農村の一つが町場化すると、その経済力を背景として祭礼に曳山を持ち出し、曳山行事が発展していくのだという。まさに長浜の曳山行事も、長濱八幡宮の祭礼を背景に、長浜町の発展により展開してきたわけで、米田はさらに、この「郷祭り構成村落の町場化」が、その他の村落の祭礼との関係性も変化させたのだと指摘する。すなわち、近世期の郷祭で町方の曳山行事が盛況となる反作用によって、村落側は町方に対する優越を説く由緒を整え、祭礼の中心である神事に深く関与するようになる、というのである。

（1）「七郷」観念の創出

では、「七郷」という認識は、どのように形成されてきたのであろうか。具体的な史料を欠くために不明な点が多いが、どうやらそれは、米田の指摘するとおり、近世都市である長浜町の発展と密接

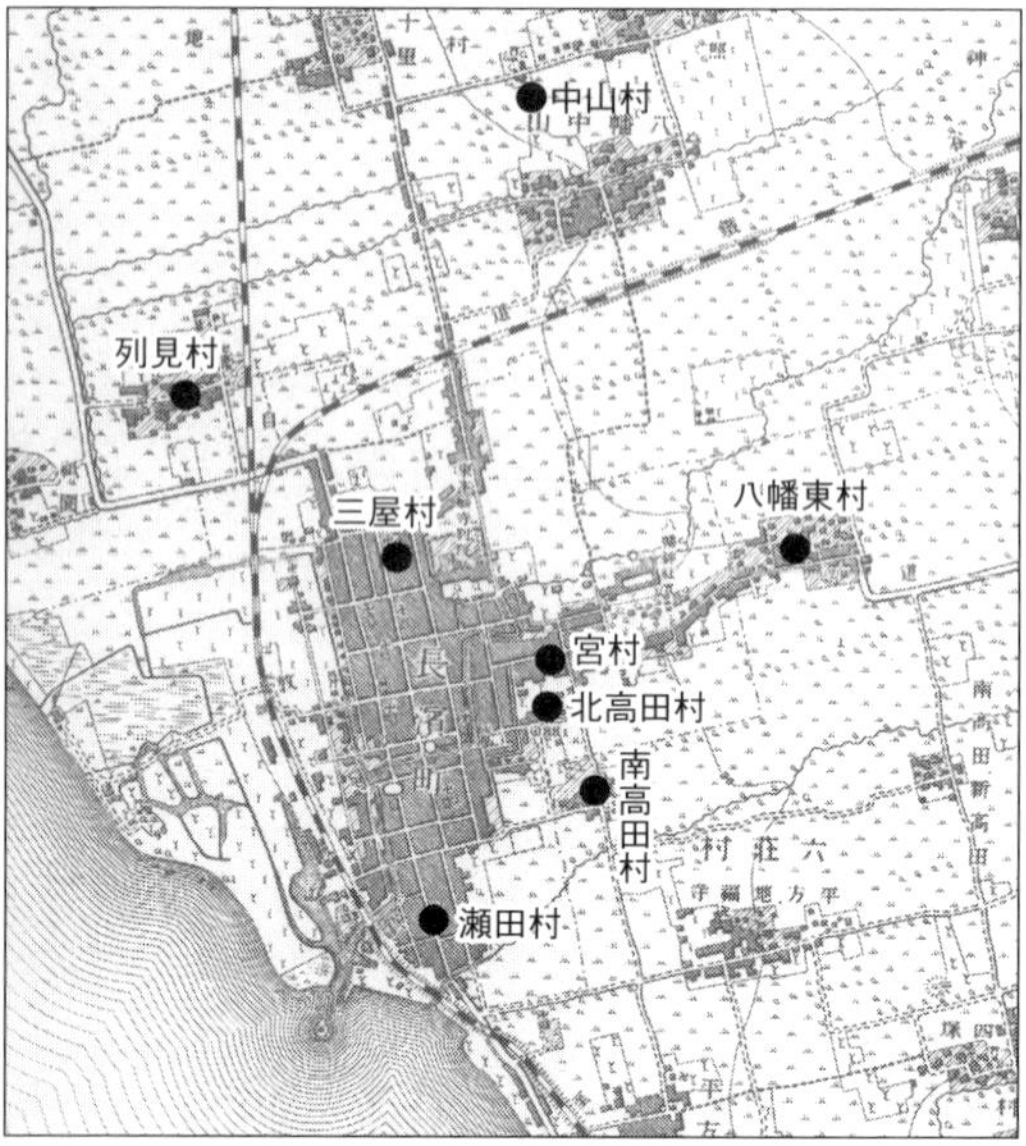

地図３　七郷（８カ村）の所在
（下図は陸地測量部明治27年発行地形図）

な関係を有していたと考えられるのではないだろうか。

繰り返しになるが、七郷の起源とされる八幡庄とは、長濱八幡宮の別当寺であった新放生寺を領主として成立した荘園である。ここで注意しておきたいのは、当時の八幡庄が七つの郷村のみで構成されていたのではない、ということだ。少なくとも、長浜城が建設されるまで存在した今浜や横浜という漁村、洪水によって水没したと伝承のある西浜などの集落[6]が庄内には散在していた。したがって、当時の八幡庄において、満屋・中山・東・高田・列見・瀬田・宮という七つの郷村を特別に取り上げて「七郷」とする観念が存在していたかについては大いに疑問がある。

織豊期に入ると豊臣秀吉がこの地を領有し、今浜・横浜の地に城を築いた。そこで城下は長浜と改称され、それまでの漁村から、江戸時代を通じて湖北最大の城下町・在郷町である長浜町として成長することとなる。一方、周辺の郷村は近世村として展開し、彦根藩などの支配を受けた。

旧領主であった新放生寺は支配権を大幅に削られ、庄内にわずか二〇石を認められるのみであった。ここに支配域としての八幡庄は消滅したのである。ただし八幡庄という範囲は、江戸時代を通じて人々に認識される。例えば、亨保一九年（一七三四）に出版された『近江輿地誌略』という地誌には次のような記述がある。(7)

八幡荘　八幡東村・中山村・列見村・北高田村・南高田村・瀬田村・宮村・三屋村、以上七村をいふ。此中瀬田・宮・三屋は長浜にかかる。長浜も八幡荘の内也。

当時、旧八幡庄域を構成する町村は、今浜・横浜の地に成立した長浜町と、周辺の八カ村であった。『近江輿地誌略』の作者は八カ村をわざわざ「七村」に置換している。また長浜町を、庄域内にあるにもかかわらず分けて捉えている。ここから当時の「八幡庄」という認識は「長浜町を除いた八カ村のかつての姿であり、それは［七村］である」というものだったことがわかるだろう。この認識方法は、八幡庄が実在した中世期には起こりえず、江戸期になって長浜町と周辺八カ村が成立して以降のものである、と考えなければならない。旧八幡庄という地域区分が、経済発展を遂げた長浜町と対比されることによって表象されたのである。そしてこのことが、長浜町以外の長濱八幡宮氏子を「七郷」と呼称する契機となった。すなわち元文三年（一七三八）に記されたとされる『長浜古記』(8)は、そのことを次のように記している。

御氏子は今浜町并びに八幡庄七郷宮村、瀬田村、高田村、中山村、東村、列見村、満屋村にて御氏子とは、長濱八幡宮氏子を指す。この記述から氏子の捉え方がよくわかるだろう。すなわち今浜（長浜）町と、それ以外の「七郷」と総称された七カ村という二区分である。ここでも、あえて南北の高田村が一括りにされている。管見のかぎり、この記述が氏子を示す「七郷」という文言のもっとも早い例である。

興味深いことに、長浜町および長濱八幡宮祭礼の展開においても、一八世紀は変化の時期であった。これまでの研究によると、現在の曳山行事にあるような芸屋台が登場するのは一八世紀初頭以降のことであり、祭礼のあり様も、それまでの「練り物」から、芸屋台上の狂言に中心が移ったという。この点、日本各地の近世都市における曳山・山車《だし》祭礼の成立史と軌を一にしている。名実ともに祭礼が長浜町町民のものとなっていく反作用によって、長浜町民以外の氏子が「七郷」という中世八幡庄に起源をもつアイデンティティを獲得していったと考えられよう(9)。

(2) 神輿渡御と駕輿丁の展開

現存する神輿は、江戸期の延宝四年（一六七六）八月一五日に、八幡宮氏子中から寄進されたものということが明らかとなっている（長浜曳山祭文化財保護委員会、一九七一、一二）。祭礼における神輿渡御は、元文三年（一七三八）の『長浜記』によれば、春の祭礼では四月一日神幸、三日還御、秋の祭礼では九月一三日神幸、一五日還御という日程であったという（中川、一九八八、四二六）。当時から、駕輿丁の担任は神幸が長浜町、還御が七郷という分担であった。長浜町担任の場合、町からは裃姿の若い衆が五名ほど神輿につき、羽織袴の世話役が引率した（中川、一九八八、四二六）。つまり江戸期の神幸には、現代の神幸に七郷の総代が付き従うような、七郷の関与が認められないのである。

また神幸の駕輿丁は長浜町外からの雇人足たちであった。このことは、時代は下るが明治四二年（一九〇九）一〇月一五日の還御で七郷が渡御中に神輿を大破させたことにより、以降駕輿丁を長浜町と同じくすべて雇いとする、との記事があることからわかる。[10] 曳山の曳き手やシャギリと同じように、駕輿丁を旧長浜町の氏子自らが担任するのは、現代になってからのことなのである。長浜町の氏子から出る神輿指揮者も、近年のものということになろう。

さて、江戸期における七郷の駕輿丁担任が確認できるのは、一九世紀の初頭、文化元年（一八〇四）のことである。長濱八幡宮の「萬恒例日記」文化元年九月日条には、この年の九月祭礼で使用する駕輿丁の浴衣五〇着の内訳が次のように記されている（長浜曳山祭文化財保護委員会、一九七一、二）。

神輿舁浴衣　文化元年子九月割合
弐十　中　山村　　五ツ　列　見村
五ツ　三ツ屋村　　弐ツ　宮　村
壱ツ　瀬　田村　　弐ツ　南高田村
弐ツ　北高田村
残り十三ほど寺中門前町
尤見合時々様子也

ここから一九世紀の初頭にはすでに七郷地域の村々が駕輿丁を担っていたことを知ることができる。

人員の割振りは中山村が二〇人と最大で、七カ村全体では三七名である。そして彼らでは担任しきれない一三名分は長濱八幡宮の門前町へと割り振られており、この当時から駕輿丁は五〇名だったことがわかる。七郷ではない門前町の負担は、「残り」とあることから、まず「七郷」の担任が前提にあり、それが不可能になった時点で割振られる慣例であったとみるべきであろう。

このような慣例の背景には、駕輿丁の負担に対する七郷の消極的参加あるいは不参加という事情があったと考えられる。文化元年当時においても、中山村の他は五名程度しか負担していない。加えて史料には東村の姿が見えない。中山と並ぶ規模の農村であった東村に、駕輿丁を負担する能力がなかったとは考えにくい。むしろ何らかの事情で不参加となったのだろう。七郷の祭礼への参加は、現在のような定数的なものと異なり、極めて不安定な状況にあったのである。長濱八幡宮は「見合時々様子也」と、七郷の役負担率を見極めながら、門前町の負担を調整する必要があった。このことが明治期以降に、「現在の七郷」を形造る大きな要因となるのである。

(3) 七郷の再編成

由緒の上で七郷は、江戸期の中山村をはじめとする八カ村、中世期の七つの郷にその起源が求められてきた。しかし現在の七郷を構成する八集団と江戸期の八カ村を比べると、現在の神前と北門前は江戸期の村落名になく、江戸期の宮村と瀬田村が現在の集団名に含まれていないことがわかるだろう(表2参照)。つまり江戸期と現在の七郷は直結せず、ある時期に再編されているのである。それは、明治大正期、特に明治二一年（一八八八）の市制・町村制の施行を契機に行われたと考えられる。

市制・町村制の施行では、まず三津屋・宮・北高田・瀬田の四カ村が旧長浜町と合併し、より広域の長浜町が形成された。そして北側の列見・中山は他の一七カ村と合併して神照村、南側の東・南高田は周辺一一カ村と合併し六荘村が成立した。その後、昭和一八年（一九四三）に長浜町、神照村、六荘村と他四カ村の一町六村が合併して長浜市が誕生、平成一八年（二〇〇六）に東浅井郡浅井町・びわ町と合併し現行の市域となった。

旧宮村は高田村の東、長濱八幡宮境内の南辺に位置しており、江戸期から長浜町に隣接し町場化していた。町村制施行で長浜町に包摂される際、宮村は分割され、それぞれ異なる大字に組み込まれる。すなわち町場化していた本村は大宮町に吸収され、一方の長濱八幡宮周辺にあった宮村の年貢地や田畑は、新たに神前町とされた。大宮町に吸収された旧宮村分は、七郷から山組としての宮町組へ移ることになる。

また北門前の前身は、江戸期において七郷と共に駕輿丁を担当していた門前町である。宮村の年貢地であり、幕末には北門前町、門前町、南門前町という三つの町からなっていた。町村制施行時には、門前町も宮村年貢地と同じ神前町に組入れられる。

こうして新しく誕生した神前町は、徴税区域として神前北、神前東、神前西の三区に分けられたという（中川、一九八八、五三〇）。現在の七郷を形成する神前西町自治会、神前東町自治会は、このときの神前西、神前東という区分が母体であり、さらには旧宮村年貢地であった。一方、現在の北門前町自治会は、このときの神前北という区分が母体となっている。

以上の神前町は、長浜市の町名が整理再編された昭和三九年に、宮前町と改称し、現在に至る（現在の神前町とは異なる）。現在の御旅所神輿堂に奉納されている七郷の大提灯には、神前西、神前東、北門前の三者がまとめて「宮郷」と記されており、江戸期の宮村を継ぐ存在として意識されていることがわかる。ただしそれは、江戸期の宮村そのものではなく、幾度かの分割再編成を経た後に近代的な行政区画によって誕生した集団なのであった。

江戸期には七郷でなかった北門前が加わった時期やその理由は不明であるが、瀬田村の欠落が一つの要因であったと考えられる。

瀬田村も長浜町の南辺に隣接していたため、早くから町場化していた。長浜町に吸収される際、周辺の町と合併して永保町を形成し、昭和四〇年に現行の町名である朝日町に組み入れられた。自治会は永保町自治会であり、長濱八幡宮の氏子区分では第七ブロックに属す。また現在では山組の瀬田町組を構成する自治会でもある。長浜町との合併に際して、宮村は分割されたことによって名称は変わったもののかろうじて半身を残すことができたが、瀬田村は完全に永保町として再編成され、それがために山組へ組み込まれてしまった。この瀬田村の七郷からの欠落を補うために北門前が加わり、現代につながる七郷が形成されたと考えられる。

おわりに

以上、七郷の組織形態と活動、他集団との関係、その形成について考察してきた。最後にこれらをまとめ、今後の課題を示したい。

八幡荘という長濱八幡宮の氏子域は、近世期の長浜町の台頭により、長浜町とそれ以外の村落とに二分される。祭礼も、神輿渡御とそれに従う練り物が中心だった内容から、渡御とは別に、長浜町民によって曳山行事が始められていった。長浜町以外の村落の氏子たちが、「七郷」という中世八幡荘に起源を求めるまとまりを持つようになったのは、これ以降のことであり、祭礼の駕輿丁を長浜町と七郷で分担するようになったのも、同様である。

近世期までの七郷は、明治期の町村制施行にはじまる行政区画の変革により、再編成を余儀なくされる。構成村落であった瀬田村すべてと宮村の一部氏子が、山組に編入されたのである。これにより、残った旧宮村の氏子が神前東と神前西という二つの集団をつくり、これまで七郷ではなかった旧門前町の氏子が北門前として加わった。ここに、現代につながる七郷の基礎が形作られたのである。ただし厳密に言えば、現代の七郷が成立し機能するためには、長濱八幡宮氏子が自治会単位で組織される時期まで待たなければならない。

近世期、長浜町の駕輿丁はすでに雇い人足によって担われていた。一方、七郷は氏子たち自らが担任していたと考えられるが、近世後期には拠出人数の不足がみられた。この背景には、近世村として自立していく村落にあって、祭祀の中心となるは自身の氏神社であり、郷社である長濱八幡宮祭礼に人手を裂く余裕が無いなど、村落の変化が挙げられるだろう。そして駕輿丁の不足を補ったのが門前町の氏子であり、近代の七郷に加入するきっかけとなった。

現代の長浜曳山祭における七郷の役割は「神事」とされる。七郷総代は總當番委員会で神事というポジションにつき、神社での祭儀に参加し、神輿の神幸還御を管理する。山組ではなくなぜ七郷（加えて長刀組）が神事という役割に特化することになったのか、本稿では明らかにすることができなかった。ただ、神事への特化が始まったのは、そう以前のことではないだろう。例えば近世期、長浜町が担任していた神幸に、七郷が関与していた形跡はない。

戦後の長浜曳山祭の展開を考察した武田俊輔によると、昭和三一年（一九五六）には折からの市財政悪化も手伝って、政教分離の観点により翌年以降の補助金を支給できないという市長の意向が伝えられたという（武田、二〇一二）。同時にその対応として、祭礼を「神事」と「観光」という二つの側面に分けて捉える提言がなされた。祭礼運営組織側もこれを了承し、後者を全面に押し出した祭礼体制が模索された。このとき「観光」の主体とされたのは、もちろん曳山行事であり、子ども歌舞伎である。一方の「神事」とは長濱八幡宮の春季大祭であった。總當番委員会にみた山組＝長浜曳山祭担当／七郷＝神事担当という分担は、これ以降に整えられた可能性が高い。詳細な検討は今後の課題である。

［注］

（1）本稿では曳山の曳行や子ども歌舞伎上演などを曳山行事、曳山行事を含む祭礼全体を曳山祭礼と表記している。

（2）長浜市『平成二三年度国勢調査町別人口』による。

（3）現在の秋季例祭では、長濱八幡宮の祭神である八幡神のみならず、かつての別当寺であった舎那院の愛染明王も神輿に同座する。神幸祭や御旅所祭には舎那院の住職も参加し、神輿に向かって読経するという神仏習合の形態をとる。これは近年、現長濱八幡宮宮司の提案で行われているものである。春季大祭では八幡神のみである。

（4）その他、祭礼に関係する存在として、氏子が兼任し、あわせて氏子外からの参加者で構成される諸集団が挙げられる。公益財団法人長浜曳山文化協会や長浜曳山祭協賛会、長浜観光協会などであり、資金の調達や観光誘致など、氏子と外部とをつなぐ中間的な機能を果たす。また他に、祭礼に限って曳山の曳行や各種手伝いに訪れる氏子外の人々の存在も重要だ。かつては周辺地域から雇われた囃子方や大工方がいた。近年では大学生など市民ボランティアが増加している。彼ら外部者の存在がなくして長浜曳山祭は成立しない。

（5）暇番山の提灯は同外側面に飾られる。

（6）川村元嘉氏のご教示による。

（7）寒川辰清『近江輿地誌略』（国会図書館蔵）。

（8）元文五年「長浜古記」（元浜町中居純一郎家文書）。

（9）七郷と同時に形成されていったのが「長刀組」だろう。長浜町の周縁にあって漁夫が中心であった彼らは、町の中心で新興商人たちがつくり上げていく山組と曳山に対して、先述したような山組を凌駕する由緒と行事を創出していったものと考えられる。

(10)『累年日記』明治四二年条(横田立次郎家文書)。ちなみに七郷の駕輿丁は、大正七年(一九一八)の長濱八幡宮鎮座八五〇年を記念した祭典で復旧した。

［参考文献］

滋賀県立大学人間文化部地域文化学科・長浜曳山文化協会、二〇一二、『長浜曳山祭の芸能―長浜曳山子ども歌舞伎および長浜曳山囃子民俗調査報告書―』滋賀県立大学人間文化部地域文化学科。

市立長浜城歴史博物館編、二〇〇〇、『長浜市農業文化遺産総合調査』、滋賀県土地改良事業団連合会。

武田俊輔、二〇一二、「長浜曳山祭における社会的文脈の流用―観光/市民の祭り/文化財―」滋賀県立大学人間文化部地域文化学科/長浜曳山文化協会『長浜曳山祭の芸能―長浜曳山子ども歌舞伎および長浜曳山囃子民俗調査報告書―』、滋賀県立大学人間文化部地域文化学科。

中川泉三編、一九八八、『近江長濱町誌』第三巻、臨川書店。

長浜市教育委員会・長浜曳山祭総合調査団編、一九九六、『長浜曳山祭総合調査報告書―重要無形民俗文化財―』長浜市教育委員会。

長浜曳山祭文化財保護委員会編、一九七一、『長浜曳山祭調査報告』一三「神輿と長刀山」長浜曳山祭文化財保護委員会。

米田実、二〇〇五、「郷祭りとしての曳山祭礼―近江水口曳山祭りと日野曳山祭りを事例として―」植木行宣・田井竜一編『都市の祭礼―山・鉾・屋台と囃子―』岩田書院。

第3章　長浜曳山祭における祭りと囃子、山組と囃子方

東　資子

はじめに

四月の長浜曳山祭が近づくと、長浜駅前の商業施設では囃子がスピーカーから流れ、祭りを待つ人々の気持ちを浮き立たせる。祭りの間は、囃子の音が長浜の町中で絶えることはない。

長浜曳山祭は、これまでに『長浜市史』や『長浜曳山祭総合調査報告書』で詳しく報告されてきている。しかしそれらが取り上げてきたのは、祭りの歴史や曳山の構造、子ども歌舞伎であり、囃子については限られた記述しかなかった。平成二三年（二〇一一）に行われた芸能調査で子ども歌舞伎とともによ うやく囃子が研究対象となり、囃子方の現在の活動のようすや伝承の経緯が明らかになった。成果は、『長浜曳山祭の芸能』にまとまっている。

滋賀県内では長浜曳山祭のほかにも曳山を出す祭りが行われており、その多くに囃子がある。田井竜一は、県内の曳山囃子を楽器の編成・曲目・旋律などから類型化し、五つの地域型への分類を提案している。そのうちの一つとして長浜曳山祭の囃子を典型とした「湖北（シャギリ）型」を設定し、「篠笛を中心とし、短胴枠付締め太鼓と鋲打ち太鼓を一組で使用し、それに摺《す》り鉦《かね》をくわえる楽器編成」を特徴とした（田井、一九九八、三二〜三七頁）。田井は、分類に基づいて県内における囃子の多様性を示す一方で、それらをまとめる共通点として、伝承方法や曲のつなぎ目の工夫とともに囃子方の囃子への「あつい思い」を指摘し、囃子の伝承の源として評価している（田井、前掲、五一〜五三頁）。

たしかにどこの祭りでも囃子方たちは、みな熱心に囃子に取り組んでいる。ただし、「曳山囃子」

と一括する中には、祭りの唯一の芸能である囃子と、他に演劇などがある祭りにおける囃子があり、当然ながらそれぞれで異なった位置づけがなされている。囃子は一つの芸能であるが、祭りの構成要素でもある。そして囃子方は、祭りを執り行う社会の中で構成された組織である。このような観点から、個人の思いが支える芸能とは別の側面からも囃子を考えることができる。

本稿は、平成二三年の調査とその後の追加調査に基づく資料から、長浜曳山祭囃子と囃子方の社会的文脈を明らかにするものである。まず、囃子と囃子方の概要を示し、その上で祭りにおける囃子、また祭りを実施する社会における囃子を考えてみたい。

一　長浜曳山祭囃子の伝承

(1) 祭りの囃子

長浜曳山祭では囃子をシャギリ、囃子方をシャギリ方という[1]。曳山を持つ一二の山組はそれぞれで、子どもと若衆などによるシャギリ方を組織している。シャギリ方は各地のイベントに招かれてシャギリを披露する機会も多く、一年を通して稽古し、活動している。その中でも中心は四月の祭りであり、特に三年に一度回ってくる自町の曳山を出す「出番山」が、シャギリ方にとっても本番である。出番山でのシャギリは、祭りに先立ち展示していた曳山を曳山博物館から自町の山蔵に戻す道中を囃すことから始まり、町内で行われる子ども歌舞伎の「線香番」（上演時間の確認行事）やその日から始まる

「裸参り」(八幡宮に関係者が参拝する)を囃し、祭りの四日間は終日、曳山に寄り添ってシャギリを奏で続ける。

シャギリ方の最小限の編成は、曳山の二階部分（「亭《ちん》」と呼ばれる）に上がって演奏する太鼓（大太鼓と締め太鼓）、摺り鉦のそれぞれ一人と数人の篠笛（七穴）である。曳山に上がれるのは男子だけなので、これらには男子中学・高校生があたり、その他の男女の小・中学生は曳山の周りや「シャギリ屋台」（道具などを載せる「後山」）で笛を奏でる。

祭りの場面ごとに囃す曲目は決まっており、曳山の巡行時は「御遣り《おひや》」、山蔵への帰りは「戻り山」、子ども歌舞伎の上演前後には「神楽《かぐら》」と「奉演間《ほえま》」である。これらのシャギリは、鑑賞のための曲というよりは、祭りの進行を彩る音響としての役割が強い。曳山が動いている間には音が途切れないように三分間程度の「御遣り」が繰り返して囃され、また子ども歌舞伎の開始を知らせる合図として「奉演間」が奏されるように、祭りの進行を助ける要素の一つとしての音なのである。

(2) 伝承者の変化

現在のようなシャギリがいつ頃から行われていたのかは、よくはわかっていない。その頃には子ども歌舞伎を中心とした曳山祭の形が整っていたとされる一八世紀後半に成立した『淡海小間攫』には「屋台の下にては鐘鼓、横笛を以て俗楽をなす」とある（長浜市史編さん委員会、二〇〇二、三二頁）。当時は、曳山の下で演奏していたため太鼓はなかったようであり、詳細はどのようなものであったかは不明である。

現在多くの「山組」で囃しているシャギリは、昭和三〇年代に近郊農村の囃子方が「長浜曳山祭の囃子」として伝えていたものである。戦前昭和期には、大戌亥《おおいぬい》（旧長浜市、以下断らないかぎり地名は旧長浜市）などの農村の人々に囃子を依頼するいわゆる「雇いシャギリ」が多くの山組で行われており、近郊農村部がシャギリを担っていた。彼らは、近くの若い人に教えて伝承を続けており、取りまとめの人が山組からの依頼に応じて人を募って祭りに出演し、酒やお礼を受け取っていた。どこで何を囃すのかは彼らに任されていたという。

地元の郷土史家、中村林一は昭和一〇年（一九三五）の『長浜祭礼記』の中で、「昔は各山組の若衆が囃子方を組織し」ていたが、月宮殿《げっきゅうでん》と猩々丸《しょうじょうまる》を除いて「今は若衆中にも、しやぎりの出来得る者は至つて少なく、為に多く近村の青年等に此のしやぎりを任している有様である」と書いている（中村、一九三五、三四頁）。本来、山組内で囃子をしていたのにそれが衰退してきたと嘆いているのである。たしかに江戸末期の文久二年（一八六二）の翁山《おきなざん》の記録では、「土用干」の日に「若き者」は「笛太鼓しらへをして、はやし稽古」をすると記されており、山組内で囃子がなされている。しかし、それより以前の文化元年（一八〇四）にはすでに「遠方」の人を囃子方に雇っていたことがわかっており（長浜市教育委員会、一九九六、三〇一頁）、歴史的にも山組内だけでシャギリを伝えてきたわけではないようである。

戦前には、近郊の人々に支えられていたシャギリは、太平洋戦争期の祭りの中断と戦後の農村を取り巻く環境の変化によって担い手を失い、変化を始める。一〇年以上の中断を経て戦後の昭和二四年（一九四九）に祭りを再開した時には、近郊農村のシャギリ方の多くが戦争で亡くなったり、戦争体験のためにシャギリを「忘れ」てしまったりしていた。そして、専業農家をやめて会社や工場に勤めに出るようになった人々は、平日に行われる祭りに来ることができなくなったのである。山組町にいたっては、シャギリ方のいる山組は猩々丸だけになっていた。戦前にはシャギリができるとされていた月宮殿にも笛の吹ける人はおらず、町内の「囃子に詳しい」人に習いに行かなくてはならなかった。

そこで、各山組はシャギリの録音テープを使うようになる。シャギリ方の乗る曳山よりもテープを流す曳山の方が多くなり、シャギリが復活する頃の昭和四九年（一九七四）の広報では「（囃子は）テープに変わって久しい」と書かれるような状況であった（長浜市役所総務部企画行政課広報係、一九七四）。しかし、当時の音響機材では場面に応じて思いどおりの曲をタイミングよく流すことは難しく、せっかく引いた「一番山」の神前奉納が機材の不具合のために音が出ず、「最悪だった」失敗談が今も語られる。また、複数の曳山が同時にシャギリを奏でる境内ではスピーカーの音が重なり、聞き苦しかったという。

録音テープでは思うようにできないこともあって、各山組ではシャギリの習得を試みる。高砂山と萬歳樓の若衆も四ツ塚の昔の囃子方に笛を習い始めた。しかし、楽譜もなく「うーひょうひょう」と口唱歌だけを毎日歌わされて笛は持たせてもらえない昔ながらの稽古に、みなが飽きて辞めていったという。その中で高砂山の笹原昭太朗氏は熱心に取り組んで、一人ですべての曲を習得する。昭和九年生まれの笹原氏は祭りが中断していた戦中に育ったためにシャギリを聞いたことはなく、また西洋音楽に傾倒していたために興味も持っていなかった。しかし、若衆になって改めてシャギリを聞いて「日本の音楽もすごいいな」と感銘を受け、「やらなあかん」と使命感を感じたという。当時は年数を重ねないと決して教えてもらえなかった太鼓も何度も頼み込んで習い受け、全曲を習得すると祭りの進行に合わせた次第に整えた。これが現在の「保存会の囃子」である。笹原氏は他の山組にもこれを教えて回り、後に発足する長浜曳山祭囃子保存会の活動につながっていくことになる。

(3) 長浜曳山祭囃子保存会

現在、すべての山組でシャギリが伝承されており、またどの山組が出番山であっても同じように「長浜曳山祭の囃子」が囃されているのは、長浜曳山祭囃子保存会（以降、保存会とする）の活動があったからである。

保存会は、昭和四六年（一九七一）に発足した。当初は一部の山組が中心になり、出番山組のシャギリを他の山組が応援するための組織として活動を始めた。しかし、自律性の高い各山組の反発があり、それぞれの山組内のシャギリの伝承を手伝う笹原氏の取り組みを中心にした活動に替わっていった。昭和四九年からは子どもを教える取り組みを始め、賛同を得て昭和五二年にようやく全山組が加盟する会になった。

笹原氏の指導が画期的だったのは、子どもを楽譜で教えたことである。シャギリの伝習は伝統的に口伝えであったが、彼自身の習得時のとまどいから曲を五線譜に採譜しており、それを使用したのである。その結果、子どもには難しいといわれていたシャギリを習得させることができた。その後、全山組の曲を採譜して一冊にまとめた楽譜『長浜祭曳山ばやし』を作成し、それは今も全山組で共有されている。

女子小中学生をシャギリ方に加えたのも保存会の功績である。反論もあったというが、現在では一〇の山組で女子が参加しており、祭りに欠かせない戦力になっている。シャギリ方を卒業した後も指導者として活躍する女性も出てきている。

現在の保存会の主な仕事は、シャギリの管理と宣伝・普及の活動である。会は、会長、理事などのほか、全山組から参加する幹事によって組織されており、山組の利害を越えた保存会の見解を策定している。曲順や吹く場面などの決まり事を文書化して各山組に配布し、統一した祭りの囃子を演出し、夕渡りでのシャギリ演奏など出番山以外のシャギリ方が祭りへ参加する機会も作っている。また、演奏の場を広げるためにイベント出演を積極的に誘致しており、保存会が窓口になって依頼を受け、練習になるように次の出番山組を中心に出演を振り分けている。これまでに大阪城四〇〇年祭（昭和五八年）や国際花と緑の博覧会（平成二年）などの全国的な催しにも出演してきた。

さらに保存会の理事たちは、長浜市のイベントで「起こし太鼓」を教えたり、長浜市立西中学校の総合的な学習の時間の「伝統文化学習講座」や長浜市立長浜小学校のクラブ活動「郷土学習」の指導をしたりして、山組町を越えた「長浜市の郷土芸能」としてシャギリを普及させる努力を続けている。

(4)シャギリの稽古

以前は各山組町内の子どもが小学三、四年生になるとシャギリの稽古をさせていたのだが、町内の子どもの人数が減ってきているため、現在では幼稚園年長や小学一年生から参加させて人数の確保に努める山組が多い。また、町の外からも参加できるようにしており、親戚や友達の縁で遠方から練習に通ってきている子どももいる。これらの変化は二〇〇〇年代くらいから起こったという。

稽古は、出番山の年もそれ以外の年も同じように、ほぼ毎週、それぞれの山組の集会所などで行われている。平成二三年(二〇一一)の調査時、稽古への参加者は三人から一〇人以上まで山組によってさまざまであったが、どの山組でも祭り当日には普段は練習には来ない高校生なども加わり、一〇人から二〇人余りがシャギリ方として揃うという。

稽古の流れは、多くの山組でほぼ同じである。[2] それは、保存会の指導によって各山組がシャギリ方を育成してきたためである。初心者には保存会が特別に注文して作ってもらっている子ども用の篠笛を与え、保存会が作成した『長浜祭曳山ばやし』の楽譜集に沿って笛を教えていく。習得する曲の順番は、「御遣り」「神楽」「戻り山」「奉演間」の順である。毎回の稽古もこの順番で演奏される。保存会とは異なる曲目を持つ山組にもそれぞれに相当する曲があり、同様の曲順で稽古が行われる。この順番は、表1のとおり、ほぼ祭りの進行に沿ったものであるが「奉演間」はテンポがゆっくりで難しいので最後に習得するのだという。「御遣り」は簡易で、演奏機会が一番多いため、まずこれを吹けるようになることがシャギリを始めた子どもたちの目標である。そして「神楽」が習得できれば、祭

表１　長浜曳山祭行事と囃子の曲目（平成 23 年 4 月の春日山を例に）

	行事名称	内容	場所	行事主体	曲目
4 月 2 日	交代式	曳山の曳行	曳山博物館～自町山蔵	山組	御遣り、奉演間
9 日	線香番	子ども歌舞伎	各山組の会館など	山組	奉演間、出笛、神楽（町内にテープを流す山組もあり）
9 日～ 12日	裸参り	若衆の参拝	町内	山組	御遣り
12日	裸参り（迎えシャギリ）	若衆の参拝	大手門通りなど	保存会	御遣り
13日～ 15日	起こし太鼓	町内の巡回	町内	山組	起こし太鼓
13日	自町狂言	曳山の曳行	山蔵～自町内箇所～山蔵	山組	御遣り、奉演間
		子ども歌舞伎	自町内各箇所	山組	奉演間、出笛、神楽
14日	自町狂言	曳山の曳行	山蔵～自町内箇所	山組	御遣り、奉演間
		子ども歌舞伎	自町内各箇所	山組	奉演間、出笛、神楽
	登り山	曳山の曳行	自町～八幡宮	山組	御遣り、神楽、奉演間
	夕渡り	役者の行列	八幡宮～商店街	保存会	神楽（平成23年の催行はなし）
15日	狂言奉納	曳山の曳行	八幡宮	山組	神楽、奉演間
		子ども歌舞伎		山組	神楽、奉演間
		曳山の曳行	八幡宮～御旅所	山組	御遣り、奉演間
		子ども歌舞伎		山組	出笛、神楽
		曳山の曳行	御旅所	山組	神楽、奉演間
		子ども歌舞伎		山組	奉演間、出笛、神楽
		曳山の曳行	御旅所～山蔵	山組	戻り山、奉演間
16日	千秋楽狂言	子ども歌舞伎	長浜文化芸術会館	山組	奉演間、出笛、神楽
		曳山の曳行	山蔵～自町内箇所	山組	戻り山、奉演間
		子ども歌舞伎	自町内各箇所	山組	奉演間、出笛、神楽

りでの十分な戦力になる。笛が吹けるようになった子どもには、「適性とやる気」によって、太鼓や摺り鉦が指導される。太鼓や摺り鉦は、全体のテンポを司る重要な役割であるため、曲の全体像がわかってから稽古させるとのことである。

稽古の流れはほぼ共通しているが、細かい練習方法は山組でそれぞれに異なっている。毎回テストをする、吹き出しを順番に吹かせる、うまい子どもに独奏させる、指導者が手本を吹く、CDをかけるなど、各山組で独自の方法がある。また、保存会の楽譜を使用しながらも、標準形とは異なる独自の音やフレーズがあることを大切に教えている山組もある。

しかし、それ以上に異なっているのは稽古の方針や雰囲気である。練習後にお菓子を配る山組もあれば、何もない山組もある。楽しく来てほしいので怒らない、休憩中にはみんなで一緒に遊ぶという山組もあれば、若衆の筆頭などが腕を組んで威厳をもって見守る中で静かに稽古を進める山組もある。会館への出入りに靴を並べることを教えたり、挨拶のしかたを注意したり、稽古時の正座を指導したり、あるいはそれらをまったく指導しなかったり、それぞれ異なる。

シャギリ方は、萬歳樓以外は祭りの若衆組織の中に位置づけられており、責任者を若衆の副筆頭が兼ねる山組が多い(3)。各山組は潜在的に競い合う関係にあり、それぞれの独自性を大切にしている。その山組のあり方がそのままシャギリ方の組織運営にも反映されていると考えることができる。シャギリ方は囃子を稽古するためだけに単独で存在する集団ではなく、祭りの組織の中に組み込まれており、各山組の指導者たちは自分たちの山組のやり方でシャギリ方を率いているのである。

二　社会の中の長浜曳山祭囃子

(1)シャギリの広がり

ここまでシャギリを長浜曳山祭に固有の囃子として紹介してきたが、歴史的な経緯は実は不明である。

保存会のシャギリの元になったのは大戌亥から伝わった四ツ塚の囃子である。大戌亥では、地元の祭りに囃子はなかったが、米原曳山祭にも行き、同じ曲を囃していた（上田、二〇一二、一九四頁）。唐国《からくに》（旧虎姫町）にも戦前から長浜曳山祭の囃子を伝承するグループがあり、米原曳山祭などにも行っていたが、もともとは地元の祭りに囃子はなかったという。北大寺ではオコナイで「長浜で習った「シャギリ」を囃し」ていた（井上、一九六〇、二九二頁）。これらの地域では、長浜曳山祭ためにシャギリを習得し、それを他の祭りで囃すこともあったといえる。しかし、布勢には獅子舞の囃子があり、その囃子方たちが長浜曳山祭でも同じように囃していたというので（上田、二〇一二、一九二頁）、どちらの囃子が先にあったのか定かではない。

町内の囃子に詳しい古老は、旧山東町（米原市）の太鼓踊りの囃子が長浜の「神楽」と同じであることや、浅井町（旧東浅井郡）や上坂《こうざか》の囃子が「長浜曳山祭に来た」と言っていたという(4)。また湖北地方で冬に行われるオコナイ行事では道中で太鼓や鉦、笛を囃し(5)、それを「しゃぎり」などといっている（井上、前掲、二二七頁ほか)。この「しゃぎり」と長浜曳山囃子の関係性を考察した橋本章は、現在では「長浜曳山祭のシャギリと同様の構成や楽曲を擁するものはない。」としており、湖北地方で共有された楽曲があったかどうかは、やはりわからない。

ただ、シャギリは、祭りに直接かかわる山組町の人たちだけでなく周辺の地域の人たちも、祭りの囃子として共感できる音なのだとはいえる。だからこそ長浜市内の老人ホームや病院で慰問の演奏をすれば、みなが聞き入るのであろう。また、昭和三七年(一九六二)に東京で行われた県人会で子ども歌舞伎とシャギリを上演したところ、みなシャギリを泣きながら聞いたという。この出来事は、出演したシャギリ方が「故郷の芸能」としてシャギリをぜひとも復活させなくてはいけないと思うきっかけになったというが、このように喜んだ人々がすべて長浜市の人だったとは考えにくいので、たとえ長浜曳山祭に身近に接していなくとも自分たちの「祭り」を思い起こさせる音なのだと考えることができる。

(2) シャギリの周縁性

活発に活動しているシャギリ方だが、保存会長は「シャギリはどんなにしても裏方」だと言う。たしかに山組町内に居を構える人々にとっては、子どもを役者にすることこそが祭りに参加することであり、それが祭り費用を負担している町に暮らす人々の楽しみである。[6] また、役者になった経験は町内では生涯ついてまわる誇りである。その一方で、「シャギリは、ほっとけ」と今でも言う年配者もいると聞く[7]。

長浜曳山祭を見る人々にとっても祭りの主役は子ども歌舞伎である。長浜観光協会が作る祭りのポスターを飾るのは、どの年も子ども歌舞伎の役者の写真である。長浜市が発行する「広報ながはま」でもたびたび祭りの写真が表紙に使われてきたが、子ども歌舞伎のようすが今までに一二回掲載されたのに対して、シャギリ方の写真が使われたのは二回だけである[8]。シャギリは祭りの主役にはなれないのである。

植木行宣によれば長浜曳山祭の曳山は、神事性を具象する外観を作った芸屋台であり、長浜曳山祭は、「囃すもの」である練り物の出し物から子ども歌舞伎を選んだ祭りであるという（植木、二〇〇一、二八四〜二八七頁）。長浜の人々は、広義の「囃子」の中から、笛や太鼓による囃子ではなく、子ども歌舞伎を芸能として好んで選択したのである。この指向性は、決して過去のものではないだろう。現在に至るまで曳山の出し物として、華やかな演劇を好み、その経済的負担を受け入れてきたのである。それに対して音楽表現だけのシャギリは脇役とされ、主催者たちのこだわる部分ではなく、外部の人々に任せることもいとわなかった。過去には多くの山組で、シャギリ方は「お金を払って連れて来れば、いい」と考えており、「自町に合う派手なシャギリ」であればそれ以上の音楽的関心は持たなかったのである。

しかし、そのように祭りの中心から離れた位置にあったことによって、シャギリは子ども歌舞伎とは異なる発展を遂げることができた。女子の参加が議論されたときに保存会は、「（子ども歌舞伎はだめでも）シャギリなら…（いいだろう）」と考えたという。現在では多くの山組で半数近くを占める女子は、一般的に練習に熱心であり、技術が高く、シャギリ方の重要なメンバーになっている。また、シャギリには多くの人数が必要なこともあり、女子だけでなく山組の外の子どもにも参加の門戸を開いている。保存会の理事には、家が山組町内ではなかったため、大人になってから初めてシャギリ方に加わり、現在は指導者として中心的な役割を担っている人もいる。彼は子どもの頃から憧れていたといい、シャギリに対する思いは強い。シャギリはそれまで祭りに参加できなかった人が加わって力を発揮できる場になっており、そのような人々がシャギリに新たな活力をもたらしているのである。

（3）シャギリの対象

祭囃子は、本来「山車などを曳く動きを囃すもの」といい（小島美子、二〇〇九）、山・鉾・屋台の祭りは「囃されるもの」とそれを「囃すもの」によって成り立っているという（植木、前掲、三〇九～三一二頁）。たしかにシャギリ方たちは「シャギリがなくてはヤマは動かない」、「曳山の声がシャギリ」（財団法人長浜曳山文化協会・滋賀県立大学人間文化学部地域文化学科、二〇一二、一二一頁）、と囃子と曳山の関係性を明言する。祭りでは曳山が山蔵から出されて収められるまでの間、曳山を曳く時には必ずシャギリ方が亭に乗り込み、シャギリを囃す。

ところが曳山の動きを生み出す曳き手とシャギリ方の間に交流はない。シャギリ方が曳き手を奮い立たせようと囃したり、それに曳き手が応えて力を合わせたりするような場面は見られないのである。

平坦な市街地の短い距離の巡行では、ことさら曳き手を鼓舞する必要がなく、また「亭」に乗るシャギリ方からは外が見えないためだろう。加えて、過去には両者がそれぞれ山組の外から祭りに参加していたことも影響しているのかもしれない(9)。

また、シャギリ方は曳山の巡行だけを囃しているのではない。シャギリには、曳山の巡行とともに子ども歌舞伎の上演のための曲目もそれぞれあり(表1参照)、しかも稽古場で行われる「線香番」のように曳山ではない場所でもシャギリは必要とされる。つまり、曳山本体同様に子ども歌舞伎も「囃されるもの」なのである。とすれば、物としての曳山ではなく、「ヤマの芸」も含めた祭りの「ヤマ」が囃されているといえる。

そして保存会によって「夕渡りの先導」や「裸参りの迎えシャギリ」などシャギリの出番は増やされている。近年、シャギリの対象は「ヤマ」からも離れて「祭り」へと変わっていっているのである。

さらに、シャギリが囃される時期も増えて、もはや四月の曳山祭だけの音ではなくなってきている。長濱八幡宮で八月に行われる万灯祭や秋の例祭での神輿還御の際にもシャギリ方に要請がかかるのである。それぞれ、昭和五〇年代、平成一一年から始まった新しい試みではあるが今では定着している。シャギリは一年を通して「長濱八幡宮の祭り」を囃すものになりつつあるといえる。

(4) シャギリ方にとっての囃子

シャギリ方にとっては、「囃すこと」とはどのようなものなのだろうか。戦前の主なシャギリ方は、近郊農村の人々であった。当時は「祭りに出るのがステータス」と考えられており、誘われて多くの人が笛を始めるが単調な練習に飽きて途中で辞めていき、笛が吹けるようになる人は少なかったという。多くの人の中から残った限られた人がシャギリ方になったのであり、それは「笛が好き」な人たちであった。練習に熱中して家の人から怒られた話は多く聞かれる。もちろん、シャギリ方になれば、当時は数少ない娯楽であった子ども歌舞伎を見る機会が与えられ、また酒やお礼などの報酬を得ることもできた。

彼らは、祭り以外にもさまざまな場所で笛を吹いていた。南田附の人は竹生島への遊覧船や長浜の映画館での無声映画の余興としてシャギリを奏でていたといい、四ツ塚では宴会や夏の畑の夜番に夜通しシャギリを吹いていたという(上田、二〇一二、一九二頁、一九五頁)。唐国でも戦後、夏の夕涼みを兼ねて毎夕国道に出てシャギリを吹き、それを聞きに人が集まっていた。近郊農村の人にとってシャギリは、長浜曳山祭に出る手段であるが、祭りだけに限定されるものではなかった。「笛が好き」な彼らにとってのシャギリは、人や自分を楽しませる「音楽」であり、それを習うことは祭り以外の場でも披露できる技術の習得であった。

現在のシャギリ方たちはどうであろうか。曳山祭とは関係のない、夏祭りや夜市、芸能祭やイベントに招かれてシャギリを披露しており、その点では近郊農村の人々と同じように見える。しかし、子どもたちのイベント演奏への関心は高くはない。山組の指導者たちが受けたイベント出演を稽古の一環として、詳細をよく知らないまま参加している場合も多い。「拍手がもらえてうれしい」とは言うが、イベントで吹くときは「（祭りとは）全然違う」、「気持ちは入らない」とも言う。現在のところ、ステージに立つことや人前で演奏することは、それだけでは目的化されていないようである。

実は、彼らは祭りや稽古の時以外に一人で笛を吹くことはないという。シャギリを鼻歌で歌うこともない、歌う必要がない、とある山組の中・高校生は口をそろえた。シャギリ方の子どもたちにとってシャギリの笛を吹くことは祭りに関連した行為の一つであり、祭りや山組の活動を離れて人を楽しませたり、自分で楽しんだりする一般的な意味での音楽ではないようである。

稽古で指導されるのも、いかに美しく吹くかではない。祭りの進行にいかに貢献するかである。たとえば巡行の曲をスムーズに吹けないと「そんなんでは、ヤマが動かない」と注意され、「（まわりの人が奏でる）曲をよく聞いて」、「曲についていくように」と協調の大切さが指導され、音を間違った時にはそれをいかに「立て直」し、曲に戻って「吹ききる」かが求められる。シャギリの稽古は、優れた演奏家ではなく、囃子を担う集団の優秀な構成員を育てようとして行われているのである[10]。

民俗芸能には、奉納を目的とした儀礼の面と観客を意識した芸能の側面があると考えることができるが、現在のシャギリ方たちにとってのシャギリを囃すことは、観客の反応や芸術性を意識した芸能というよりは、決められたことを確実に執り行うことを重視する儀礼の側に寄った行為といえる。篠笛は習熟に時間がかかるにも拘わらず、シャギリに携わるのは小・中学生時代の限られた期間であり、演奏者として音楽性を深める前にシャギリ方を離れてしまう組織の特徴も一因しているかもしれない。

ただし、子どものシャギリ方を卒業してもシャギリに関わり続けることはできる。各山組において指導者になり、保存会で活動するのである。保存会は、シャギリが「好きな人」たちの組織である。彼らはシャギリ方を指導し、イベントや講演に出演して笛を吹き続け、シャギリの芸術性を高め、技術向上に努めている。祭りの儀礼に貢献するシャギリ方とともにシャギリの芸能面を考える保存会があり、この二段階の組織によって継承が実現できているといえる。

(5) シャギリ方になるとは

シャギリの稽古の中心にあるのはいうまでもなく、祭りである。一年間の稽古予定は祭りを中心に組み立てられ、祭り前には指導者から「祭りまであと○日です」と残りの日数が示され、祭りの後には多くの山組で長い休み期間が設けられる。このように祭りに出ることを目的にして練習を行っているが、出番山の男子「小学生の男子はシャギリ方としては祭りには出ない。子ども歌舞伎の役者になるからである。それでも三月の末に役者の稽古が始まるまではシャギリの練習を休んだりはしない。他の子どもと同じように笛の稽古を続け、役者に選ばれると同じ稽古場で次は役者の稽古を始めるのである。指導者たちは「役者をしたかったら、シャギリをがんばらないといけない」と子どもたちに言い、またシャギリの稽古の中で「役者としての適性を見ている」とも説明する。

つまり、山組におけるシャギリの稽古とは、シャギリ方にとっても周囲の大人にとっても目の前の祭りのシャギリ方になることを目的に行われているのではなく、シャギリをその一部として含んだ山組町内の祭りに加わるための場としてあるといえる。町内に住む男の子は、小学校入学前に「御幣使」

になり[11]、その後にシャギリ方になり、役者を一、二回経験して、大人になれば若衆、中老になるのである。シャギリ方は祭りに関わる人生における一つの段階でしかない、ともいえる。

だから笛の吹けないシャギリ方も存在する。ある山組の若衆は、小学六年生までシャギリの稽古に欠かさず通い、祭りにも出ていたが、結局、笛は吹けなかったという。どの山組にもそのような子どもはおり、笛が吹けなくても笛を持たせて祭りに出したり、摺り鉦を担当させたりしている。彼らは、笛が吹けなくてもシャギリ方である。それは、シャギリ方が笛をうまく吹くための集団なのではなく、祭りに出ることを目的にした集まりだからである。

シャギリ方の子どもたちはみな熱心に稽古しており、「練習は楽しい」と言うが、近所の友達や年齢の違う子ども、若衆と「遊べるから（楽しい）」とも言う。シャギリの稽古の場は、山組内の子どもたちと共に時を過ごす場であり、先輩である若衆などの大人たちと接し、祭りの話を聞く場である。シャギリ方への参加は、山組への参加であり、稽古の中で横や縦の関係を築き、山組内でのふるまい方を学び、山組の一員になっていくための参加の場なのである。

そして、祭りの日には「山組の子ども」として平日に学校を公休できるという誇らしい思いをするのである。シャギリ方の指導者たちが言う脅し文句である「祭りに出さへんぞ」というのは、単に祭りに加われないだけでなく、町内の子どもたちが公休する中を一人学校に行く事態も示しており、それは断じて避けたいことだと子どもたちは言う。

山組では「シャギリができて一人前」という。シャギリ方になるということは、子どもたちにとっ

て一定の年齢における祭り参加の形であり、祭りに関わる人生の一つの段階なのである。(12)

おわりに

長浜曳山祭のシャギリは、祭りに関わる人々にとっては「祭り」を表象する音である。祭りに関わる人生を表現しようと結婚式、そして葬儀にもシャギリを依頼する人がいる。しかし従来、山組町内では、それを自分たちで囃すことへの関心は高くはなかった。「自町に合う派手なシャギリ」を鳴らしておけばいいものであり、囃すことを楽しむものではなかったのである。ところが町内でシャギリを担うようになり、特に子どもたちがシャギリ方になったことによって、山組におけるシャギリの価値は大きく変わった。子ども歌舞伎に次ぐ「芸能」となり、シャギリ方は山組の組織の中に位置づけられたのである。

シャギリは芸能ではあるが、一般的な「音楽」とは異なっている。子どもたちは囃子を習得しようとしてシャギリ方に加わるのではなく、祭りに出ることを目的としてシャギリ方に入る。稽古は祭りで多く使う曲を習得することから始まり、祭りの全曲を修めるのが目標であり、それ以外の曲は存在しない。指使いの練習のための曲などもない。必要な曲を一曲ずつ習得していくことによって習熟の階段を登り、祭りへの参加を果たすのである。シャギリは演奏会用の音楽のように生活の文脈から離れて単独で存在するものではなく、あくまでも祭りを囃す行為と結び付いた祭りの中でしか存在し得ない音楽といえる。

シャギリを習得する場は、祭りを行う山組の構成員を育てるためにある。シャギリを囃せるようになるだけでなく、山組内でどのような態度を取るべきかの価値観を学び、「ふるまい方」を身に付けていく場なのである。子どもはシャギリ方へ加わり、祭りに関わる人生を踏み出し、役者、若衆になり、それぞれの山組の人になっていく。長浜曳山祭における子どもたちのシャギリ方への参加は、祭りを営む山組という社会への参加である。シャギリは音楽的要素からのみ考えることはできない、社会をまとった存在なのである。

［注］

(1)月宮殿では「ハヤシ」という。

(2)月宮殿では楽譜を使用せず、音を聞きながら指を見ながら覚える方法である。また萬歳樓では独自の口唱歌とその楽譜を使用しており、保存会の楽譜は使用していない。

(3)萬歳樓は会計を別にした独立した囃子の組織を作っている。

(4)笹原昭太朗氏が昭和期に古老から聞き取った話。

(5)オコナイ行事とは、修正会・修二会といった仏教行事の影響を受けた行事。湖北地方では村落で新春の予祝儀礼として餅を供えて行われる。

(6)最近では、費用がかかることから敬遠する家も出てきている。

(7)各山組町内で子どもが囃子を担うようになってから山組内における囃子の位置づけは変わってきている。出番山組が作る演目紹介のパンフレットはそれまでは子ども歌舞伎に関する情報のみであったが、昭和五〇年（一九七五）に月宮殿が「月宮殿の囃子について」という文章を載せて以降、他の山組でも囃子についての情報が載せられるようになり、昭和六三年（一九八八）頃からは各山組で囃子方の写真を載せるようになる。現在では、どの山組のパンフレットにも子ども歌舞伎の演目説明や役者の写真とともに囃子の説明や囃子方の子どもたちの写真が載せられている。

（8）昭和四六年（一九七一）〜平成二四年（二〇一二）の広報の表紙写真より。

（9）曳き手は過去には雇いであり、現在はボランティアや自衛隊員など町の外の人である。

（10）出番山では子ども歌舞伎の上演の前後の「出笛」、「切り笛」の独奏の機会があり、音楽性を発揮できる。おもに最上級生が指名されて務める。特に出笛は好きなように吹ける晴れ舞台である。

（11）行列で曳山の御幣を持つ役割。出番山の時に適当な年齢の一人が選ばれるので、みなができるわけではない。

（12）レイヴとウェインガーは学習理論として、ある集団に加わり十全的参加者となることを目指す社会的実践が学習の過程になっていることを明らかにしている。本稿では、祭りを行う山組集団の内部に囃子方集団があり、囃子方になることが祭り集団への正統的周辺参加となっていると考えた。

［参考・引用文献］

井上頼壽、一九六〇、『近江祭禮風土記』滋賀県神社庁。

植木行宣、二〇〇一、『山・鉾・屋台の祭り—風流の開花—』白水社。

植木行宣・田井竜一編、二〇〇一、『都市の祭礼—山・鉾・屋台と囃子—』（京都市立芸術大学　日本伝統音楽研究センター 研究叢書）岩田書院。

植木行宣・田井竜一編、二〇一〇、『祇園囃子の源流―風流拍子物・羯鼓稚児舞・シャギリ―』岩田書院。

上田喜江、二〇一二、「長浜曳山祭と周辺村落―長浜曳山祭囃子保存会以前のシャギリを中心に―」財団法人長浜曳山文化協会・滋賀県立大学人間文化学部地域文化学科編『長浜曳山祭の芸能―長浜曳山子ども歌舞伎および長浜曳山囃子民俗調査報告書―』。

折口信夫、一九九六、「日本芸能史六講―芸能史一―」『折口信夫全集 二一』中央公論社。

小島美子、二〇〇九、「囃子」小島美子ほか監修『祭・芸能・行事大辞典下』朝倉書店。

ジーン・レイヴ、エティエンヌ・ウェインガー／佐伯胖訳、一九九三（一九九一）、『状況に埋め込まれた学習―正統的周辺参加―』産業図書。

滋賀県地方史研究家連絡会編、一九九〇、『淡海木間攫 近江史料シリーズ 七』滋賀県地方史研究家連絡会。

田井竜一、一九九八、「第四章 曳山囃子」滋賀県教育委員会文化財保護課編『滋賀県の民俗芸能 平成七年度～平成九年度―滋賀県民俗芸能緊急調査報告書―』滋賀県教育委員会。

長浜市教育委員会編、一九九六、『用留 長浜城歴史資料館所蔵史料』長浜市教育委員会。

長浜市教育委員会・長浜曳山祭総合調査団編、一九九六、『長浜曳山祭総合調査報告書―重要無形民俗文化財―』長浜市教育委員会。

長浜市史編さん委員会編、二〇〇二、『長浜市史 六 祭りと行事』長浜市。

長浜市役所総務部企画行政課広報係、一九七一～二〇一二、『広報ながはま』。

長浜曳山文化協会・滋賀県立大学人間文化学部地域文化学科編、二〇一二、『長浜曳山祭の芸能―長浜曳山子ども歌舞伎および長浜曳山囃子民俗調査報告書―』長浜曳山文化協会。

中村林一、一九三五、『長濱祭禮記』中村林一。

橋本章、二〇一〇、「近江湖北のシャギリ文化に関する一考察―長浜曳山祭のシャギリの成立とその語の展開から―」植木行宣・田井竜一編『祇園囃子の源流』岩田書院。

第4章　シャギリと周辺農村

上田　喜江

はじめに

滋賀県の湖北地方に住む人びとにとって、長い冬が終わり春が訪れたと実感できるのは、長濱八幡宮の祭礼、つまり長浜曳山祭がはじまった時であろう。琵琶湖から吹く風はまだ冷たいが、絢爛豪華な懸想品《けそうひん》が施された曳山と、その上で演じられる子ども歌舞伎は見ごたえがあり、練習を積み重ねてきた演者である子どもたちの、華麗で少し大人びた姿は人びとの目をくぎづけにする。

この祭礼を象徴するものは、曳山狂言と囃子《はやし》であろう。長浜曳山祭を中心になって支えているのは町衆の人びとである。

曳山狂言には役者である子どもたちと、振付、太夫、三味線の三役を担う大人たちが関わっている。狂言の奉納は江戸時代中期以降にはすでに行なわれている。壽山《ことぶきざん》・高砂山《たかさござん》・萬歳楼《ばんざいろう》・諫皷山《かんこざん》等の山組に関する文化三年(一八〇六)から嘉永五年(一八五二)までの現存する史料によると、三役は長浜近郊の者が多く務め、京都・岐阜方面からもやってきていたことが分かっている。また、その人たちは多くの場合、素人の愛好家だった。戦後すぐには、上方歌舞伎出身者や長浜周辺のセミプロが関わった。さらに昭和三〇年代には岐阜県の地芝居関係者や、地方を拠点として神社祭礼や農村舞台など様ざまな場で興行した中歌舞伎の関係者、大歌舞伎や養成所の出身者などが関わっていた(中野洋平「長浜曳山祭における三役の変遷とネットワーク」[1])。長浜曳山祭伝統芸能文化調査記録作成員会、二〇一二、二一〇～二一三頁)。平成になると、地元で三役を育成するために設立された三役修業塾の出身者が祭りを支えるようになってきている。

長浜曳山祭では囃子のことを「シャギリ」と称する。シャギリは篠笛・太鼓・締太鼓・摺鉦《すりがね》で構成され、長浜曳山祭においては、曳山の亭《ちん》と呼ばれる部分や曳山の外で囃したりする。囃子は、曳山の曳行《えいこう》中や狂言奉納の前後、裸参り、起こし太鼓などで演奏される。シャギリもまた、三役と同様に周辺地域の力を借りて行なわれてきた経緯がある。昭和四〇年代初頭までは大半の山組で、近郊の農村から「囃子方」と呼ばれるシャギリを演奏する人を雇い、シャギリを行なっていた。しかし昭和四〇年代頃から、農業にたずさわる人びとの仕事の兼業化や田植え時期の早期化などが進み、農家側からシャギリに関わる余裕がなくなっていった。また他方、山組の側でも、囃子方を雇う金銭的負担を減らしたいという意向が働き、テープを使用したり、シャギリを伝承する山組、チンドン屋などにシャギリの演奏を頼むようになっていった（長浜曳山祭伝統芸能文化調査記録作成員会、二〇一二、八三頁）。昭和四六年（一九七一）には、長浜曳山囃子保存会が結成され、山組の垣根を越えて、若い衆や子どもたちがシャギリを習うようになり、各山組で伝承されるようになり、現在に至っている。また最近は年齢を問わず、地元の女性たちもシャギリに関わるようになってきている。

長浜曳山祭については長浜曳山祭総合調査報告書が刊行されており、懸想品・曳山の構造・歴史などの多角的な視点から報告がなされている（長浜市教育委員会・長浜曳山祭総合調査団、一九九六）[2]。その他にもさまざまな考察がなされており、本書の執筆者の一人である橋本章氏にもシャギリについての論考がある（橋本章「近江湖北のシャギリ文化に関する一考察―長浜曳山祭のシャギリの成立とその後の展開から―」[3]。植木・田井、二〇一〇）。本章では、現在は長浜曳山囃子保存会や各山組が担っている「シャギリ」をめぐって考察する。町衆を中心に発展してきた祭礼は、かつては三役・囃子のいずれも、長浜の周辺地域の人びとも関わるかたちで運営されてきた。本章では特に、シャギリを通じて、長らく長浜曳山祭を支えてきた町・町衆が、その周辺の地域とどのように密接に関わり、相互に影響を受けてきたのかを考察していきたい。

一　近江の曳山祭とシャギリ

近江には曳山を伴う祭礼が多数みられる。曳山を伴う祭礼の多くは「都市祭礼」「城下町祭礼」として、近世以降に定着していったものといわれている。滋賀県では長浜の曳山祭がよく知られているが、その他にも曳山を伴う祭礼がいくつもある。廃れたものも含め、表1に記す。

長浜曳山祭は、国の重要無形民俗文化財に指定されている、毎年四月一三日から一六日を中心におこなわれる長濱八幡宮の春の祭礼である。長濱八幡宮は、長浜市の中心市街地、宮前町に鎮座し、応神天皇・仲哀天皇・神宮皇后の三神を祀っている。延久元年（一〇六九）に石清水八幡宮を勧請《かんじょう》したのがはじまりとされ、中世には八幡庄の産土神《うぶすなかみ》として崇拝された。元亀年間（一五七〇～七三）に焼失したが、長浜城主となった羽柴秀吉によって復興され、現在に至っている。

曳山祭の由来は秀吉が在住した当時の八幡宮の祭礼で、太刀渡りという武者行列が行なわれ、その後、秀吉の男子出生を祝って町民に振舞われた祝金をもとに各町で造った曳山（写真1）を祭りで曳き回したことが始まりとされている（長浜曳山祭伝統芸能文化調査記録作成員会、二〇一二、一頁）。曳山では、子ども歌舞伎が演じられ、また曳山が動くたびにシャギリと称される囃子が鳴り響く。祭礼には江戸時代の長浜町に属する各町の長濱八幡宮氏子と、七郷とよばれる隣接集落が参加している。

長浜以外で行なわれている曳山についても瞥見しておこう。

写真１　長浜曳山祭

米原曳山祭は、米原市米原に鎮座する湯谷《ゆたに》神社の秋祭りとして行なわれるもので、滋賀県指定無形民俗文化財に指定されている。湯谷神社は太尾山麓に鎮座し、大己貴命《おおなむちのみこと》、水門神《みなとのかみ》、保食神《うけもちのかみ》が祀られている。『改定近江国坂田郡志』によると、それまでは卯月《うづき》中の申《さる》の日に行なう祭礼であったものを、明治五年（一八七二）より一〇月一〇日に改めたのだという。明和七年（一七七〇）に三輌の曳山を造り、祭礼日には子供狂言を奉納したと記されている（米原曳山祭調査委員会、一九八七、二～五頁）。

茶わん祭が開催されるのは、弥津波能売命《みづはのめのかみ》、丹生《にゅう》津比売命《つひめのみこと》を祀る、長浜市余呉町上丹生《かみにゅう》の丹生《にゅう》神社である。茶わん祭は、滋賀県の無形民俗文化財に指定

（『長浜曳山祭総合調査報告書』、『長浜市史　6　祭りと行事』のデータを基に一部加筆）

／台	類型	備考	状況	囃子・趣向
3	ツクリモノ	行事は3年に一度		陶磁器の作り物・囃子
1	芸屋台	山は国立民族学博物館蔵で展示。	廃絶	子ども歌舞伎・囃子
2	芸屋台	大正頃まで	廃絶	
1	芸屋台	長浜型		子ども狂言（歌舞伎カ）・囃子
1	芸屋台	長浜型。置き山としてのみ使用。		以前は子ども歌舞伎があった
・1	芸屋台、飾り山	長浜型の原型。年に4台ずつでる。		子ども狂言（歌舞伎）・囃子
・4	芸屋台、太鼓屋台	長浜型		太鼓山付随・囃子・以前は子ども歌舞伎あり
3	芸屋台	長浜型。狂言奉納は1台のみ行なう。		子ども狂言（子ども歌舞伎）・囃子
3	芸屋台	長浜型、長浜に売却	廃絶	子ども歌舞伎など、昭和25年まで
1	芸屋台	長浜型	廃絶	子ども狂言（子ども歌舞伎カ）、後に江州音頭
1	芸屋台	長浜型	廃絶	
1	芸屋台	長浜型、戦後売却	廃絶	子ども歌舞伎など、戦前まで
1	芸屋台	長浜型		子ども歌舞伎・囃子・提灯飾り
1	芸屋台	長浜型	廃絶	囃子
1	芸屋台	長浜型		芝居、後に江州音頭、囃子
9	飾り山、芸屋台			依り代松・飾り人形・大太鼓
1	作り山	日野型		作り物・囃子
5	作り山	日野型		作り物・囃子
1			廃絶	囃子（祇園囃子。昭和34年頃まで）
1		昭和10年頃まで	廃絶	
6	作り山	日野型の原型		作り物・囃子
6	作り山	日野型		作り物・囃子
	作り山	日野型	廃絶	飾り松・御幣など、昭和3年頃まで
	作り山	日野型、解体保存	廃絶	
3	人形山			人形からくり・囃子
5	飾り山			囃子・もとは人形飾るカ

表1　滋賀県内の曳山祭礼

所在	現在の行政区域	行事名	中心地	期日
余呉町上丹生	長浜市	茶わん祭	丹生神社	3月31日～4月1日
高月町雨森	長浜市		天川命神社	
高月町井ノ口	長浜市		日吉神社	
虎姫町五村	長浜市	曳山祭	日前神社	4月3日、8月1日
長浜市宮司町	長浜市	春祭り	日枝神社	5月3～4日
長浜市	長浜市	長浜曳山祭	長濱八幡宮	4月13日～15日
米原町朝妻筑摩	米原市	鍋冠祭	筑摩神社	5月3日
米原町米原	米原市	米原祭	湯谷神社	10月10日
米原町醒ヶ井	米原市		加茂神社	
彦根市稲里	彦根市			
彦根市高宮町	彦根市			
能登川町垣見	東近江市	秋祭り	能登川神社	（隔年10月10日）
五個荘町宮荘	東近江市	春の大祭	五個神社	4月第二日曜日
五個荘町石馬寺	東近江市		雨宮神社	
五個荘町金堂	東近江市		大城神社	
秦荘町岩倉	愛荘町	堅井之大宮春祭	軽野神社	4月19日前後
安土町老蘇	近江八幡市	諏訪祭	奥石神社	8月26日
近江八幡市浅小井	近江八幡市	祇園祭	今宮天満宮	7月13日～14日
近江八幡市小船木	近江八幡市	祇園祭（廃絶）	八坂神社	
近江八幡市大房	近江八幡市		邇々藝志神社	
日野町	日野町	日野祭	馬見岡綿向神社	5月2日～4日
水口町水口	甲賀市	水口祭	水口神社	4月19日～21日
草津市渋川	草津市	祭礼の山車	射砂々神社	
中主町	野洲市		比留田神社	
大津市	大津市	大津祭	天孫神社	10月9日～10日
高島町勝野	高島市	大溝祭	日吉神社	5月4日～5日

写真２　茶わん祭

されている。三年に一度、四月三日に行なわれていたが、現在は、不定期ながら五月四日に開催される。曳山の上部の陶磁器の作り物が大変珍しく、奇祭といわれている（写真２）。曳山のほか、稚児の舞・一二の役（囃子方）、若者の花笠踊り、神輿の渡御が行なわれる。また、当地においても曳山の上でシャギリが奏でられる（丹生茶わん祭保存会、二〇〇二）。

祭礼の起源は詳らかではないが、文禄年間（一五九二～九六）以前から行なわれていたのではないかとも考えられている。由来については、当地の橋本地先の末遠《すえとお》というところに、陶器に適する土があり、そこに住まいしている末遠春長という工人が、陶器を焼き、丹生神社に奉納したのが始まりともいわれている。また、当地の祭礼は、文禄年間までは旧丹生・片岡・余呉の三村が順番に関わってきたという伝承がある。中世末期には丹生郷・片岡郷・余呉郷が形成されていたことから、ちゃわん祭は中世に発生したものとも考えられている（西川丈雄「ちゃわん祭」。木村、一九八四、二三六～二三九）。

水口曳山祭は、甲賀市水口町にある水口神社の祭礼で、滋賀県指定無形民俗文化財に指定されている。水口神社は延喜式内社として地域の人びとの信仰の対象となっており、曳山祭礼は享保二〇年

写真３　水口祭

写真４　日野祭

（一七二五）にはじまった。曳山の発生のきっかけは詳らかではないが、享保一八年（一七三三）の水口神社の例祭日に、水口宿の九カ字（天神・天王・西町・東町・伝馬・悔町・新町・中町・美濃部）が相談し、曳山を新しく造り練廻る準備をしたという（樋爪修「水口祭」。木村、一九八四、一三四）。

　曳山の露天部には、趣向を凝らした作り物が飾られる。また、屋台部には、水口祭には欠かせない囃子を担う人びとが乗り込む（写真3）。この囃子は「祭囃子」「山囃子」と言われているが、現在では「水口囃子」として知られている。この水口囃子は京都の祇園囃子とは異なり、勇壮活発な曲調に特色があるという（水口町立歴史民俗資料館、一九八七、一二七〜一二八）。

　日野祭は、日野町の馬見岡綿向神社の例祭として、毎年五月二日から四日までの期間、神社および御旅所において行なわれる。滋賀県の無形民俗

写真５　大津祭

文化財に指定されている。祭礼の中で曳行される十数基の山の「天場」には、趣向を凝らした作り物が飾られる。また、「上場」と呼ばれる部分には囃子に関わる人びとが乗り込む（写真４）。

大津祭は大津市京町に鎮座する天孫神社の祭礼として毎年一〇月の第二土曜日・日曜日に行なわれている。一三基ある曳山の二階部分にはそれぞれ異なるからくり人形が飾られる。巡行では、二階部分にからくり人形とともに、囃子に関わる人びとが乗り込む（写真５）。

大津祭の始まりは不明であるが、からくりを主体とする祭礼となったのは、江戸初期の慶長から元和年間（一五九八～一六二四）に遡るといい、鍛冶屋町の年寄が記した「牽山《ひきやま》由来書覚書」（寛永一二年〈一六三五〉）には大津祭りの起源が伝えられている。平成二八年（二〇一六）、大津祭は重要無形民俗文化財に指定された。

近江八幡市浅小井町の祇園祭は、七月一四日を本日《ほんび》として執り行なわれていたが、近年は七月第二週目の土曜日に松明《たいまつ》行事、日曜日に曳山巡業が行なわれている。当地の曳山は六基あり、五条ノ木・東出・北出・平田出・西出・野瀬出の五つの小路が所有している（写真６）。浅小井の祇園祭において、いつ頃から曳山が出されるようになったのかは詳らかでないが、天保一三年（一八四二）には曳山が出されていたことが地元の共有文書からわかっている（近江八幡市市史編纂委員会、二〇〇七、一八五頁）。

大溝祭は、数ある曳山を伴う祭礼の中でも、湖西唯一の祭礼であり、滋賀県指定無形民俗文化財に指定されている。高島市勝野に伝えられ、毎年五月三日から五日にかけて当地の日吉神社の祭礼として執り行われている。曳山祭の起源について、分部《わけべ》侯が大溝二万石の城主として入封した際に前任地であった伊勢上野（三重県）の祭礼を移したともいわれる（大溝祭保存会、一九八七、五〜六頁）。

写真６　浅小井の祇園祭

写真７　大溝祭

当地の曳山は江戸時代に城下町として栄えた町家の区域、五地区の山組町の人びとによって伝えられている。現在、曳山には作り物はなく、山の二階部分には御幣を祀り、お囃子などに関わるものが乗り込んでいる（写真7）。囃子は各山組の若衆らが、町内の男児（小若衆）に笛や太鼓・鉦を伝承している（大溝祭保存会、一九八七、七〜一〇頁）。

以上、特色のある曳山祭を列挙したが、いずれの祭礼においても、囃子がともなう。現在、滋賀県内ではおおよそ八つの地域において伝承が確認されている。

県内の曳山囃子は楽器の編成・曲目などから五つに分類することができる（長浜市史編さん委員会、二〇〇二、三五頁）。

① 湖北型　篠笛・短同枠付き締太鼓と鋲打ちを太鼓を一組で使用。さらに摺鉦を加える楽器構成。長浜曳山祭が代表的なもので、湖北一帯に広く分布している。

② 湖東型　浅小井祇園祭（近江八幡市）や宮荘祭礼（東近江市）

③ 江戸祭囃子型　日野曳山祭（日野町）、水口曳山祭（甲賀市）

④ 祇園囃子型　大津曳山祭（大津市）

⑤ 湖西型　大溝祭（高島市）

以上のように、地域ごとに、県内の曳山祭礼には、異なる囃子の様相をみせている。湖北型に分類される長浜曳山祭では地域の人びとをはじめ、周辺地域からもシャギリに加わっていたことが分かっている。

二　現在の長浜曳山祭におけるシャギリの担い手

長浜曳山祭は、四月九日の線香番から十七日の御幣返しまで、約一週間もの間行なわれる湖北最大の祭礼といえる。祭りは一年をかけて準備が行なわれているため、祭りが終われば、すぐに翌年の準備が始まる。

祭りの見どころといえば狂言であろうが、シャギリ（囃子）も重要な役割を担っている。シャギリは曳山の巡行の際や上り山・神前入り・狂言の前後・戻り山・起こし太鼓など、様ざまな場面に奏され、その曲目も「神楽《かぐら》」「起こし太鼓」「御遣り《おひやり》」「奉演間《ほえま》」など様ざまである。祭を裏方で支えるのが、シャギリの存在であるといえよう。現在、このシャギリは囃子保存会に所属する大人や子どもによって、祭の際、曳山の亭や曳山の周囲で囃され伝承されている。しかし、このような形式になったきっかけは、昭和四六年（一九七一）に、囃子保存会ができてから以降のことである。保存会では、曲を五線譜に書き下ろしたり、子どもたちへ継承するなどの継承活動を行なっている。

保存会の継承の方法には、独自の口伝の譜を用いて継承する曳山組（月宮殿《げっきゅうでん》・猩々丸《しょうじょうまる》・青海山《せいかいざん》・萬歳樓）のやり方と、伝承されてきたシャギリを五線譜化した楽譜を用いて継承する曳山組の二つが存在している。

三　周辺地域のシャギリとその担い手

曳山祭におけるシャギリの起源は、史料が残っておらず詳らかでない。昭和四六年に囃子保存会が設立されるまでは、長浜市周辺の村落の人びとがシャギリのために訪れていたという。平成一九年

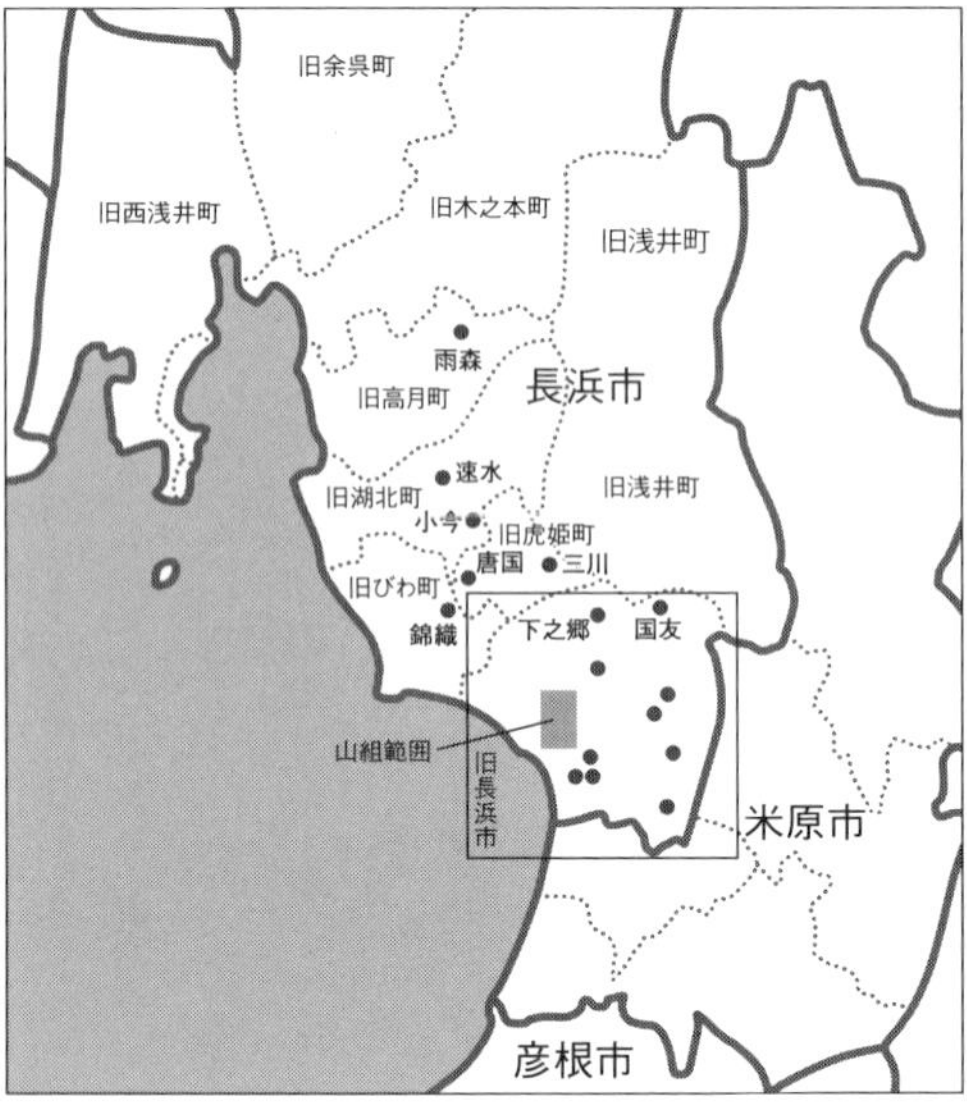

図１　雇いシャギリの分布（枠内は図２の拡大図を参照）

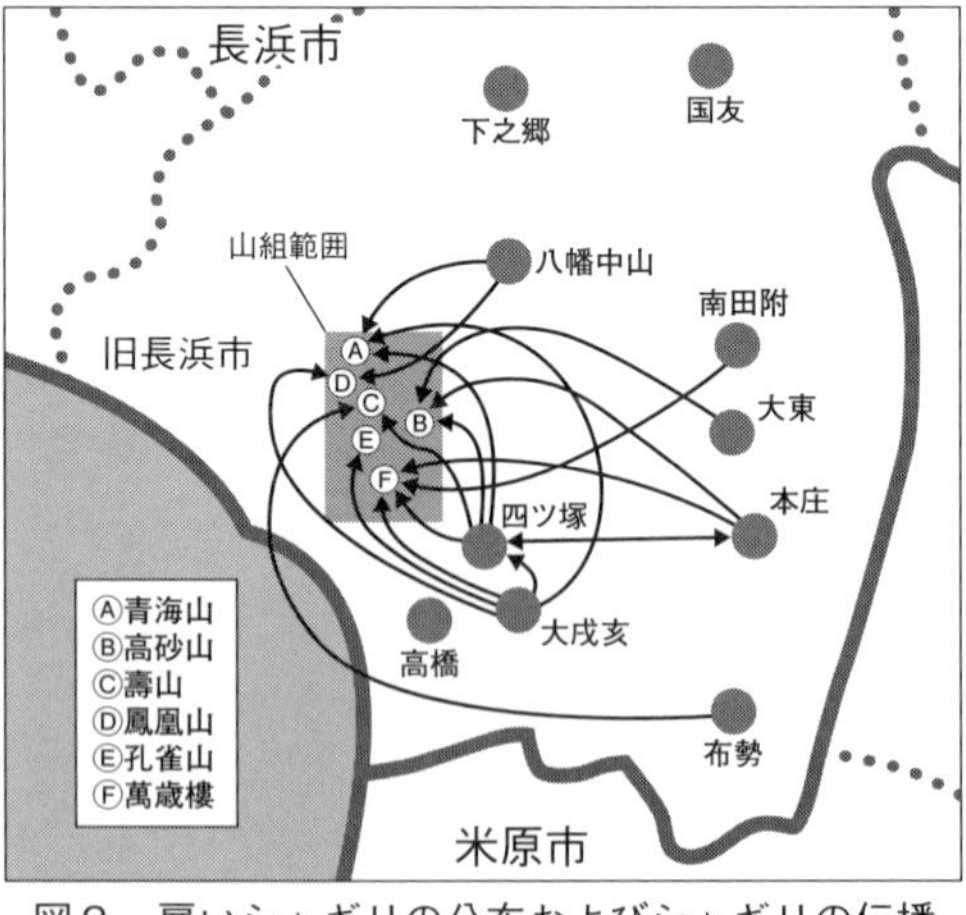

図２　雇いシャギリの分布およびシャギリの伝播
（旧長浜市域）矢印は伝播を示す
（長浜囃子保存会の調査および平成23年の調査より作成）

（二〇〇七）に囃子保存会がまとめた調査結果によれば、布勢町・本庄町・南田附町・大東町・唐国町が曳き山祭に関与していたことが分かっているが、平成二三年に実施した調査では、さらに四ツ塚や大戌亥《おおいぬい》といった近隣村落の関わりも明らかになった。

これらの集落がいつ頃から祭礼に参画していたかについては不明な点が多いが、平成二三年に行なった聞き取りを中心に（長浜曳山祭伝統芸能文化調査記録作成員会、二〇一二）、いくつかの事例を紹介する。なお、ここで取り上げる以下の七つの地域は、現在は市町村合併により長浜市となっている。また紹介する事例における当事者の年齢は、聞き取り時の年齢である。

（1）四ツ塚

四ツ塚町は勝町の西に位置する。『坂田郡志』によれば、町の名の由来は「四つの塚があったから」であるという。寛永石高帳に高一七五石余とあり、彦根藩領であった。町には、永暦年間（一一六〇〜六一）に創建され元亀年間（一五七〇〜七三）の兵火で焼失し廃寺となった福満寺の鎮守として勧請された、旧村社《そんしゃ》八幡神社がある（平凡社地方資料センター、一九九一）。

ＩＳ氏（昭和七年生）の話によれば、戦前、四ツ塚には祭囃子は伝わっていなかったという。当地にシャギリを広めたのはＮＭ氏であった。

ＮＭ氏は四ツ塚出身であるが、大戌亥に家を借りて大工をしていた。大戌亥に住んでいた時にシャギリを覚え、四つ塚に戻ってきた時にシャギリを広めたようである。

ＩＳ氏は、長浜曳山祭へ行きたくてシャギリの練習に参加したという。ＩＳ氏が一九歳くらいの頃にＮＭ氏からシャギリを教わった。若衆などの組織の中に入って習ったわけではなく、好きな人が寄り集まってシャギリを習っていた。練習では、紙に「ウー」とか「ヒョー」などと書かれたものを基に笛の練習をしたが、楽譜では音の高低や長短、リズム、節が伝わらないので、歌を歌いながら理解しなければならなかった。指の押さえ方を覚えてから、師匠の太鼓に合わせて笛を吹く練習をした。練習には、笛のほか締め太鼓・大太鼓・すり鉦があった。太鼓も楽譜はなく、「テンツクテンテン」と言って覚えた。ＩＳ氏は師匠の後ろで笛を吹きながら、師匠が太鼓を叩くのを見て覚えた。

シャギリの練習を始めて七年くらい経った昭和三一年（一九五六）から曳山祭に出るようになったという。初めて上った山は高砂山（宮町組）であった。当時、長浜では囃子方を求めていた。昔は田舎から囃子のできる人が来ており、四ツ塚のほかに唐国町や米原の中多良《なかたら》という村から来ていたことを記憶している。中多良は今も米原祭にも関わっている。祭りは線香番から加わり、町家の稽古場へ行ってシャギリを吹いた。

「戻り山」、「御遣り」、「神楽」、「出笛」、「奉演間」は演奏したことがあるが、「起こし太鼓」は山組の人がやるものとされており、演奏したことはないという。猩々丸（船町）、月宮殿（田町）は自町でシャギリをしていたし、曲が違うのでシャギリには行かなかった。シャギリの節が独特で、四ツ塚のものとは合わなかったという。

昭和三一年以降は毎年亭へ上がって演奏しており、高砂山のほかに、萬歳樓（瀬田町組）、壽山（大手町組)、青海山(北町組)といった山にあがっていた。特定の山組だけに行ったわけではなく、猩々丸(船町)、月宮殿(田町)以外ならどこの山組へも行っていたという。IS氏がシャギリに関わっていた頃、各山組は舞台に関わるのが精一杯で、シャギリをできる人はほとんどいなかった。

シャギリの依頼は山組の人からNM氏へきていて、NM氏が「今年は○○の山組へ行く」ということを決めていた。山組の人は大戌亥や四ツ塚などのシャギリをするムラを知っていて、山組の若衆がシャギリをする各ムラへ頼みに行っていた。しかし、他の村の人と一緒に亭へ上がることはなかった。山へは線香番から山組の稽古場へ行き、音あわせをした。祭りに出ている間は食事やお酒が出、お礼もいくらかもらえた。NM氏がまとめて受領し、分配していた。

NM氏が亡くなった後は、IS氏の元に直接依頼がきて、長浜曳山祭へ参加するようになった。四ツ塚の祭でシャギリをすることはなかったが、宴会で頼まれることはあった。夏場の畑の夜番で夜通しシャギリをしていたこともあったという。米原祭でも南町組のシャギリに出ていた。米原では四ツ塚の他に中多良、大戌亥、唐国からもシャギリをしに来ていた。米原では、大戌亥、唐国の人と一緒に山へ上がったことがあった。

(2) 大戌亥

大戌亥町は勝町、大辰巳村の南、下坂中町の北に位置している。寛永石高帳には戌亥村とあり高六八八石余、天保郷帳では乾村とあり高六八二石余と記されている。『坂田郡志』によれば、彦根藩領となった時点で、戊亥村と区別するために「大」をつけたという（平凡社地方資料センター、一九九二）。

NF氏（昭和一一年生）によれば、父親（明治三六年生）を中心とするシャギリのグループがあったという。好きな者が寄り集まってやっていたもので、メンバーは一〇人くらいであった。そのなかで都合のつく者五、六人ばかりが、長浜曳山祭に行った。亭は狭いので、亭に上がれる者五、六人で笛・太鼓・鉦を奏していた。自転車がない頃は歩いて行ったらしいが、自転車に乗るようになれば、自転車でシャギリに行っていた。「おひゃら（御遣り）」「神楽」「戻り山」「出笛」「起こし太鼓」を奏していたのは覚えていて、演奏する曲は場面によって違った。NF氏の父親は、笛も太鼓も鉦もすべてできた。楽譜はなく、年齢の上の人が下の人に口伝えで教えるという伝え方であった。

NF氏の父親は戦前にも曳山祭にシャギリをしに行ったという。父親より年上の明治二〇年代生まれの人にもシャギリをする人がいたが、それより以前は不明である。

長浜曳山祭のシャギリは山組の人が頼みに来た。NF氏の父親が請け負い、大戊亥のメンバーに声を掛けて人数を集めるシステムであった。大戊亥はシャギリで名が通っていたようで、戦後になってからは山組から毎年のように声がかかって山に上がっていた。手間賃がいくらかもらえたという。

猩々丸（船町組）と月宮殿（田町組）以外に行っており、孔雀山（神戸町組）、鳳凰山（祝町組）、萬歳樓（瀬田町組）、青海山（北町組）に行った。四月九日の線香番から一六日まで関わっていたという。起こし太鼓にもメンバーのうち一人か二人が行っていた。

大戌亥では祭り、オコナイ（地域の安全や豊作を祈るために一月から三月頃に行なわれる神事）ではシャギリをしないが、米原祭には毎年シャギリをしに行ったという。長浜曳山祭に行かなくなった後、シャギリの伝統を守るようにしようという話もあったが、サラリーマンが多くなってシャギリを練習することができなくなり、結局シャギリはなくなってしまった。

（3）布勢町

かつては布施村と称していた。加田今町の南東、横山の西麓に位置する。寛永石高帳には高八七六石余とあるが、この高には小一条村の分も含まれていた。以降は小一条村と一緒にされたり、分離されたりして推移したが、元禄郷帳では、小一条村は別記され、高五八二石余と記されている。彦根藩領である。明治八年（一八七五）に小一条村と合併して薗原村となったが、現在は、布勢町と小一条町に分かれている。『淡海木間攫《おうみこまさらえ》』（彦根領内六郡の村々の神社・仏閣を記した地誌）には天神宮と春日大明神という記載があるが、現在は春日神社が鎮座している（平凡社地方資料センター、一九九一）。

ＨＴ氏（大正一四年生）によれば、布勢では北野神社の祭礼で奉納する獅子舞があり、若衆が獅子舞やシャギリを練習していたという。ＨＳ氏という笛や太鼓、鉦の達者な人の指導を受けていた。その中の特に習熟した人が長浜曳山祭に声をかけられていた。楽譜などが特にあるわけではなく、「ヒョーヒョーヒョーウチ、ヒョーヒョーヒョーウチ」といって吹きながら覚えた。

ＨＴ氏は四〇歳代の時に長浜へ行っており、自身は中断しながらも六〇歳位まで行っていたという。

長浜曳山祭に行くようになったきっかけは良く覚えていないが、当時は、HS氏から声をかけてもらっていたという。祭りの時期になるとHS氏に「来てください」という連絡が入り、そうすると皆に誘いの声がかかかった。四月一三日から一五日に壽山（大手町組）に上がり、いくらか日当をもらった。布勢からはHS氏を含め四人ほどが祭りに参加した。しかしHS氏は指導者的存在のため直接山には上がらなかった。

長浜曳山祭で吹く曲について、とくに曲名などは知らないといい、「このときにはこの曲調のものを」という感じで奏していた。HT氏によれば獅子舞のシャギリと長浜祭のシャギリは曲が同じようなものであったという。

山組でのシャギリには一グループ七名くらい必要で、戌亥町の人と一緒に吹いたこともあるらしいが、定かではないとのことであった。

そのほか米原の祭りにもいったことがあるが、どういう経緯だったのか、またどこの山にいったかは記憶にない。

（4）本庄町

本庄町は常喜町の北にあり、江戸時代は彦根藩に属していた。旧村社である芦柄《あしがら》神社は大年神《おおとしのかみ》を祀り、寛平元年（八八九）、菅原道真により勧請されたと伝えられる。例祭では相撲が奉納されるという（平凡社地方資料センター、一九九一）。

T氏（昭和一〇年生）によれば、本庄町でシャギリが行なわれるようになったのは、四ツ塚から本庄に婿養子にきたO氏（昭和二年生まれ）の呼びかけがあったからである。O氏は本庄でシャギリをしており、婿養子にきた昭和三三、四年頃に、シャギリをしないかと周囲に呼びかけた。呼びかけに応じて昭和二年（一九二七）生まれから昭和一一年（一九三六）生まれまでの六名が集まった。

長浜曳山祭では高砂山・月宮殿・萬歳楼でシャギリに関わったことがあり、昭和三三、四年から昭和五〇年頃まで関わっていたという。

シャギリの引き受け方は、四ツ塚と本庄とが一緒になって二つの山を引き受け、四ツ塚と本庄で一つずつ分担する。基本的に本庄の六人で一つの山組を引き受けるが、四ツ塚で人が足りないときは手伝うこともあったという。山組によって吹く曲が違うということはなく、曲は「御遣り」・「神楽」・「戻り山」・「起こし太鼓」・「奉演間《ほえま》」があった。巡行中は「神楽」か「御遣り」を、曳山を曳く時には「神楽」を演奏した。シャギリは亭に居るため、曳山の下にいる山組の人から指示されることはなく、すべて本庄のシャギリを吹く者で決めたという。

祭りが終わると、次の年の出番山の人が、来年のシャギリを頼みに来た。謝礼の額はだいたい決まっており、全員にまとめて支払われた。

本庄では、九月に行なわれる祭りでも、賑やかしでシャギリをしたことがあったという。

（5）南田附町

南田附町は小堀町の東に位置する。寛永石高帳に高四四二石余とあり、彦根藩領であった。元禄郷帳《ごうちょう》では高二一五石余の南田附村と高二二六石余の枝郷《えだごう》西辻村に分けて記されている。天保郷帳では再び一村にまとめられ高四四四石余となっている。旧村社の日吉神社は大山咋命《おおやまくいのみこと》で建長元年（一二四九）の草創と伝える。また、同じく旧村社の天満神社は菅原道真を祭神とし、保延年間（一一三五～四一）の創立であるという（平凡社地方資料センター、一九九一）。

I氏（調査時である平成二三年に七五歳）によれば、父親（明治三六年生）が村で囃子をしていた。父親は竹生島《ちくぶじま》への遊覧船内や、長浜の映画館で無声映画の余興として吹いていたほか、長浜曳山祭では萬歳樓（瀬田町組）で演奏していたという。しかし、I氏や現在、健在のメンバーは長浜で演奏したことはない。

南田附町では今から三〇年ほど前（昭和五五年頃）、当時の自治会長のH氏ら三名を指導者として囃子保存会が再結成され、村にあった太鼓を張り替え、法被《はっぴ》も作った。当時はまた外部からきた住民は少なく一〇〇戸ほどで、地域でまとまりがあり地域ぐるみで結成できた。

シャギリに関わっていた人数は指導者三人を含めて九人ほどであった。最初は全部で二〇人ほどいたが、最終的に生徒は六人になった。

太鼓と擂り鉦は町で所有し、笛は各自、竹で作った。太鼓を叩けたのはI氏を含めて二名だけであった。楽譜はなく、口伝で覚えたという。指導者の横に並んで運指を覚え、押さえる穴を示した図を作って、それを曲の音の順番に書いたものを見て覚えた。「御遣り」・「神楽」・「奉演間」(四段まで)・「戻り山」・「出笛」を練習した。

一月に行なわれるオコナイのほか、地蔵盆や春秋の祭礼や正月に吹いていたという。保存会が消滅したのは平成九年(一九九七)頃のことで、若い人が入ってこなかったのが大きな理由であった。

(6) 大東町

大東町は室町の東側に隣接する町である。元和三年(一六一七)の徳川秀忠朱印状によればり大東村三一九石余が内藤正成に与えられている。寛永石高帳には、高三一九石余、旗本内藤領とある。旧村社の春日神社の社地は、興福寺の支院楞厳院《りょうごんいん》のあったところであるという。延暦年間(七八二〜八〇六)にこの地の棟梁中臣秀行が寺と社を祀ったという(平凡社地方資料センター、一九九一)。

MG氏(昭和三年生)の話によれば、中山町から大東町へ婿養子に来ていた男性の兄がシャギリをしていた。その男性を通じて、「シャギリをやってみないか」と誘われたのがシャギリを始めたきっかけである。それまで、この地にシャギリはなく、教えてくれる人もいなかった。竹笛を購入し、中山町の師匠のもとへ習いに行った。そこでは中山でシャギリをしている人たちも習っていた。一緒に習ったのは、大正生まれであろうと考えられるN氏とほか数名で、週に一回程度習いに行った。当時は、自動車も何もなかった頃で、自転車で通った。

中山で習っていたのは長浜のシャギリで、「戻り山」・「登り山」などであったが、譜面はなく口伝で教えてもらった。笛の音が出なかった者もおり、モノになったのはMG氏とN氏の二名であった。

ある時、MG氏とN氏は「長浜曳山祭で人が足りないので来ないか」、と誘われ本日《ほんび》に手伝いに行った。その時に関わった山組は月宮殿（田町組）であったようであるが、一度きりであった。当時の年齢は思い出せないが、二〇歳前後の独身の頃だったようである。ME氏（昭和七年生）によれば、山組へいったのは終戦後の昭和三〇年代であろうということであった。

当初からシャギリに興味があり習っていたが、結果的に山に上がることになった。山へ上がった後は、もう上がることもなく、自然消滅的にシャギリを習うのをやめてしまった。

（7）唐国町

旧東浅井郡虎姫町に属した地域で、北国街道沿いに集落を形成する。月ヶ瀬に隣接し、北陸本線JR虎姫駅から西に約一キロメートルに位置している。西に高時川、東に田川が流れる。

天正一三年（一五八五）閏八月二一日の山内一豊知行目録（山内文書）に「からくに」二一九石余とあり、長浜城主山内氏の所領に組み込まれていた。天正一五年八月一五日の羽柴秀次下知状（中村文書）には、「唐国」と記されている。寛永石高帳では高六二九石余、山城淀藩領、元禄郷帳では大和郡山藩領になっている（平凡社地方資料センター、一九九一）。

唐国では、かつて大正期には囃子を演奏できる人たちがいたが、その人たちが戦争に行ったりし、昭和期になると演奏されなくなる。HT氏（昭和四年生）も子どもの頃、囃子を聞いたことはなかった。

昭和二二年（一九四七）、当時四〇歳前後と推測されるT氏が一人で若い人に笛を教えるようになった。当時一八歳のＨＴ氏は、近所の同年代の人たち三人でその人のところに練習に行き、その年の一二月から翌年四月までの農閑期の間、毎日練習に通った。当時は最大で一〇人くらいが教えてもらっていたが、楽譜はなく、先生の笛を聞き、「口ずさみ」で、指を見ながら覚え、分からない場所は質問し、家で練習をしたのだという。何度か参加する人はいても、持続する人は少なく、結局四、五人しか残らなかった。その残った人で練習会を結成し、「唐国笛声会《てきせいかい》」と称した。

長浜からの依頼はまずＴ氏に話があり、そのうえで笛声会として長浜に行った。昭和二四年からのことで、鳳凰山（祝町組）に上がったほか、壽山（大手町組）、孔雀山（神戸町組）にも行った。Ｔ氏が太鼓をたたき、五人くらいで笛を吹いた。昭和二四年以降、五年ほど行ったが、その後依頼が途絶えた。

笛声会は長浜以外にも米原の曳山祭、敦賀の祭り、彦根のパレードなどに呼ばれて披露したことがあったが、これらは単発の依頼であった。その他、夏は毎日、笛声会のメンバーで夕涼み時に国道に出て笛を吹いていた。

昭和三〇年代にはＴ氏が亡くなり、昭和四〇年代から昭和末頃までは、シャギリを演奏する機会もなく、笛声会の活動は休止に至った。しかし、平成に入った頃から活動を再開し、字《あざ》の小学生を集めて会館で教えることになる。新たなメンバーの募集を始めるが、当時の募集は男性に限っていた。その頃は、下八木（長浜市下八木）の祭りに出たり、敬老会で演奏したりした。

現在の伝承者はＨＴ氏で、唐国の囃子を伝えたいという女性グループ「社戯里，Ｓ」が氏の下で練習に励んでいる。平成二三年時点で七名の女性が練習に参加しているという。「社戯里S'」のメンバーの中には、二〇年ほど前に福祉関係のイベントで一度シャギリを聞いたことがある人もいれば、「唐国には、太鼓も笛もあるが、シャギリをする人がいない」という話を聞いて参加することにした人もいる。シャギリを習うに当たり、まず、HT氏の自宅にお願いに行ったところ、HT氏から「本当にやるのか」と言って黒い篠笛を渡され、ためしに吹いてみるように言われた。当初はまったく音が出ず、音が出るまでに、一カ月ほどかかったという。HT氏を「おっしょーさん」とよび、公民館のサークルとして登録しているという。最初に習ったのは「御遣り」である。「太鼓をやりたい」というと、「まずはフエを吹いてからや」と言われるという。

HT氏が笛を習っていた頃は口伝であったが、一〇年くらい前に「指使いの表」などをワープロで作成し、それを当時まだ健在であったメンバーにそれで合っているかどうか聞いて回った。「社戯里S'」は今この表を用いて練習を行なっている。

以上、七地域について詳しく述べたが、この地域以外からも、いくつかの周辺地域の人びとが長浜曳山祭でシャギリを奏するために祭りに参加していた。

長浜のシャギリやそれに類似する囃子を習得した者が、長浜に移り住んでシャギリを定着させたほか、地元に定住している者が、これまで継承されてきたシャギリを守り伝えていく場合など、地域によって定着の仕方は異なっている。しかし、シャギリを伝承している数少ない人のもとへ教えを受けに行くことは共通している。また口伝で伝承しているため、当然のことながら、それらの習得は決してたやすいことではなかったのである。

四　地元独自の祭りへの転換期

昭和三〇年代になると、周辺地域の人びとと山組との関わり方が難しくなった。戦後すぐの頃は、多くの町からシャギリに訪れていたが、昭和五〇年（一九七五）前後より後、周辺地域の人びとは参加しなくなっていった。

例えば、ある山組では、昭和三〇年代から囃子方を集めることが難しくなっていったという。村に囃子を頼みに行っても、一度では受けてくれず、何度も交渉に行かなければならなかった。やっとのことで祭りに参加してくれても、トラブルがあれば山を降りてしまうこともあったという。また、別の山では周辺地域の人びとへの接待が大変であった。自町でシャギリができれば、金銭面での負担も減らせることになる。こうした経済的理由もあって、シャギリを含め祭りをすべて自前でこなせないかという意識が芽生えていった。

翁山では昭和四〇年頃、国友のシャギリが高齢化等で人手不足になり、三〜四人しか来ないこともあれば、勤め人が増えた理由から、すぐに帰ってしまうこともあった。そこで、出町にいたチンドン屋さん（一名）にシャギリを頼んだり、曳山の前柱に拡声器をつけてテープを流したこともあったという。しかし当然のことだが、テープは終わり方が悪く、不評であった。

一方、周辺地域でも、昭和四〇年頃までは長浜へシャギリを奏しに行っていたのが、その後行かなくなった。その背景として、山組の人が自分たちでシャギリを奏するようになったり(四ツ塚町)、子どもたちがシャギリをするようになったり(布勢町)といったことが挙げられるが、シャギリを担っていた周辺地域の人びとの仕事や生活が変化してきたといったことも、その大きな理由として認識されている。農業にたずさわっていた人びとの兼業化(サラリーマン化)、またその他の仕事上の変化などで、時間が取れなくなったシャギリの担い手が多くいたと考えられる。

戦前・戦後は、人手が不足していた関係で他地域から応援を仰ぐ必要があったが、山組としては、経費の関係からも、自町でシャギリをまかなったほうが良い時代になっていった。

五　周辺地域からの協力による囃子

戦後、祭りの担い手不足から、シャギリを雇っていた山組が多くあった。昭和三〇年代以降、シャギリが満足にできない状況だったことから、自力でやらないといけないという機運が生まれる。月宮殿、猩々丸は戦前から自町で囃子を行なっていたので特に問題はなかったようだが、その他の地域では、以後様ざまな取り組みが行なわれるようになった。

萬歳樓は戦中から囃子の担い手が不足しており、戦後当初は近郊農村から囃子方を雇っていた。復活に際し近郊農村から囃子を教わったが、戦前の囃子とは異なる点があるという。布勢町の人に笛を習い、町内の人が譜面を書き起こしたというが、詳細はよく分かっていない。また田町の人たちからもシャギリの組織や奏し方について教えてもらった。萬歳楼は昭和二四年に祭りを復活させた時に、再び自町内でシャギリができるように尽力し、昭和二〇年代後半から三〇年代にかけて自町独力で囃子ができるようにした。昭和四〇年代中頃から後半には、高砂山(宮町組)や猩々丸(船町組)、諫鼓山(御堂前組)、鳳凰山(祝町組)といった他の山組の、さらには米原にまで応援に行ったことが分かっている。

翁山では保存会ができるまでの間、国友(長浜市)にシャギリを頼んでいた。国友は長浜市の北、旧虎姫町との境に位置する。東は今町、北は虎姫町宮部に隣接した地に位置し、姉川が西流する。織豊期から鉄砲の生産で知られた地域でもある。翁山では、昭和三〇年代には、町内に起し太鼓ができる人がいたので、国友の人と一緒に奏していたという。昭和四〇年前後から他地域におけるシャギリの人手不足が顕在化し、自町内でシャギリをまかなおうとする意識が強く働いたようである。したがって、国友の人から教わる人もいたという。保存会ができてからは保存会の曲が伝承されている。

孔雀山では戦後、太鼓が叩ける大正生まれの兄と、笛を吹く昭和二年(一九二七)生まれの弟のK氏兄弟がいて、シャギリに熱心だった。だが孔雀山は、一町で山組を形成していたとはいえ戸数が少なかったために、出番山の時には狂言の執行などで人手が足りなくなり、自町でシャギリをする余裕がなく、雨森の人が山に上がっていた時もあった。

K氏兄弟が昭和三七年(一九六二)頃に、町内でシャギリを教え始めた時には数名が習っていたという。K氏兄弟が手書きで書き起した、笛の穴を押さえるところを図で書き表した運指表を使い、口伝で教わっていた。「ウーヒョー」などと歌って覚えたといい、現在演奏している曲はひととおり教わった。孔雀山は昭和五三年（一九七八）に囃子保存会に加入する。楽譜は保存会の物を使ったという。囃子保存会ができてからは、青海山・月宮殿・諫鼓山などから、シャギリに五〜六人の大人が手伝いに来ていたが、応援にきた山組によってシャギリの曲が異なった。

猩々丸（船町）は囃子の練習のために、尺八の先生を呼んだこともあったが、なかなかうまく演奏できなかった。この尺八の先生とは船町のF氏のことで、青海山（北町組）でも囃子保存会が設立される前の昭和三八年頃、指導をしてもらったことがある。

船町のF氏はかつて八幡宮で教えており、四つほどの山から一〇人くらいが習いに来ていたが、最終的に北町（青海山）しか残らなかったという。当時の若衆（現在六五〜七〇歳くらい）が中心となり週に一回、一〜二時間程度練習していた。伝統的な曲ではなく、F氏が田町と船町の曲をミックスし、吹きやすくした新しい曲で、現在でもその中の「豊公楽」と「太平楽」は伝承されている。六年くらいは続いたというが、昭和四六年（一九七一）頃に囃子保存会に合流した。

様ざまな動きがある中で、一番特徴的なのは、独自に保存会を作ろうとした船町のF氏の動きであろう。のちに現在の囃子保存会と合流することになるが、新しい曲をつくり楽譜を印刷するなどシャギリを継承していこうという力強い想いが伝わってくる。

表２　戦前・戦後の周辺地域と山組とのかかわり

（長浜囃子保存会の調査および平成23年の調査より作成）

山組	戦前	戦後
月宮殿（田町組）		本庄（旧長浜市）、大東（旧長浜市） 〔高橋・旧長浜市〕〔大戌亥・旧長浜市〕
青海山（北町組）		唐国（旧虎姫町）、四ツ塚（旧長浜市） 八幡中山（旧長浜市）、大戌亥
諫皷山（御堂前組）	三川（旧虎姫町） 明治20年頃	国友（旧長浜市） 昭和29年頃～40年代
	小今（旧湖北町） 大正14年頃	布勢（旧長浜市）
	速水（旧湖北町） 昭和８年頃	〔八幡中山〕〔下の郷東・旧長浜市〕
高砂山（宮町組）	南田附（旧長浜市） 大東	四ツ塚 本庄 大東
壽山（大手町組）	〔国友〕	四ツ塚、布勢、唐国 〔国友〕
猩々丸	〔大戌亥〕	
鳳凰山（祝町組）	八幡中山 布勢	大戌亥 唐国 昭和30年前後
翁山（伊部町組）	国友	国友
常磐山（呉服町組）		四ツ塚 昭和28～40年頃
孔雀山（神戸町組）	大戌亥 南田附	雨森（旧高月町） 昭和37年頃 大戌亥、唐国
萬歳樓（瀬田町組）	大戌亥 南田附	四ツ塚、大戌亥 本庄 昭和20年代 錦織（旧びわ町） 〔布勢〕

※情報が伝承のみで、正確に確認できていないものは〔　〕書きとした。

写真８　シャギリの稽古風景

六　長浜型をはじめとするシャギリの広がり

以上、シャギリを通じての、周辺地域同士の、また周辺地域と山組との交流の事実が明らかになった。

四ツ塚から本庄へ婿養子にいった人が本庄で仲間を集めてシャギリを始めたこともあれば、それとは逆に四ツ塚でシャギリを習ったO氏が本庄に婿養子に行って、本庄でシャギリをする人を集めて練習を行ったりもしていた。

シャギリを通じての周辺地域間の交流はもちろんのこと、周辺地域と山組との交流も行われていた。実際、昭和三〇年（一九五五）頃には、高砂山の五、六人が四ツ塚のNM氏に笛を習いに来ていたという。近年では練習を積み重ねてきた「社戯里'S」が平成二七年（ほかの年は未確認）の長浜曳山祭で夕渡りに参加するなど、新たな取り組みもはじまっている（写真8）。

湖北において顕著にみられるが、近江では、新春にその年の豊作を祈願するオコナイと呼ばれる修正会《しゅしょうえ》を執り行う地域が少なくない。神輿が神社に宮入するまでの道中など、笛や鉦、太鼓で囃す「囃し込み」「シャギリ」と称される囃子は何も近江に限られるわけではないが、湖北周辺で行われるオコナイでのシャギリは、曳山囃子と何らかの関係があったのではないかと推測される。もっともオコナイで囃されるシャギリは、長浜曳山祭のものと比べるとさほど複雑なものではない。

余呉町上丹生では神社へ餅を供えに行く際に、笛・太鼓で囃しながら神社へ向かったという（井上、一九六〇）。また湖北町五坪《ごのつぼ》においても、鉦・太鼓・笛で囃子ながら行列を組み、神社へお鏡を献じていた。近江のオコナイでは鉦・太鼓・笛が多く用いられていた。高月町森本ではオコナイのなかで、鉦・太鼓・笛でシャギリを行っていたが、現在では行われていない。さらに、森本で以前、野神《のがみ》の行事においてもシャギリが行われていた。笛・鉦は大人が関わり、太鼓を叩くのは中学生くらいの子どもであった。

写真9　雨森でのシャギリ

写真10　雨森での正月の獅子舞（シャギリを囃す）

高月町雨森《あめのもり》でもシャギリを伝承している。当地は保延寺《ほうえんじ》の南、南流する高時川の両岸平地に立地している。北国脇往還《ほっこくわきおうかん》が通り、集落のほぼ中央に天川《あまかわ》命《みこと》神社が鎮座する。朱子学者木下順庵門下で対馬藩に仕えた雨森芳洲《あめのもりほうしゅう》は当地の出身である。雨森では、今では長浜の曳山祭に参加していたかどうかを確認できなかったが、地域に曳山があり、それを披露する際にシャギリを披露していたことは、地域の人びとのあいだで語りつがれている。曳山は、現在、国立民族学博物館（大阪府吹田市）で展示されている。現在、地元には山蔵が残るのみだが、往時の様子を偲ぶことができる。かつてとは様子が変わってしまったが、現在は地域に伝わるシャギリを伝えるべく、雨森シャギリ保存会の人びとが力を合わせて取り組んでいる。近年、地元の文化祭で披露したほか、定期的に練習をおこなっている。また、正月に天川命神社や各家で舞われる獅子舞も、当地のシャギリを奏しながら集落をまわっているという（写真9、10）。

おわりに

長浜曳山祭は地元の祭りであるが、祭りにとって重要なシャギリは布勢町・本庄町・南田附町・大東町・唐国町などの周辺地域の人びとの力によっても成り立っていたことがわかった。また、シャギリ伝承のネットワークも網目のように張り巡らされていた。

基本的には山組自町が中心になって演奏していたようであるが、登り山・神前入り・狂言の前後・戻り山・起こし太鼓などのシャギリは、周辺地域の人びとの関わりもあったことがわかった。また、周辺地域でも独自の楽譜を使用し、曳山祭の囃子関係者に伝承していた。

周辺地域の囃子を担った人びとにとって、曳山の山に上がることは、大変名誉なことであったといい、必要に応じて練習に取り組んでいたと考えられる。周辺地域の人びとが関わった要因は、布勢町のように地元に獅子舞が伝承されている事で笛の吹ける住民がいたり、地元祭礼において笛を吹いたりするなど、その地域に伝承基盤があったことがあげられる。

囃子を担っていた周辺地域の人びとの生活基盤が農業中心から会社勤めへと変わるにつれ、娯楽としてシャギリを習うことも少なくなり、曳山祭への参加も困難な状況になっていった。

シャギリを継承していきたいという地元の想いが昭和四六年（一九七一）の「長浜曳山祭囃子保存会」の結成につながったのであろう。保存会の結成は、祭礼が周辺部との関係から地縁的関係の祭りへと変化していった時期でもあると考えられる。

一方で、現在、周辺地域には唐国のように、曳山祭に関わった古老からシャギリを守り伝えていこうと、新たに活動をはじめた女性のグループがある。また、雨森のように今後もシャギリを伝承していこうと取り組んでいる地域もある。しかし一方で、布勢町のように、地元に獅子舞と笛が伝承されていたが、若者の外地域への流出などの理由から、継承が危うい地域もある。

周辺地域の囃子が伝承されなくなった理由はさまざまであろうが、長浜曳山祭と関わらなくなったことも理由のひとつであろう。

長浜型のシャギリではないが、湖東型のシャギリに分類される近江八幡市浅小井の祇園祭の囃子は、戦後に吹ける人がおらず、途絶えてしまった。しかし、浅小井の人びとは大正時代に苗村《なむら》神社の三三年に一度の式年大祭（大正七年）において、曳山の貸し出しで交流があった竜王町川守に縁あって昭和二五年（一九五〇）に浅小井の「祇園バヤシ」を教授していたという（江浅史蹟保存会、一九八六）。浅小井では川守に伝承されている囃子のテープをとりよせ、子どもたちに教えていくようになった。

戦後、高度経済成長を経ていくなかで、働き方の変化もあり、祭礼の伝承形態も変化してきた。長浜曳山祭もそのひとつである。長浜曳山祭は、周縁地域からの応援によって継承されていた時代もあったが、現在の保存会の結成により地元の手によって伝承していこうとしている。一方で、周辺地域においても、自分たちの町を見直そうとするとき、その素材の一つがシャギリ（囃子）であったりする。シャギリは地元の文化のひとつとして受け入れられているのであろう。

［注］

（1）この論文において、中野は三役の時代ごとによる変遷を周辺地域との関わりの関係から述べている。

（2）本報告書においては、祭礼の歴史的な背景や各町組の曳山の構造、懸装品など多角的な面から報告がなされている。また、全国の曳山・屋台がでる祭礼のリストが掲載されており、曳山祭礼の基礎データをうかがい知ることができる。

（3）長浜曳山祭のシャギリが、かつては周辺地域の人びとによって担われていたことについて周辺のオコナイなどの事例を通して論じている。

［参考文献］

市川秀之・武田俊輔編著／滋賀県立大学曳山まつり調査チーム、二〇一二、『長浜曳山まつりの舞台裏―大学生がみた伝統行事の現在―』（淡海文庫48）、サンライズ出版。

井上頼寿、一九六〇、『近江祭礼風土記』滋賀県神社庁（復刻版・二〇〇二、臨川書店）。

植木行宣・田井竜一編、二〇一〇、『祇園囃子の源流―風流拍子物・羯鼓稚児舞・シャギリ―』岩田書院。

近江八幡市市史編纂委員会編、二〇〇七、『近江八幡の歴史　第三巻　祈りと祭り』近江八幡市。

大津市教育委員会編、二〇一五、『大津曳山祭総合調査報告書』大津市教育委員会。

大溝祭保存会編、一九八七、『大溝祭―滋賀県選択無形民俗文化財調査報告書―』大溝祭保存会。

木村至宏編、一九八四、『近江の曳山祭』（近江文化叢書18）、サンブライト出版。

江浅史蹟保存会、一九八六、『近江八幡市　浅小井の曳山』江浅史蹟保存会。

滋賀県教育委員会文化部文化財保護課編、一九九五、『滋賀県の祭礼行事―滋賀県祭礼行事実態調査報告書―』滋賀県教育委員会。

滋賀県教育委員会文化部文化財保護課編、二〇〇七年、『滋賀県の自然神信仰』滋賀県教育委員会。

滋賀県立大学人間文化学部地域文化学科編、二〇一二、『長浜曳山祭の芸能―長浜曳山子ども歌舞伎および長浜曳山囃子民俗調査報告書―』滋賀県立大学人間文化学部地域文化学科。

中澤成晃、一九九五、『近江の宮座とオコナイ』岩田書院。

中島誠一、二〇一一、『川道のオコナイ―湖北に春を呼ぶ一俵鏡餅―』（近江の祭礼行事2）、サンライズ出版。

長浜市教育委員会・長浜曳山祭総合調査団編、一九九六、『長浜曳山祭総合調査報告書―重要無形民俗文化財―』長浜市教育委員会。

長浜市史編さん委員会編、二〇〇二、『長浜市史　六　祭りと行事』長浜市。

長浜市立長浜城歴史博物館編、一九九〇、『近江のオコナイ』長浜市立長浜城歴史博物館。

丹生神社ちゃわん祭保存会編、一九八三、『丹生神社　ちゃわん祭―丹生神社ちゃわん祭調査報告書―』

　丹生神社ちゃわん祭保存会。

丹生茶わん祭保存会編、二〇〇二、『丹生の茶わん祭―県指定無形民俗文化財―』丹生茶わん祭保存会。

日野町教育委員会編、一九九〇、『日野曳山調査報告書』日野町教育委員会。

平凡社地方資料センター編、一九九一年、『滋賀県の地名』（日本歴史地名大系25）、平凡社。

米原曳山祭調査委員会編、一九八七、『米原曳山祭』（米原町無形民俗文化財調査報告書2）、米原町教育
　委員会。

水口町立歴史民俗資料館編、一九八七、『水口曳山祭―滋賀県指定無形民俗文化財調査報告書―』水口町
　教育委員会。

西川丈雄「ちゃわん祭」、木村至宏編、一九八四、『近江の曳山祭』サンブライト出版。

西川丈雄氏所蔵資料。

第5章　三役と湖北農村部の娯楽

小林　力

はじめに

長浜曳山祭の子ども歌舞伎は、役者と、振付・太夫・三味線弾きからなる三役の共演によって奉納される芸能である。振付は、外題《げだい》の決定や台本の作成、配役決め、衣裳の選定、演技指導、舞台演出などを担う。太夫は浄瑠璃を語り、三味線弾きがそれに伴奏する。

江戸時代後期の三役には浅井郡など近江国内の素人愛好者が多くあたり、一部京都や岐阜の歌舞伎専業者も含まれていたと推察されている（長浜市教育委員会、一九九六／中野、二〇一二）。明治から昭和初期については未調査の部分が多いが、戦後については系譜調査が進みつつある。中野は、昭和三〇年代初めまでは、上方歌舞伎出身者および長浜周辺のセミプロ、昭和三〇年代からは岐阜県下の地芝居関係者、続いて中歌舞伎の劇団関係者・大歌舞伎・独立行政法人日本芸術文化振興会養成所出身者、平成に入ると長浜の三役修業塾生が加わるとしたが（中野、二〇一二、二二四頁）、それに対し浅野は、美濃・三河系中歌舞伎などのプロの役者・太夫・三味線弾きの系譜と、滋賀・岐阜・愛知の地芝居愛好者の系譜が、戦後一貫して併存すると指摘した（浅野、二〇一五、二〇頁）。

これまでの調査で、江戸時代後半から戦後にかけて、長浜周辺の湖北農村部の人々が三役として長浜曳山祭を支えたことが明らかになったが、一見すると歌舞伎とは無縁の彼らが、なぜ芸を習得したのか言及されてこなかった。本論では湖北農村部出身の三役の具体的な活動と、彼らが養成される背景にあった農村部の娯楽を明らかにしたい。

一　二人の上演記録

大正時代から昭和四〇年代に長浜曳山祭で活躍した、三味線弾きの伊吹甚造と太夫の宮川清七の資料を、平成二四年（二〇一二）に長浜曳山博物館で調査する機会を得た。伊吹資料は写真一四三点と浄瑠璃本八三点、宮川資料は浄瑠璃本や浄瑠璃会のパンフレットなど一二三点。なお資料は遺族などが所蔵している。

（1）伊吹甚造（鶴澤甚造）

鶴澤甚造こと伊吹甚造は、明治二〇年（一八八七）一一月九日、東浅井郡河毛村（現長浜市湖北町河毛）に生まれ、農業を営みながら、昭和四六年（一九七一）一二月に亡くなるまで、三味線弾きとして活躍した。

表1は、伊吹資料のなかで時期が明らかな上演をまとめたものである。長浜曳山祭に二九回、米原曳山祭に一一回、垂井曳山祭に一〇回出演していた。当時の開催時期は長浜が四月一三～一六日、垂井が五月一～三日、米原が五月九～一一日と、近接していたにも関わらず、伊吹氏は三カ所ですべて異なる外題を披露していた。豊富なレパートリーの蓄積が重用された理由の一つだろう。

ほかにも、湖北・湖東・西濃地方の慶事や祭礼でおこなわれる地芝居に毎年のように出演していた。

表１　伊吹甚造上演記録

年	山組・場所	外題	振付	太夫	三味線
大正12年頃	相撲庭にて豊竹常盤太夫襲名披露浄瑠璃大会				
大正13年	長浜春日山	鎌倉三代記 絹川村閑居の場	市川壽団次	西村徳三郎	伊吹甚造
大正14年	長浜諫皷山	鬼一法眼　菊畑の場	市川壽団次	豊竹百登太夫	伊吹甚造
大正15年	長浜春日山	妹背山婦女庭訓鱶　鱶七上使の段	市川壽団次	田中七郎	伊吹甚造
昭和３年	長浜諫皷山	馬方三吉別の場	富士松山郡	竹本百々太夫	伊吹甚造
昭和３年５月２日	坂田郡東宮司	先代萩御殿	中村栄三（甲賀郡）	松本音次郎	伊吹甚三
昭和４年	長浜春日山	扇屋熊谷	市川壽団次	豊竹浪太夫	伊吹甚造
昭和７年	長浜翁山	盛綱陣屋	福永峰次郎	豊竹吾妻太夫	伊吹甚造
昭和８年５月２日	坂田郡南郷里村大字宮司曳山狂言	挟間合戦七ッ目 竹中勘兵衛業の段	福永峯次郎	田中七郎	伊吹甚造
昭和９年	長浜萬歳楼	一の谷流しの枝	片岡市太郎	不明	伊吹甚造
昭和10年	長浜高砂山	娘景清八島日記	富士松山楽	大沢重一	伊吹甚造
昭和11年	長浜萬歳楼	又平住家	片岡市太郎	大沢重一	伊吹甚造
昭和24年	豊公350年祭 壽山・高砂山・諫皷山合同	阿漕平次住家	伊吹甚造	豊竹美玉太夫	伊吹甚造
昭和25年	長浜高砂山	一の谷流し枝の段	片岡市太郎	大沢重一	伊吹甚造
昭和25年５月９～11日	米原松翁山	一の谷嫩軍記 熊谷陣屋之段	片岡市太郎	大沢重一・ 豊竹常盤太夫	伊吹甚造
昭和25年	垂井町西町攀鱗閣	絵本太功記 尼ヶ崎の段	不明	不明	伊吹甚造
昭和25年５月21日	山東町山東町村居田山中東蔵氏金婚式祝余興狂言	阿波鳴戸	不明	不明	伊吹甚造
昭和25年10月23日	垂井町青年狂言	絵本太功記 尼ヶ崎の段	大谷廣右衛門	田中○三郎	伊吹甚造
昭和26年	商工祭曳山狂言	鎌倉三代記 三浦思恋の段	元山登茂丸	鶴竹甚造	鶴竹甚造
昭和26年	長浜月宮殿	牡丹景清	片桐小三郎	豊竹美玉太夫	伊吹甚造
昭和26年６月	6代目豊竹巴勢太夫建碑除幕式および浄瑠璃大会				

昭和28年10月23日	長浜市野瀬（旧浅井町）松井史朗氏の名披露浄瑠璃会				
昭和29年	長浜青海山	寺子屋	嵐冠十郎	豊竹美玉太夫	伊吹甚造
昭和29年５月１～３日	垂井攀鱗閣	恋女房染分手綱 重の井 子別れの場	伊吹甚造	豊澤美玉太夫	伊吹甚蔵
昭和29年11月24日	神崎郡八日市市字西押立 県立押立神社秋季例祭	義経千本桜 寿司屋の段	元山訥丸	伊吹甚造	伊吹甚造
昭和30年代カ10月1日	竹本淡海梁一世一代芸能発表大会				
昭和30年１月18～20日	湖東町池之庄豊国神社厄除祭典余興上演	伊賀越え道中双六 沼津里の段	不明	不明	伊吹甚造
昭和30年	長浜壽山	重の井子別れ	吉田久登	豊竹志賀太夫	伊吹甚造
昭和30年５月９～11日	米原松翁山	義経千本桜　道行より御殿の場	市川市三衛門	豊竹常盤太夫	伊吹甚造
昭和30年５月２日	垂井町西町攀鱗閣	本朝廿四孝　十種香段	松本麗蝶	豊澤美玉太夫	伊吹甚造
昭和31年	長浜常磐山	安達原袖萩祭文	小山左馬蔵	豊竹常盤太夫	鶴澤甚造
昭和31年５月１～３日	垂井町西町攀鱗閣	仮名手本忠臣蔵九段目山科閑居の段	松本麗蝶	豊澤美玉太夫	伊吹甚造
昭和31年５月９～11日	米原松翁山	鬼一方眼 三略之巻 一條大蔵卿	小山左馬蔵	豊竹常盤太夫	伊吹甚蔵
昭和31年	東海道電化開通式祝米原町青年余興の狂言		不明	不明	鶴澤甚造
昭和32年	長浜青海山	安達原安方住家の段	小山左馬蔵	豊竹美玉太夫	鶴澤甚造
昭和32年５月１～３日	垂井町西町攀鱗閣	一の谷嫩軍記 熊谷陣屋之段	市川延一郎	豊竹美玉太夫	伊吹甚造
昭和32年５月９～11日	米原松翁山	玉藻前旭袂 道春館の段	小山三馬蔵	豊竹常盤太夫	鶴澤甚造
昭和32年９月	長浜豊国神社秋祭奉納狂言		不明	不明	鶴澤甚造
昭和33年	長浜壽山	神霊矢口渡し	松本麗蝶	豊竹美玉太夫	伊吹甚造
昭和33年	米原松翁山	忠臣蔵七段目　一力茶屋の場	小山左馬蔵	豊竹常盤太夫	伊吹甚蔵
昭和33年９月25日	竹本菅賀太夫改名披露浄瑠璃大会				
昭和34年	長浜常磐山	平右衛門物語の段	小山左馬蔵	豊竹美玉太夫	鶴澤甚造
昭和34年	米原松翁山	源平布引咲分牡丹 重忠館の段	市川莚二郎	豊竹常盤太夫	鶴澤甚造
昭和34年２月15日	八日市市公民館	絵本太功記 尼ヶ崎乃段	沢村登茂丸	伊吹甚造	伊吹甚造

昭和35年	長浜青海山	鏡山 長局の段	小山左馬蔵	豊竹美玉太夫	鶴澤甚造
昭和35年	垂井町西町攀鱗閣	仮名手本忠臣蔵 一力茶屋之場	市川延一郎	豊竹美玉太夫	伊吹甚造
昭和35年5月9～11日	米原松翁山	義士外伝 潮田又之丞門出の誉	市川延一郎	豊竹常盤太夫	鶴澤甚造
昭和35年9月27日	八日市映画館	須磨の浦 薩摩守忠度郷物語の段	不明	伊吹甚造	伊吹甚造
昭和36年	長浜壽山	お染久松 野崎村の段	松本麗蝶	豊竹美玉太夫	鶴澤甚造
昭和36年5月1～3日	米原松翁山	蝶千鳥 曽我討入の段 中村禅師坊	市川莚二郎	豊竹常盤太夫	鶴澤甚造
昭和36年5月9～11日	垂井町西町攀鱗閣	蝶千鳥筐之小袖 曽我の中村	市川延一郎	豊竹美玉太夫	伊吹甚造
昭和37年	長浜常磐山	神霊矢口渡し 頓兵衛住家	松本麗蝶	豊竹常盤太夫	鶴澤甚造
昭和37年12月1・2日	東京滋賀県人会・東京放送		不明	竹本近江太夫	鶴澤甚造
昭和38年	長浜青海山	安達原 袖萩祭文	小山左馬蔵	豊竹美玉太夫	鶴澤甚造
昭和38年5月2日	垂井町西町攀鱗閣	曽我物語富士の裾野 十二時曽我の討入	村上（市川）延一郎	豊澤美玉太夫	伊吹甚造
昭和38年	米原町松翁山	神霊矢口の渡し 頓兵衛住家之場	不明	不明	伊吹甚造
昭和39年4月4～6日	米原町松翁山	恋女房染分手綱　重の井三吉子別れの場	伊吹甚造	豊竹常盤太夫	鶴澤甚造
昭和39年5月	垂井町西町攀鱗閣	恋飛脚大和往来 封印切りより井口村の段	市川延一郎	中井清太郎	伊吹甚造
昭和40年	長浜常磐山	寺子屋	松本麗蝶	豊竹常盤太夫	鶴澤甚造
昭和40年5月2～4日	垂井町西町攀鱗閣曳山子供狂言上演	生立曽我 由井ヶ浜の場	市川延一郎	中井清太郎	伊吹甚造
昭和41年	長浜青海山	神霊矢口渡 頓兵衛住家	徳田久昇	中井清太郎	鶴澤甚造
昭和41年9月18日	廣清神社祭礼祭典	娘景清日向島の段	中井亀吉	中井清太郎	伊吹甚造
昭和42年	長浜猩々丸	鏡山 長局の段	徳田久昇	中井清太郎	鶴澤甚造
昭和42年9月12日	竜王町老人会総会余興	忠臣蔵五段目 山崎街道ノ段	不明	不明	鶴澤甚造
昭和43年	長浜常磐山	弁慶上使の段	松本麗蝶	豊竹常盤太夫	鶴澤甚造
昭和44年	長浜青海山	重の井子別れ	森下操	中井清太郎	鶴澤甚造
昭和46年	長浜常磐山	曽我夜桜揚屋の段 助六	松本麗蝶	豊竹常盤太夫	鶴澤甚造

（2）宮川清七（豊竹常盤太夫）

豊竹常盤太夫こと宮川清七は、明治二七年（一八九四）七月一四日、東浅井郡七尾村相撲庭《すまいにわ》（現長浜市相撲庭町）の農家に生まれ、昭和五二年（一九七七）九月に亡くなるまで太夫として活躍した。表2は、宮川資料のなかで時期が明確な上演をまとめたものである。長浜曳山祭が一九回、米原曳山祭が九回、垂井曳山祭が一一回で、ほかは浄瑠璃会の出演である

湖北農村部の三役がどこで芸を習得したかを示す資料として、「二代目豊竹常盤太夫　芸名襲名相続差許證書」を紹介したい。

二代 豊竹常盤太夫
右ハ積年浄瑠璃芸道
勉強ノ功ニ依リ、遺弟と協
議を経、芸名相続為致候
もの也
大正拾弐年弐月弐拾参日
　初代
豊竹常盤太夫
家督相続者

表２　豊竹常盤太夫上演記録

年	山組・場所	外題	振付	太夫	三味線
大正11年	長浜月宮殿	白石噺新吉原	堀井松五郎	宮川清七郎（宮川清七）	鶴澤佐傳
大正12年頃	相撲庭にて豊竹常盤太夫襲名披露浄瑠璃大会				
大正13年	長浜月宮殿	嫩軍記二段目 須広の浦	藤田孫作	宮川松壽（宮川清七）	鶴澤佐傳
大正15年	長浜月宮殿	播州皿屋敷	福永峰次郎	豊竹松壽（宮川清七）	鶴澤佐傳
昭和４年	長浜月宮殿	千本桜道行狐忠信	福永峰次郎	宮川清七	大久保佐傳
昭和５年	長浜孔雀山	鬼一法眼三略巻 菊畑の段	福永峰次郎	宮川松壽（宮川清七）	鶴澤佐傳
昭和25年５月９～11日	米原松翁山	一の谷嫩軍記 熊谷陣屋之段	片岡市太郎	大沢重一・豊竹常盤太夫	伊吹甚造
昭和27年	長浜鳳凰山	忠臣蔵七段目	片岡市太郎	宮川常盤太夫	鶴澤梅玉（安治）
昭和27年５月９～11日	米原松翁山	忠臣蔵七段目　一力茶屋の場	片岡市太郎	豊竹常盤太夫	伊吹甚蔵
昭和28年10月23日	長浜市野瀬（旧浅井町）にて松井史朗氏の名披露浄瑠璃会				
昭和29年	長浜月宮殿	南部坂雪の別れ	片岡市太郎	豊竹常磐太夫	鶴澤小芝
昭和29年５月１～３日	垂井紫雲閣	神霊矢口渡 頓兵衛住家	大谷廣右衛門	豊竹常盤太夫	鶴澤美昇
昭和30年５月９～11日	米原松翁山	義経千本桜　道行より御殿の場	市川市三衛門	豊竹常盤太夫	伊吹甚造
昭和31年	長浜常盤山	安達原袖萩祭文	小山左馬蔵	豊竹常磐太夫	鶴澤甚造
昭和31年５月１～３日	垂井鳳凰山	御所桜堀川夜討 弁慶上使の段	沢村訥茂丸	豊竹常盤太夫	彦坂美昇
昭和32年	垂井鳳凰山	本朝廿四孝山本勘助住家の段	沢村訥茂丸	豊竹常盤太夫	彦坂美昇
昭和32年５月９～11日	米原松翁山	玉藻前旭袂 道春館の段	小山三馬蔵	豊竹常盤太夫	鶴澤甚造
昭和33年	長浜鳳凰山	碁盤太平記	大谷廣右衛門	豊竹常磐太夫	鶴澤美昇
昭和33年	米原松翁山	忠臣蔵七段目　一力茶屋の場	小山左馬蔵	豊竹常盤太夫	伊吹甚蔵

昭和35年	長浜諫皷山	扇屋熊谷上総家の段	大谷廣右衛門	豊竹常磐太夫	鶴澤美昇
昭和35年	垂井鳳凰山	一の谷嫩軍記 林舘	沢村訥茂丸	豊竹常盤太夫	鶴澤美昇
昭和35年５月９～10日	米原松翁山	義士外伝 潮田又之丞門出の誉	市川延一郎	豊竹常盤太夫	鶴澤甚造
昭和36年	長浜高砂山	宮守酒 堅物館の段	大谷廣右衛門	豊竹常磐太夫	鶴澤美昇
昭和36年５月１～３日	垂井鳳凰山	絵本太功記	沢村登茂丸	豊竹常盤太夫	竹沢小品
昭和36年５月９～11日	米原松翁山	蝶千鳥 曽我討入の段 中村禅師坊	市川莚二郎	豊竹常盤太夫	鶴澤甚造
昭和37年	長浜常盤山	神霊矢口渡 頓兵衛住家	松本麗蝶	豊竹常磐太夫	鶴澤甚造
昭和38年	垂井鳳凰山	八陣清本城之段	市川蝶升	豊竹常盤太夫	鶴澤美昇
昭和39年４月４～６日	米原町松翁山	恋女房染分手綱　重の井三吉子別れの場	伊吹甚造	豊竹常盤太夫	鶴澤甚造
昭和39年５月	垂井鳳凰山	御所桜堀川夜討 弁慶上使の段	市川蝶升	豊竹常盤太夫	鶴澤美昇
昭和40年	長浜常盤山	寺子屋	松本麗蝶	豊竹常磐太夫	鶴澤甚造
昭和40年５月２～４日	垂井鳳凰山	増補 松王下屋敷の場	松本麗蝶	豊竹常盤太夫	鶴澤美昇
昭和41年	長浜諫皷山	曽我物語　中村禅師坊	市川延次郎	豊竹常磐太夫	竹本竹司
昭和43年	長浜常盤山	弁慶上使の段	松本麗蝶	豊竹常磐太夫	鶴澤甚造
昭和46年	長浜常盤山	曽我夜桜揚屋の段 助六	松本麗蝶	豊竹常磐太夫	鶴澤甚造
昭和46年	垂井鳳凰山	堀川夜討 弁慶上使之段	松本麗蝶	豊竹常盤太夫	豊澤団昇
昭和47年	長浜月宮殿	神霊矢口渡 頓兵衛住家	松本麗蝶	豊竹常磐太夫	鶴澤団昇
昭和47年５月２～４日	垂井鳳凰山	曽我の夜桜　揚屋助六の場	松本麗蝶	豊竹常盤太夫	豊澤団昇
昭和48年	長浜壽山	彦山権現 六助住家	松本麗蝶	豊竹常磐太夫	豊澤団昇
昭和48年５月２～４日	垂井鳳凰山	義経千本桜 忠信道行の場	松本麗蝶	豊竹常盤太夫	豊澤団昇

仲村秀一
宮川清七殿へ

ここにあるとおり、宮川清七は、大正一二年（一九二三）、相撲庭在住の仲村秀一こと初代豊竹常盤太夫から芸名を襲名した。これは農村部で浄瑠璃が伝承されていたことを示す資料である。宮川氏や伊吹氏も、農閑期には、周辺地域の若者たちに、浄瑠璃や三味線を指導していたと、当時を知る人が教えてくれた。

浄瑠璃愛好者が集い芸を磨く場所の一つに浄瑠璃会がある。例えば先述の襲名披露浄瑠璃大会には、鶴澤安造、豊竹吾妻太夫、豊竹百々度太夫、豊竹浪太夫、豊竹巴勢太夫、豊竹美玉太夫など長浜曳山祭にも出演していた太夫や、三味線弾きの伊吹甚造が共演していた。ほかに昭和三三年（一九五八）の竹本菅賀太夫改名披露浄瑠璃会には二八名の太夫が出演しているが、大会次第によると村木、村居田、池下、長岡、大光寺、朝日、十里、長岡、山階、常喜《じょうぎ》、野一色《のいしき》、七条、石田といった坂田郡と東浅井郡の広い範囲から集まっていたことがわかる。

以上、三役として活躍した湖北農村部の浄瑠璃愛好者の活動を、伊吹氏と宮川氏を中心にみてきた。彼らは農村部で浄瑠璃や三味線を伝承し、長浜曳山祭のほか、米原曳山祭や垂井曳山祭など、湖北・湖東・西濃地域の地芝居や浄瑠璃会に出演していた。隣接する東海地方では、万人講と称された地芝居愛好者集団によって、幕末から昭和初期まで地芝居が盛んに行われたことが知られているが（豊田市郷土資料館、二〇一一）、湖北地方でも農村部の浄瑠璃愛好者によって地芝居や浄瑠璃会がおこなわれていた。

次節以降、彼らの活躍の場だった地芝居や浄瑠璃会など農村部の娯楽を、滋賀県全域に範囲を広げて考察したい。

二　昭和四年の滋賀県の公衆娯楽調査

滋賀県庁社会課が昭和四年（一九二九）に作成した『民力涵養勤倹奨励附生活改善調査公衆娯楽総計ノ部』（以降公衆娯楽調査）には、町村から回答のあった公衆娯楽が記録されている。項目は狂言、芝居、音頭、浄瑠璃、浪花節、落語、講話、琵琶歌、尺八、獅子舞、踊、太鼓踊、謡曲、活動写真、其他。各娯楽の実施町村数を、郡別にまとめたものが表3である。括弧内は、実施町村のうち、当時すでに途絶えていた町村数を示している。

(1) 狂言

長浜や米原の子ども歌舞伎が狂言の欄に記載されていることから、狂言は歌舞伎と解釈してよいだろう。

上演形態は、木戸村と葉枝見村は専業の芸人を雇って上演する買芝居、他町村は住民自ら役者とし

表３　昭和４年公衆娯楽郡別一覧

	町村数	狂言	芝居	音頭	浄瑠璃	浪花節	落語	講話	琵琶歌	尺八	獅子舞	踊	太鼓踊	謡曲	活動写真
志賀	14	4 (1)	5	9	6 (1)	3 (1)	0	7	2	3	9	13	1	5	4
栗太	15	3	3 (1)	9	2	5	1	11	5	3	13	10	3 (2)	5	8
野洲	13	3 (2)	11	10	5	3 (1)	1	5	4	1	11	10	0	3	4
甲賀	25	2 (1)	6	18	5 (1)	17	3	14	6	2	13	14	1	3	11
蒲生	26	5 (4)	11 (1)	12	5	21	1	15	2	1	21	18 (1)	0	4	7
神崎	13	1	2	10	2	4	0	5	3	3 (1)	12	11	0	5	4
愛知	15	2	7	11	2 (1)	3	(1)	6	2	2	11	9	0	3	4
犬上	20	0	0	15	1	1	0	5	2	1	11	14	0	5	6
坂田	19	5 (3)	12	3	6	5	0	5	2	0	3	3 (2)	3	3	1
東浅井	12	5 (3)	9	7 (1)	10	6 (1)	1	4	2	1	6	4	1	1	3
伊香	13	0	3	4	0	4	0	3	0	0	6	8	3	1	1
高島	17	0	4	2	1	4	1	5	1	1	8	14	2	3	5

て演じる地芝居であった。主に祭礼や竣工祝いなどの地域行事で催していた。

経費は長濱町の一万円が突出して高額で、ついで米原町が一五〇〇円、他は一〇〇〜三〇〇円程度。いずれにせよ経費は比較的高額の部類に入る。たとえば春照《すいじょう》村では狂言三〇〇円、芝居一五〇〇円、音頭一〇円、浄瑠璃二〇円、踊一五円、太鼓踊二〇〇円だった。以下は具体的な実施状況である。

志賀郡木戸村　稀ニシテ社寺上棟式追□会等ニ雇入ル事アリ

野洲郡河西村　本村特ニ斯道ノ好者アリ故ニ各村ニ於テ毎年地蔵会等ノ時ニ好キ者集リテ一夜ヲ娯楽ニシツツアリ

神崎郡南五個荘村　大字費用ニテ行ヒ青年団ハ労力ヲ以テ万事之ヲ行フコトトナリ居レリ

愛知郡葉枝見村　各部落ニ於テ事業ヲナシタル場合竣功祝トシテ他ヨリ芸人ヲ招キ来リ一般ニ観覧セシム　経費三〇〇円位

坂田郡米原町　大字米原ニ於テハ秋祭ニ於テ小児ヲ使テ例年山車ニ於テ狂言ヲ行フ　他字ナシ　経費千五百円

坂田郡春照村　社殿改築、道路改修其ノ他区民一般ノ嬉トスルガ如キ場合青年同志ノ協議ニ因リ稀ニ行ハルルモナリ　其ノ準序《(ママ)》トシテ狂言ヲ行ハントスルモノ秘密ニ稽古ヲ開始シ其ノ間別途有志ニ斡旋ニヨリ区内ヲ協調シ経費ノ分賦ヲ法其他諸般ノ準備ヲナシハムニ実施スルモノナリ　経費三〇〇円

坂田郡長濱町　氏神祭礼ニ曳山ヲ出シ十才以下位ノ子供ヲ以テ毎年四月ニ六輌ヲ引出シ狂言ヲナサシメ公衆ニ観覧サス　経費一万円位
東浅井郡竹生村　農蚕共ニ豊作ニシテ好景気ニシテ青年会ノ発起ニ依ル　舞台ヲ神社境内ニ造リ役者ハ全部青年会員ナリ

全国的な傾向として、文化・文政期から明治末期にかけて盛行した地芝居は、大正時代になると沈滞化するが、滋賀県においても同様の状況だったことが読み取れる(1)。

志賀郡葛川村　明治維新当時ハ流行シタル様ナレ共現在ニテハ認メズ
野洲郡守山町　此種ノ娯楽ニ関スルモノニ十年以前ハ当地方ニ於テモ一時ハ非常ニ流行セシモ(上流界)今ハ此種ノ娯楽ニ耽ル虚栄心ノ跡ヲ断ツノミナラズ当地方ハ余リ歓迎セズ
野洲郡北里村　従前ハ之ヲ行ヒシモ弐拾年以前ヨリ行ハレズ
蒲生郡馬淵村　廿年以前ハ之ヲ行ヒシモ今ハタエテナシ
蒲生郡東櫻谷村　茲二十年以来ナシ　但将来モナキ見込
坂田郡神照村　従来ハ能ク字内ノ祝儀ニハ狂言ヲシタルコトアルモ近来ハ斯ノ如キコトヲ挙行スルコトハ莫大ノ費用ヲ要スルヲ以テ之ヲ行ヒタルコト無シ
東浅井郡虎姫村　従前ハ部落有物ノ新築式、修繕等ニ対シソノ竣功ノ場合、竣功式等ノ余興トシ

テ、ソノ部落ノ青年（若連中）其他有志ノ手ニオイテ行ハルコト数多アリタリ、現在
ハナシ　経費百円

（2）芝居

芝居は新派劇や新劇、人形芝居など歌舞伎以外の演劇を指していると思われるが、各町村で狂言と芝居の線引きを明確に捉えていたかは不明である。芝居は狂言に比べて実施町村が多く、野洲郡と坂田郡、東浅井郡では半数以上にのぼる。

営利目的の興業の場合は、経営者などの個人が主催者となり、興行師と契約して開催している所が多い。

栗太郡常盤村　時節ヲ量リ一儲ケセシト興行ヲナスコトアルモ近年其ノ計画ヲナスモノナシ
野洲郡兵主村　主トシテ個人主催ニシテ木戸銭ハ一人ニ付玄米一升位金子ハ三十銭位トス　経費三百円位ナリ
愛知郡西小椋村　営利的ニ年ニ一二ヶ所一部ノモノガ行フコトアリ　経費村民ノ之レガ観覧ヲ要スル　経費約五百円
坂田郡神照村　興業師ガ俳優ヲ引率シテ一定ノ料金ヲ徴シテ挙行スルコトアルモ近来公衆娯楽トシテ無銭ニテ興行シタルコト無シ

坂田郡息郷村　六名組ガ合資シテ芸人ヲ一晩何拾円位ニテ之ヲ買ヒ、年ニ一二回之ヲ行フコトアリ経費弐百円位
東浅井郡七尾村　近時興業師ノ手ニ依リ営利的ニ行ハルルモノノ外殆ト絶無ノ姿ナリ　経費不明
東浅井郡小谷村　年一字一回位行ハルルモ字トシテ又団体的ニ行ハルルニアラズシテ個人ノ営利ノ目的ニ興業セラルルニアレリ
伊香郡永原村　営業者又ハ青年団員等カ発起ナリ興行師雇入レ営業トシテ興行ス　経費一日間約三百円　二日間約三百五十円
高島郡西庄村　地方勧進元ニ於テ役者ヲ傭入レ民有畑地等ヲ供受ケ三日乃至一週間興行ヲナス　経費一日五〇円
高島郡大溝町　経営者ニヨリ期節的興行サルルコトアリ　経費一定セズ

一方、非営利の場合は、青年団などの地域組織が、住民から寄付を募り開催している所が多い。

神崎郡栗見村　極メテ稀レニ神社建物ノ落成祝等ノ場合ニ無銭興業トシテ行フコトアリ又興業トシテ村民勧進元トシテ挙行スル場合等モ稀レニアリ
甲賀郡山内村　年一回、青年団、若クハ同志会ノ名ヲ以テ会員一同ノ慰安ノ為　寺若クハ個人ノ家ヲ借リテ催ス　経費参拾円

坂田郡春照村　芝居モ狂言同様豊年其ノ他区民一般ノ嬉ヒトスルヲ如キ場合青年有志発起ニヨリ
　行ハルルモノニシテ其ノ経費ハ区民ノ負担トスルモノトス　経費：一、五〇〇円
東浅井郡下草野村　青年団主催ニテ行フ事アリ豊作ノ年ニ限ル団員ノ出金、家ノ寄附ヲ加エテ行
　フ　経費二百五十円以上
東浅井郡上草野村　其字青年会費発起シテ戸人ヨリ寄附ヲ受ケ不足分ハ青年会費ノ負担トス　経
　費三百円
東浅井郡虎姫村　ソノ字青年（旧ノ若連中）発起シ、ソノ字民ノ寄付ヲ受ケ、交際部落ノ青年ヲ接
　待シ芝居興業ヲ催ス
野洲郡祇王村　産業発達ノ目的ヲ以テ組合事業宣伝ノ人形芝居ヲ奉仕的ニ産業組合ニテ開催セリ
　経費五〇（ママ）
甲賀郡貴生川村　集会所、及寺院、又ハ学校ノ空舎ニ於テ施行ス　一般部民ノ通達セシメテ時局
　ノ対スル宣伝ン（ママ）ヲナス　（主催者ハ佛教連合会、青年会、軍人会等）

開催時期は秋が比較的多く、豊作の年に臨時的に開催する町村もあった。

蒲生郡馬淵村　豊作ノ秋穫期ニ有志相集リ実行スルコトアリ　経費五〇〇円
蒲生郡北比都佐村　秋季ニ於テ弐円位有銭興行ヲ為スモノアリ　経費弐百円

坂田郡柏原村　春秋ノ頃ニテ各共同シテ有銭興業スルコトアリ
坂田郡鳥居本村　秋季祭礼ノ前后ニ旅テ地方有志ノ勧進元トシテ行ハル　日数大抵三日間　経費入場料ヲ以テ補ハル
東浅井郡竹生村　農蚕共豊作年ニ依ル。旅役者ヲ聘シテ舞台ヲ造リ約三日間行フ。経費一回ニツキ一〇〇円
高島郡廣瀬村　初秋ノ時巡行芝居ヲ興行スルコトアリ　経費見物人ノ参円

昭和四年当時、野洲郡北里村と甲賀郡下田村、蒲生郡八幡町に常設の芝居小屋があったが、[2] 他は河原などに小屋掛けする程度であった。

野洲郡北里村　常設芝居小屋十年前ヨリ新設セラレタルヲ以テ野外芝居ハ亦行ハレズ
甲賀郡下田村　常設劇場ニ於テ年三回位興行ス　但営利目的ヲ以テ興行主々催
蒲生郡八幡町　常設興行座ニ於テ時々興行セルモノヲ観覧セル外ニハナシ
野洲郡守山町　此種ノ公衆娯楽観物トシテ年々興行スルモノアリ　芸人ヲ雇入レ小屋掛ヲナシ木戸銭又ハ桟敷料ヲ徴収シ中居（則チ中茶屋ト云フ）ヲ設ケテ興行スルヲ以テ例トス　一組年壱回以上ハ絶対ニ許サザルコトハ郡中一般ノ申合シ有之　経費三日間金六百円位

野洲郡小津村　農作物ノ豊穣ナル場合ニ限リ有志相計リ小屋掛ニテ興行ス　経費五〇〇《ママ》
甲賀郡佐山村　偶々仮小屋ヲ造リ演劇ヲ催スコトアルモ何レモ無銭興行ニアラズ営利目的ニテ開演スルモノニシテ極メテ少
愛知郡東押立村　常設館ナキ為メ仮小屋ヲ拵ヘ以テ之ガ代用スルモノノ之ニシテ午后五時頃ヨリ同十二時迄　一定ノ木戸銭及敷座代ヲ徴収シ一般ノ観覧ニ供スルヲ例トス多クハ夜間ニ行ヘリ　経費一人当三十円内外トス
愛知郡秦川村　偶々旅俳優来ルアリテ地方ニ勧進元トナリテ興行スルコトアリ多クハ和田川跡ニ莚小屋ヲシツラヒ約一週間興行スル　観客ハ酒肴ヲ携ヘリテ之ヲ見ル　経費観覧料及酒肴代一人一夜平均約一円位
坂田郡南郷里村　野芝居トシテ木戸銭場代ヲ徴収シテ興行スル者アレドモ、右無料ニテナスモノナシ
高島郡海津村　別段慣例ハナキモ個人ニ於テ夏期又ハ秋季ノ候ニ於テ田舎廻リノ芝居ヲ雇ヒ来リ当時小屋掛ノ興行ヲナスコト往々アリ

(3) 浄瑠璃

浄瑠璃の実施町村は、伊吹氏と宮川氏の居住地である東浅井郡が突出して多く、約八割の町村が実施していた。志賀郡と野洲郡、坂田郡も割合が高く、狂言と芝居が盛んな郡が浄瑠璃も盛んにおこな

う傾向があった。浄瑠璃は愛好家が個人的におこなう趣味で、彼らが主催する浄瑠璃会で披露された。

志賀郡木戸村　一昨年マデハ好キ者寄集シ部落交代ニ浄瑠璃会等アリシモ皆老年トナリ習フ者モ無シ更ニ失イタリ　経費一回拾円位消費ス

野洲郡小津村　有志相集リ経費負担ニテ浄瑠璃会ヲ催ス　経費五〇

蒲生郡八幡町　夏季素人有志者ガ集リ浄瑠璃会ヲ開キ一般ニ聴聞セシム　経費三十円

蒲生郡島村　趣味ヲ有スル者相集リテ行フ　経費一回弐十円

犬上郡高宮町　素人浄瑠璃ノ催ヲナス　経費三〇円

坂田郡柏原村　嗜好者ノ素人会ヲ催スコトアリ　経費一人五十銭位

東浅井郡東草野村　好事家相集合シ時々会ヲナス

東浅井郡虎姫村　有志者発起人トナリ素人集会コレニ太夫ニシテ加エテ無料一般ニ公開ス　経費二〇円

浄瑠璃会のほか、祭礼や慶事などでも浄瑠璃は上演された。

蒲生郡櫻川村　夏季九ヶ所位余興トシテ行フ　経費弐壱百五拾円位

坂田郡長濱町　年始ノ初会、見台披露、太夫名披露等ニ会ヲ開クコトアリ

東浅井郡下草野村　豊年ノ翌春ニ行フ神社祭礼ノ時其他ニテ大抵青年団員主催ニテ一般ノ寄附金及団員ノ出金ニテ行フ　経費二十円以上

東浅井郡竹生村　還暦及ヒ其他賀筵ノ披露又ハ好景気ノ時普通座敷又ハ舞台ヲ作リテ行フ　経費一回ニツキ　二五円

東浅井郡大郷村　神事余興又ハ講演会余興トシテ行ハル　経費二十円

先述のとおり、浄瑠璃愛好者たちは、農閑期などに伝習し切磋琢磨していた。宮川氏が住まう七尾村では、浄瑠璃は酒宴の余興で披露されるなど、嗜みの一つとして習得されていた。

野洲郡守山町　此種ニ於テハ地方人或ル一部素人ノ好者相集リ相互ニ其費用ヲ支出シ之ヲ及テ之ヲ催スノ外地方挙テノ娯楽的開催ヲ好ムモノナシ　経費壱夜金五円位

愛知郡葉枝見村　一部民ノ娯楽トシテ練習シ互ニ集会ニテ語リ会フ位ナリ

坂田郡春照村　有志ノ発起ニ催サレ斯ノ業ニ経験アルモノ交々出演スルモノニシテ経費ハ出演者ノ負担トス　経費二〇円

東浅井郡七尾村　当地方ニ於テ古来ヨリ之レヲ好ム者等師ニ就キテ習得シ酒宴等ノ場處狂喜ノ余リ行フモノナリ

坂田郡南郷里村　冬期農閑中ニテ青年カ稽古ヲナス位ナリ

坂田郡六荘村　毎年一月ハ当地方ハ神社ノ勅神事ヲ行フ其余興トシテ浄瑠璃、浪花節、落語、講談等ヲ　経費一回拾円位

東浅井郡小谷村　二、三字ノ太夫ノアル所ニ於テハ農閑ノ際ニ練習会ヲ行ハルル　経費一回付約一〇円

東浅井郡朝日村　一二三月ノ頃各部落デ催ス事アリ　経費一回二十円位

三　湖北農村部の浄瑠璃愛好者と子ども歌舞伎

以上、伊吹資料と宮川資料、そして公衆娯楽調査の資料紹介をとおして、長浜曳山祭で活躍した湖北農村部の浄瑠璃愛好者と、彼らが養成された農村部の娯楽について若干の考察をおこなった。

滋賀県では、昭和四〇年（一九六五）頃まで、各地で地芝居や浄瑠璃会がおこなわれていた。ただし実施状況には偏りがあり、湖北地方の坂田郡と東浅井郡が、他地域に比べて盛んだったことが明らかになった。とくに東浅井郡では、酒宴の余興などで住民自ら披露するほど、浄瑠璃が多くの人々に親しまれていた。

こうした環境で切磋琢磨した伊吹氏や宮川氏などの浄瑠璃愛好者たちが、長浜や米原、垂井の子ども歌舞伎に出演していたのである。換言すれば、子ども歌舞伎は、東浅井郡や坂田郡のような、浄瑠

璃の盛んな周辺農村部の支えによって成立していた芸能だったといえる。

もちろん本論で取り上げた浄瑠璃や地芝居に限らず、農村部では多種多様な娯楽が親しまれ、娯楽をとおして、人々は地域内だけでなく他地域と交流し、文化や教養を身に付けていた。

湖北農村部の浄瑠璃愛好者は、昭和四八年（一九七三）の宮川氏の出演を最後に、長浜曳山祭から姿を消した。背景には、農村部における娯楽の変化や、農家の兼業化などが考えられるが、その検証は今後の課題としたい。

［注］
（1）村芝居は歌舞伎発生とほぼ同時に始まり、文化・文政期から明治時代末にかけて隆盛した。その過程で村人が自ら役者として演じる地芝居（地狂言）から、幕末から明治にかけて地方を従業する専業の劇団を買って上演する買芝居（請芝居）にシフトしていったとされている（守屋、一九八八）。
（2）角田氏らの調査では滋賀県で歌舞伎に用いる農村舞台の所在は確認されておらず、当地方は村芝居の希薄地帯とされていた（角田、一九九四など）。

［参考・引用文献］
浅野久枝、二〇一五、「子供歌舞伎振付師の系譜からみえる長浜曳山祭地芝居の傾向」『民俗芸能研究』（五九）。
角田一郎、一九九四、『農村舞台探訪』和泉書院。

豊田市郷土資料館編、二〇一一、『歌舞伎の衣装と文化―地域に息づく農村歌舞伎―』豊田市教育委員会。

中野洋平、二〇一二、「長浜曳山祭における三役の変遷とネットワーク」長浜曳山文化協会・滋賀県立大学人間文化学部地域文化学科編『長浜曳山祭の芸能―長浜曳山子ども歌舞伎および長浜曳山囃子民俗調査報告書―』長浜曳山文化協会。

長浜市教育委員会・長浜曳山祭総合調査団編、一九九六、『長浜曳山祭総合調査報告書―重要無形民俗文化財―』長浜市教育委員会。

守屋毅、一九九八、『村芝居―近世文化史の裾野から―』平凡社。

第6章　歌舞伎芸能の地方伝播

―長浜曳山祭の子ども歌舞伎における振付の来訪の様相を題材に―

橋本　章

はじめに

毎年四月になると、滋賀県の湖北長浜は曳山祭で賑わう。長濱八幡宮の祭礼でもある長浜曳山祭には、芸屋台を持つ曳山が一二基あって、毎年四基ずつが順番に出てそれぞれに子ども歌舞伎を披露する。外題《げだい》の決定や役者となる子どもへの依頼、三役と呼ばれる振付・三味線・太夫の各芸能者の来訪と芝居の稽古など、歌舞伎の完成までには三カ月近くの時間を要し、歌舞伎を支える若衆たちは、稽古宿の設営や役者の送迎など、裏方としてさまざまな勤めをこなしてゆく。

長浜曳山祭には、舞台を有する曳山の構造やそこに飾られる懸装品や飾り金具などの豪華さ、そしてシャギリと呼ばれる曳山の巡行を囃す独特の囃子《はやし》など、実に多くの見所があり人びとを魅了してきた。祭礼の様子は小説や映画などにも取り上げられ、例えば大佛《おさらぎ》次郎の小説『宗方姉妹』では、主人公の旧知の回顧譚の中に、「丁度、長浜の祭だった。古いことだね。十何年前のことだったろう。町内毎に山車が出て、小さい子供が、ほんものの衣裳を着て、床の浄瑠璃に和せて芝居をやっていた。おとなは重詰めなどを置いて毛氈の上で酒をやりながら見物している。何とも古めかしくて、ゆったりとした不思議な世界だったな」（大佛、一九七三、一四三頁）といった台詞で、長浜曳山祭の様子が切なくも懐かしい風景として描写されている。

さて、長浜曳山祭において最大の呼び物となっている子ども歌舞伎であるが、その創始された時期については定かではない。長浜祭そのものについては、長浜城を築き長浜の町を開いた羽柴秀吉が、長濱八幡宮の祭礼を復興させる際に武者行列を付帯させたことに由来するとされ、その名残として現在も祭礼の先陣を切る長刀《なぎなた》山の太刀《たち》渡りが行なわれるが、歌舞伎については必ずしも武者行列などと同時に催されたものではないと考えられている。地元長浜の伝承などでは、秀吉が子どもの誕生を祝して町衆に金子を撒き、人びとがそれを元手に豪華な曳山を建造したのだと伝えているが、歌舞伎そのものが始められた時期については語られていない。

長浜の曳山における芸能の記録の最初は、元文三年（一七三八）成立の『長浜記』の諸本である『長浜古記』のものである。しかし、そこには山において芸能を行なった旨の記述のみが見られ、それが歌舞伎などの芝居であったかについては判断ができない。長浜曳山祭における明確な歌舞伎上演の記録となるものは、猩々丸《しょうじょうまる》を出す船町組に伝わる歌舞伎の本教「忠勤熊野物狂」で、これが寛保二年（一七四二）の年号が記されたものであることや、長浜曳山歌舞伎の外題をつづった「八幡宮例年氏神祭曳山狂言外題」の書き出しが明和六年（一七六九）であることまで時代が下る。(1)

長浜曳山祭に登場する曳山は、前面に三方から観覧できる舞台を持ち、後方には楽屋兼三味線と太夫の演奏場所を配するという独特の構造で、歌舞伎の上演に適した移動式芸屋台としてのまとまった設計思想の元に建造されている。長浜の各曳山は長浜の伊部《いべ》町に住んだ大工の藤岡家とその一門が設計に深く関与してきたことがその特徴で、一門が設計や建造を手掛けた曳山は、滋賀県の北東部から岐阜県西部にかけてその分布範囲を広げている。長浜に現存する曳山で最古の記録が残るものは宮町組の出す高砂山で、その破風型紙の墨書に延享二年（一七四五）の銘が見られる。また同じく北町組が有する青海山の舞台棟木墨書名には「藤岡和泉長好」の名と共に宝暦五年（一七五五）の年号が記されている。これらの外題関係史料や曳山における記録などからみて、長浜の曳山における歌舞伎の上演は、江戸時代中頃にはおおよそ現在の様相に近い形で確立していたものであることがうかがわれる(2)。

江戸時代の中頃であれば、芸能としての歌舞伎は江戸や京大坂のいわゆる三都を中心に大衆に人気を博しており、その芸能に関する知識も広く知られていたものと思われる。また、役者や音曲に携わる者たちの往来も頻繁に行われていたであろうし、あるいはその影響下に長浜における曳山歌舞伎の芸能が確立していったことも推察される。

農村歌舞伎など歌舞伎芸能の地方伝播の状況については数々の報告があり、またその広がりの過程についても研究が行なわれている。しかし、それらはあくまでも推論の域を出るものではなく、具体的な事例に基づいた検討が次に求められる。長浜曳山祭における歌舞伎導入の経緯については残された史料が少ないこともあって不明の点が多いが、歌舞伎が長浜に受容されてから定着していった経過については、三役に関する記録などから、ある程度追うことができるように思われる。

そこで本論では、長浜曳山祭に組み込まれた歌舞伎の様相について、その芸能がどのように地元に受け止められてきたのかについて、直近の事例を中心に分析し、その特徴について検証することで、歌舞伎という芸能が地方に広がってゆく様態について見極める一助としたい。

一　歌舞伎芸能の地方伝播に関する研究史

長浜曳山祭における子ども歌舞伎のように、地域に根差した芝居芸能が伝存する状況を地芝居や地歌舞伎などと称する。ほかに村芝居や農村歌舞伎などといった呼称もあるが、要はそれぞれの土地の人びとが演ずる歌舞伎などの芝居を指す言葉で、研究者によって類型化され、またその対象となる事例の状況によってさまざまに分類されている。

郡司正勝は、在地に見られる歌舞伎芸能について、その伝承された地域ごとに、①門前町の芝居、②城下町の芝居、③農村（漁村を含む）の芝居の三つのカテゴリーで分類し、また同時に、それぞれの舞台装置の形状から、①常舞台、②組立舞台、③山車《だし》舞台（曳山・屋台・芸壇尻）、④舟舞台、の四種を挙げて分析を進めている。郡司は「山車舞台は、曳山とか屋台とか、また芸壇尻などが、山車の上で、かぶきを演ずる形式は、それ以前の形式を受けついだ、祭礼性をつよくもつもので、都市のいわゆる劇場形式のものとはちがう地方かぶきの特色で、これは、農村漁村よりは、経済力の豊かな城下町の、かぶきの特色といった方がよいかもしれない」（郡司、一九七一、五二～五七頁）として、特に長浜曳山祭の様態を高く評価している。

郡司は、長浜曳山祭の歌舞伎について「すでに都市のかぶきが失ってしまった、かぶきのもとの発想法を残している点で貴重である」として、特に外題のあり方に着目しており、長浜に残されてきた明和年間からの外題記録から「外題だけをみると三都で行われてきた外題が見当らない。では三都と関係のない、新しい狂言が行なわれてきたのかというと、そうではなく、内容は、いずれも三都となじ、その亜流の狂言なのであるが、外題だけは、土地で創作されたものが、上演のたびに、付け替えられて、今日に至ったのである。（中略）このことは、実は、かぶきの外題の本来の精神で、年中行事としてのかぶきの祭祀性がもつ、新しさの趣向の簡便化でもあった。本来は、毎年、新狂言が仕組まれることが、風流の本儀であったことの名残である」（郡司正勝、一九七一、一五〜一六頁）と、その様態に注目している。郡司によるこれら一連の言説の背景には、郡司が歌舞伎という芸能の地方への伝播の形態の類型について意識していたことをうかがわせる。

芸能の地方伝播の形態については、山路興造によって時代や状況に勘案した七つの伝播モデルが提示されており、この中で山路は、歌舞伎芸能の地方伝播について、「商業的舞台芸能の民俗芸能化」というカテゴリーを設けて、歌舞伎や浄瑠璃に代表される近世の舞台芸能が、地方都市への巡業を行なう中で次第に浸透してゆき、また地方の経済的向上と富裕層の形成が、自身による舞台芸能の上演へと発展したものを、それに該当させている（山路、一九八四、一九八〜一九九頁参照）。

こうした見解については守屋毅が、「いかにも古めかしく、さして面白いものに思えない伝統芸能にかえて、村人たちの、村人による、村人のための歌舞伎芝居を主催しようとするにいたるのである。遠く異郷から訪れる旅役者の来演をまつ段階は、すでに過ぎた。村人たちが、みずから歌舞伎を上演しようとするのであった。村芝居の成立である。村芝居の成立は、歌舞伎史の側からいえば、地方に浸透しつつあった歌舞伎が、点と点で結ばれる状況から、ようやく面としてのひろがりを獲得したことを意味していた」（守屋、一九八八、一一二〜一一三頁）と述べて、地方における歌舞伎芸能の伝播と受容の様相をシュミレーションしてみせている。守屋は「少なくとも舞台を創出するほどの村芝居の発展は、単に無限定な農村全般においてではなく、一定の農民的商品経済の発展に支えられ、しかもなおその上演母胎である共同体的関係が、たとえ擬制的にもせよ維持されている特定の地方においてのみ顕著な現象であった―というべきなのである」と、経済基盤の成熟をその成立要件として挙げ、また「成立期の村芝居は、在地の伝統的な祭礼習俗と結合したものであり、共同体的な村落芸能の伝統のうえにのっていた。しかし、村落芸能への歌舞伎の参加は、近世に入って顕在化しつつあった祭礼の娯楽化―農村的・伝統的・民俗的なものの崩壊の方向にそうものであった」（守屋毅、一九八八、三六〜四一頁）と述べて、地方の芸能文化がより新たな歴史的段階に移行していったという動向を看取することが重要であると指摘している。

守屋はまた、明治中後期に結成された奥三河の万人講や赤城の翁講などを例として、この時期に半職業的な歌舞伎役者集団が在地に誕生したことをとらまえ、これを「村芝居的世界」の崩壊を具体的に表現するものと捉えている。守屋はこの時期の在地の歌舞伎集団と旅廻りの芸団とは、その発生経過やその結果において歴史的性格を異にしており、両者を混同してはならないとしつつ、「やがて農村における歌舞伎の上演は、これら地方歌舞伎芸団の手にゆだねられて行くことになる。村芝居は、地狂言中心から買芝居を主とする方向に転換するのであった。それはまた、村芝居の終焉を予告する現象にほかならなかったのである」（守屋毅、一九八八、一一九頁）と、近現代におけるその歴史的変遷過程についても言及している。守屋の指摘は、在地における歌舞伎芸能の動態としての変遷を意識させるものであり、現状の民俗事例をみる眼差しへの指標として、有効なものであると考えられる。

郡司正勝から山路興造へ、そして守屋毅によって提示された歌舞伎の民俗芸能としての伝播と展開のモデルは、近世期に江戸と京大坂の三都を中心に歌舞伎が大衆の好む芸能として成長し、その情報が諸国へあまねく広まって歌舞伎への興味関心を喚起し、また役者や音曲など歌舞伎に携わる芸能者が三都間を往来したことから、その途中の町や村に彼ら芸能者が来訪する可能性が生まれたこと、そして、各地に誕生した近世都市の成熟や農村の経済的成長が、彼ら芸能者を各地に呼び、あるいは在地において芝居興行を実施できる状況を発生させたことを提示した。また在地の側の状況としては、中世においてそれぞれの祭礼に供奉《ぐぶ》された土着性の強い芸能から、人びとがより娯楽性の高い歌舞伎や浄瑠璃などの芸能の興行へとその志向をシフトさせてゆき、三都などで活躍する専門性の高い芸能者を雇い、あるいは買芝居などによってこれらを在地に投下させたことなどが指摘された。そして、その動きはやがて来演から自演へと移行してゆき、在地の人びとが自ら演者となって芸能の受容と継承が図られるようになったとの展開過程が示された。

現在各地で見られる民俗芸能としての歌舞伎の残存状況は、以上のようなモデルによっておおよその展開過程が理解されてきている。ただ、守屋も指摘しているとおり、諸国に分布する歌舞伎芸能の担い手に、村芝居としての在地の人びとによる自演の様態とともに、地方に生まれた歌舞伎芸能の専門集団が、一定の役割を果たしてきたことについても注意を向けておかねばならない。

つまり、現状の民俗として歌舞伎芸能を目の当たりにした時に、私たちはどの時代の、あるいはどういった社会背景の位相を見ているのか、という問いである。こうした視点を踏まえつつ、次に長浜曳山祭における子ども歌舞伎の様相について見てゆこう。

二　長浜曳山祭における歌舞伎芸能の様相

長浜曳山祭では、毎年四基の芸屋台が出て、それぞれに子ども歌舞伎を披露する。長浜には全部で一二基の舞台を持つ山車があり、いくつかの町が連合して山車を出すことから、その町々を山組と呼称している。前近代から明治初頭にかけてはすべての山組がそれぞれに山車を出して歌舞伎を披露していたのだが、明治一九年（一八八六）以降は山組を二つに分けて六基ずつの交代出場となる。明治二七年から大正六年（一九一七）までは再び一二基すべてが出場したのだが、大正八年から昭和一一年（一九三六）の間はまた六基ずつの交代出場となり、その後、激化する戦争の影響で長浜曳山祭の歌舞伎奉納は長らく中断されてしまう。戦後、昭和二五年（一九五〇）に正式に再開された曳山祭では、一二の山組を北と中と南の三組に分けてそれぞれの組から一基ずつ計三基が出る体制に改められ、さらに昭和二九年（一九五四）からは、一二の山組を四組に分けてそれぞれが一基ずつを出す様式に改められ、以後長浜では毎年四基ずつが出るようになっており、各山組それぞれ三年交代で山車を出す出番山となって、歌舞伎の準備を行なう。

出番山の山組では、若衆と呼ばれる青壮年層の男たちが子ども歌舞伎の準備に取りかかる。出場する山組は二月一日の山組集会で正式に決定され、あわせてその年に披露される歌舞伎の外題と、振付と太夫と三味線のいわゆる三役の名が発表される。若衆たちは小学生を中心に役者候補となる少年を絞り込んで、外題の正式発表の後に役者依頼にまわる。役者は二月中には選ばれて、振付が面談をして配役を決めてゆく。

長浜の子ども歌舞伎においては、振付と三味線と太夫が三役と呼ばれ、重要な位置付けがなされている。三味線や太夫は上方などの歌舞伎でも活躍するいわゆるプロの演奏者を招請しており、彼らは祭りの始まる前の四月上旬から長浜入りして、子ども役者たちと稽古を合わせて舞台に臨む。本番では、太夫と三味線は曳山の舞台に乗り裏手に入って演奏を行なう。出演料や滞在費などはすべて芸屋台を出す町内の負担である。

三役の中で振付は特別な位置を占めている。振付は子どもたちに所作の指導をして歌舞伎の舞台を完成させてゆくのがその役割であることから、三役の中ではひと足早く三月下旬には長浜に入る。稽古の期間はおよそ三週間で、連日稽古宿で台詞の読み習いから振りをつける立ち習いへとすすみ、繰り返し所作を習得させてゆく。振付の仕事は、その町内が出す歌舞伎の外題の決定に参画し、子どもに配役をしてゆき、そして実際に所作をつけて芝居を完成形へと導いてゆくもので、子どもの衣裳や鬘《かつら》の手配や、当日の役者への化粧なども含め、長浜曳山祭の歌舞伎上演における総合演出家としての役割を担うこととなる。必然的に長浜の子ども歌舞伎における振付の占める位置は大きなものとなる。

近年長浜では、主に費用的な側面から三役を地元の者に担わせる動きが活発化しており、公益財団法人長浜曳山文化協会などが母体となって平成二年（一九九〇）から三役修業塾という子ども歌舞伎に携わる三役の芸能者を育成する講座を開講して、徐々にではあるが祭礼の現場に人材を輩出している。修業塾の塾生は平成九年頃からまず三味線の弾き手が祭礼に出演をはじめ、現在は太夫も含め数名が曳山祭の芸能の担い手となっているが、振付については現在までのところ一名が出るにとどまり、やはり芸能を披露するための主力は未だ来援の三役に依拠せざるを得ない状況である。

長浜曳山祭における三役の招聘の様相については、戦後に祭礼が復活した昭和二五年以降ほぼ現在のような状況が続いている。ただ、前近代の本教の記録を見ると三役には長浜およびその近郷の村々からその人材が招聘されていた形跡が見受けられる。例えば文化一一年（一八一四）の瀬田町組萬歳楼の記録では、作者（振付）として「三田村　吉平」の名が見え、文政六年（一八二三）の高砂山では、浄瑠璃に「片町　長太夫」、三味線に「宮町　太郎助」、また同年の萬歳楼の振付には「伊部町　平八」など、長浜の町内の地名を冠した芸能者の名が記されている。そのほかにも、天保九年（一八三八）の御堂前組諫皷山《かんこざん》の振付には「尾上村　利兵衛」、弘化二年（一八四五）の同じく諫皷山の振付には「今庄村　鶴沢松次郎」、嘉永二年（一八四九）の萬歳楼の振付「徳山村　竹野笑楽」、嘉永三年（一八五〇）の大手町組壽山の振付に「中郷村　九重良」など、長浜近郊の農村の名を冠した人物の名前が見られる場合が多い(3)。もちろん京都や大坂の芸能者の名もいくつか記されているのだが、このことは子ども歌舞伎の演出を現在のようなプロの歌舞伎専門家だけが担っていたのではなく、近在の歌舞伎愛好家や在野の芸能者に依頼して成立させていたことを物語っている。

ちなみに、現在の長浜子ども歌舞伎では、役者の衣裳や鬘など芝居に欠かせない道具は、ほぼすべて外部からの持ち込みでまかなわれている。それは、時代劇や芝居などに衣裳や鬘を提供する専門の衣裳屋あるいは鬘屋の仕事となっている。しかし、長浜の町内には、例えば翁山を出す伊部町組に「慶應四歳　戊辰正月吉日」の墨書をもつ鬘を納めていた木箱があり、諫皷山を出す御堂前組にも「かづら箱　辛亥　嘉永四歳　九月吉日」との墨書が残る木箱などが残されており[4]、かつては歌舞伎に必要な道具類を自前で所有していた事をうかがわせる。おそらくは、現在のように専門の芸能者を振付師として招聘し、道具類もその縁故に頼る以前の状況が、今の長浜曳山祭の様相とはやや異なるかたちであったものと推察される。

現在の長浜曳山祭における子ども歌舞伎に携わる三役は、各地の地芝居などで半ば専門的に活動する芸能者がその大半を占めている。そこで次に、そうした三役の来歴について、主に歌舞伎を総合的に演出する振付を中心にしてその様相を見てゆくこととする。

三　長浜曳山祭における三役の様相について

長浜曳山祭がほぼ現在のかたちとなった昭和二五年（一九五〇）以降、長浜に招聘された振付師は平成二七年までの六六年間で四六名にのぼる。彼らは何らかの形でつねに歌舞伎に従事する専門芸能者であり、外題記録に掲載されたその名前は大半が芸名によって記載されている。

戦後からの長浜曳山子ども歌舞伎において、最も多くの振付を手掛けたのは岐阜県関市出身の松本麗蝶で、昭和三一年(一九五六)に高砂山の「忠臣蔵七段目一力茶屋」の振付として長浜に来たのを皮切りに、平成二年(一九九〇)の月宮殿の「新口村」まで、延べ三〇回も振付として長浜曳山祭の芸能に携わっている。その次に多くの振付を務めたのが愛媛県今治市出身で地方芝居の役者として活躍した役者中村芝蝶で、昭和四八年(一九七三)の鳳凰山の「二十四孝　謙信館」から平成一〇年(一九九八)の翁山の「釣女戎詣恋釣針《えびすもうでこいのつりばり》」までの二五回、以下市川団四郎の二一回、水口一夫の一九回、市川延次郎(延二郎)の一八回と続く。振付を複数回担当する芸能者がいる反面、一度きりでその後は長浜に呼ばれなくなる者も一九名いる。振付は長浜に来訪する芸能者の縁故をつてに山組の者たちが探してくる方法が採られている。では、長浜に来演する三役たちはどのような来歴の持ち主たちだったのであろうか。ここでその全員について検証することは難しいが、幾人かをピックアップして以下に見てゆく事とする。

(1)三枡源九郎

復興間もない昭和二五年(一九五〇)の外題記録には、諫皷山の演目「弁慶上使《じょうし》」の振付として「三枡源九郎」の名が登場する。三枡は翌々年の昭和二七年には壽山の「熊谷陣屋」の振付を担当し、その次の年には萬歳樓の「伽羅《めいぼく》先代萩」の振付としてその名を残している(表1)。三枡源九郎という名

表１　長浜曳山祭　三枡源九郎振付参勤一覧

番号	年	西暦	山組名	外題
1	昭和25年	1950	御堂前組・諫皷山	弁慶上使
2	昭和27年	1952	大手町組・壽山	熊谷陣屋
3	昭和28年	1953	瀬田町組・萬歳樓	伽羅先代萩

は、例えば京都にかつてあった小規模な芝居小屋の千本座における明治三八年（一九〇五）の上演表に見つけることができる。この記録では三枡源九郎一座が尾上松之助一座と改め、一月五日に前狂言で「浪花霊験記」を、切狂言では「芦屋道満大内鑑《おおうちかがみ》」の葛葉《くずのは》子別れという芝居を打ったことが記されている。尾上松之助は、明治時代後期に中国地方を中心に旅回りの役者をはじめ、その後京都の千本座への出演から牧野省三の元で映画の世界へと入り、日本映画最初のスターと呼ばれる地位を獲得するまでになる人物であるが、三枡源九郎も、京都の南座などでかけられる大芝居に出演する江戸時代からの歌舞伎役者の流れとは、おそらく異なる世界に身を置いていた役者であったのだろう。

三枡の名跡としては、尾上松之助が大阪で芝居に出ていた頃に所属した三枡源五郎の名がある。三枡源五郎は関西を中心に主に女形で活躍した役者で、三升が大阪に帰った後で尾上がその一座を引き受けたという[5]。長浜で昭和二五年から振付を勤めた三枡源九郎が、千本座の上演記録に登場する三枡源九郎と同一であるかは不明だが、三枡源五郎という役者の存在などから、類似する役者名をもつ三枡源九郎は、中小規模の芝居に何らかの形で携わっていた人物であることが推察される。戦後再開された長浜曳山祭の子ども歌舞伎には、主に地方巡業等で生計を立てていた役者たちが招聘されその芸を指導していたのである。

表2　長浜曳山祭　市川升十郎振付参勤一覧

番号	年	西暦	山組名	外題
1	昭和58年	1983	神戸町組・孔雀山	神霊矢口渡　頓兵衛住家
2	昭和59年	1984	北町組・青海山	重の井子別れ
3	昭和60年	1985	船町組・猩々丸	義経千本桜　吉野山道行
4	昭和61年	1986	神戸町組・孔雀山	弁慶上使
5	昭和62年	1987	北町組・青海山	勧進帳　安宅関
6	昭和63年	1988	船町組・猩々丸	鏡山
7	平成元年	1989	神戸町組・孔雀山	一条大蔵卿
8	平成２年	1990	北町組・青海山	吉田社頭車曳きの場
9	平成３年	1991	船町組・猩々丸	源平咲分牡丹
10	平成４年	1992	神戸町組・孔雀山	忠臣蔵七段目　一力茶屋
11	平成５年	1993	北町組・青海山	神霊矢口渡　頓兵衛住家
12	平成６年	1994	船町組・猩々丸	伽羅先代萩　御殿
13	平成７年	1995	神戸町組・孔雀山	葛の葉後日譚
14	平成８年	1996	北町組・青海山	源平咲分牡丹畠　重忠館

(2) 市川升十郎

次に、時代はやや下って昭和五〇年代の後半、昭和五八年(一九八三)から平成八年(一九九六)まで、一四年連続で長浜曳山祭に振付として招聘された人物に、愛知県豊橋市の出身で大歌舞伎の大部屋役者であった市川升十郎がいる(表2)。市川升十郎の名は、愛知県豊川市にかつて存在した市川少女歌舞伎の創設に関わった人物としてその方面に知られている。

終戦後の昭和二三年(一九四八)、豊川稲荷門前において日本舞踊を習っていた一〇代前半の子女が歌舞伎を習い覚えて、市川升十郎の世話で公演を行なったのがきっかけといい、さらに市川三升(後の十代目市川団十郎)の目にとまったことから市川宗家直門となり、市川三升監修に市川升十郎指導の市川少女歌舞伎として、東京の三越劇場や明治座、名古屋の御園座といった大劇場で次々に公演を打ち人気を博した。市川少女歌舞伎の活動期は、昭和二〇年代後半から昭和三〇年代後半までのおよそ十年間で、その後は映画などの新しい娯楽の普及によって衰退してゆき、十代目団十郎の死去などもあって消滅した。(6)

豊川における少女歌舞伎の発掘など、市川升十郎もまた東海中京圏を中心に主に地芝居の興行などに携わっていた人物であったことがうかがわれる。市川少女歌舞伎の消滅後も市川升十郎は地方の歌舞伎に携わり、そうした活動の中で長浜曳山祭へも振付としてやってきている。市川少女歌舞伎の創始に関わって市川宗家と近接するなど、市川升十郎は江戸の大芝居の芸風にも触れることのできる位置にいた人物でもあった。

(3) 豊沢重松

ここで、振付ではないが三役の三味線として昭和四八年(一九七三)から平成一一年(一九九九)までの間に一五回にわたって長浜に参勤した豊沢重松の事績について見ておこう。豊沢重松は大正五年(一九一六)に愛知県西加茂郡小原村(現豊田市)の万人講歌舞伎の振付師である松本松蝶の三男として生まれている。小原村の万人講とは、地芝居の中から芸達者な者たちが集まって明治時代中期頃に組織された歌舞伎の半専門的集団で、小原村内はもとより愛知県から岐阜県内にまたがる広範な巡業圏を有していた。(7)

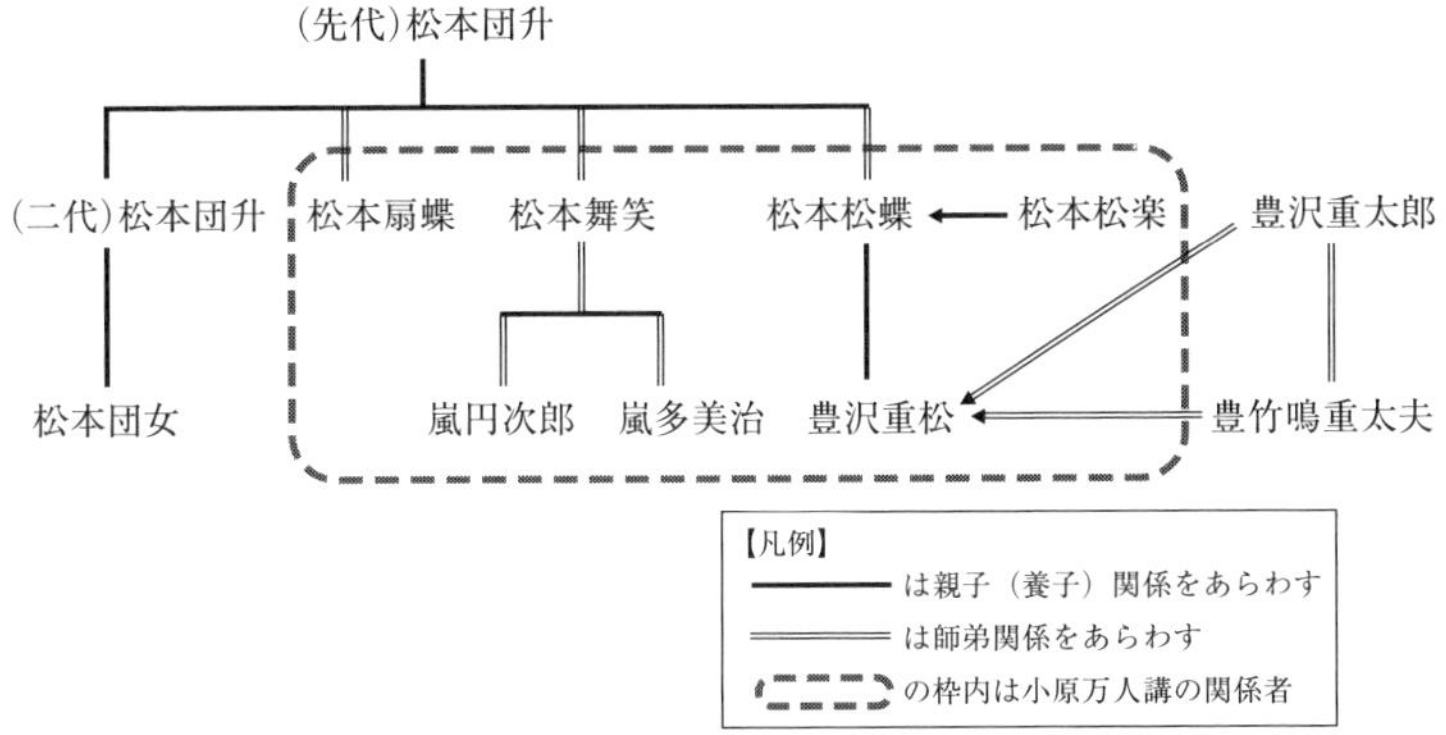

図1　豊沢重松に連なる芸道系譜

豊沢重松の父は、この万人講の中でも女形の名優といわれた松本松蝶で、松蝶は東濃の高名な地芝居の振付師で各地を渡り歩いていた松本団升に弟子入りして芸を体得しており、彼もまた振付師として各地で演技指導に携わった。その子である重松は、一二歳で万人講の市川紅之助に三味線を習い、昭和三年（一九二八）には豊竹鳴重太夫の門人となり、昭和七年からは豊沢重太郎の弟子となって豊沢重松を名乗っている（図1）。重松は昭和初期に神戸の朝日座に出演し、戦後は細川興行一座の太夫元を引き継いでいる。その後、昭和四七年（一九七二）からは松竹と契約して、東京の大歌舞伎で市川猿之助一座の舞台にも立っている[8]。

豊沢重松は平成一〇年（一九九八）に文化庁長官表彰を受けるなど専門の芸能者としての道を極めてゆくが、一方で長浜の三役修業塾の指導などにも従事しており、塾生からプロの芸能者を二人養成するなど活躍している。豊沢重松の芸は、小原万人講という在地の専門的歌舞伎集団の中で培われ、やがて大歌舞伎の舞台で洗練されてゆき、その芸風の一端は長浜にももたらされてゆく。

このように、長浜曳山祭の子ども歌舞伎に呼び寄せられる三役は、中小規模の歌舞伎集団の中で芸を磨いてきた者たちによって担われてきた。彼らは時に中央の大歌舞伎と交わりながら、一方で在地の芝居興行に参画し、そして地芝居の振付や公演の音曲としてその技量をみせるのである。

四　地域の歌舞伎に携わる芸能者の展開

これまで見てきたように、長浜曳山祭に三役として招かれる芸能者たちは、近世期に江戸や京大坂の三都で培われた大歌舞伎の伝統を受け継ぐ役者やその周縁の人物というよりは、在地で展開する地芝居などを主な活動拠点として、その興行に従事してきた者たちで占められてきた。彼らは春に長浜曳山祭に出演したりその演出に携わったりしたあと、次の現場へと移動してゆく芸能者であった。

例えば、長浜でも二〇回以上振付として招請されている市川団四郎（二代目）は、初代市川団四郎が昭和一四年（一九三九）に函館で旗揚げした歌舞伎の伝統を受け継ぎつつ、平成元年（一九八九）からは函館子ども歌舞伎を創始すると共に、石川県小松市で毎年五月に催されるお旅祭りの曳山子ども歌舞伎の振付に携わるなど、各地で活躍している。

平成二二年（二〇一〇）に長浜で開かれた第二〇回全国地芝居サミットに際して、同サミット実行委員会が実施した地芝居アンケートの調査集計結果によると、全国の地芝居を有している団体のうち振付や太夫や三味線のいわゆる三役について、これを地元在住者で賄っているとしたのは、回答のあった二九の保存団体のうち、全体の三八％にあたる一一団体で、残る一八団体では、三役のすべてあるいはその一部を外部からの招聘によってあてていることが示された。また調査では、例えば東美濃歌舞伎の芝居に関わった振付が同じ岐阜県の常磐座歌舞伎と垂井曳山祭の歌舞伎に関与したり、石川県の小松お旅まつりの曳山歌舞伎での振付が富山県の砺波曳山子供歌舞伎に関わったりするなど、相互の連関の様相も幾分示された(9)。

こうした報告によって、現状で全国各地に存在する在地の歌舞伎芸能では、振付や三味線や浄瑠璃などの専門性の強い芸について、その道のプロとして活動をする芸能者に委ねられている状況が多くあることが認められた。他方、在地に投下された歌舞伎の演目を伝え、鬘や衣裳などの道具類も自前で揃えており、毎年新たな芝居の演目を掛けるわけではないけれども、いわゆる地域の芝居を継承しているところもある。

東海地域の地芝居について研究した安田徳子は「長年に亘り村独自の地芝居を伝承している地域では、村の古老やベテランが若輩を指導し、代々、独自の演技・演出を伝えている。この場合、独自の台本も伝わっている場合が多い（中略）一方、独自の演目や演出は持たず、地芝居上演の度に指導者を依頼する地域もある。この場合、近隣に在住する地役者に依頼することが多い」と現在の地芝居の状況を整理する。そして安田は、「村独自の演出を持つ地域はともかく、振付師を依頼している地域では、当然のことながら、上演の演目や演技に指導者の芸系や嗜好が色濃く反映する。したがって、こうした振付師によって地芝居は変容すると言っても過言ではない」（安田徳子、二〇〇九、二三五～二三六頁）とも述べており、民俗芸能として位置付けられる地域の芝居が、振付などの演技指導者の培ってきた芸風によって実は大きく左右されていることを指摘している。

長浜曳山祭における子ども歌舞伎の場合でも、招聘される振付は京都や大阪を中心に活動していた者から、東京とのつながりを持つ者、そして東海地方の地芝居専門集団の系譜を引く者と、その出自はさまざまであった。これまで彼らの芸態について注視する向きはあまり無かったが、そこには、細部の所作や台詞回しなどにおいて、例えば江戸風であるとか上方風であるとか、あるいはまったく独自の脚色が施されているといった違いが生じてきたものと思われる。それは、地芝居と呼ばれる在地の芸能が民俗芸能という枠組みの中で語られるべきか否かといったことも含めて、我々にさまざまな疑問を投げかけてもいる。

おわりに

七代目市川中車が著した『中車藝話』の中には、彼が一三歳の時に、四日市での芝居興行の後で近在の大平村というところから村芝居の振付を依頼されて赴く様子が書き記されている。そこには、振付を承諾したところ「大平村から総代の百姓衆が五六人連立って、然も鹿爪らしく羽織を着込んで、改めて私の宿へやって来て、萬事の打合せをしたもので、私は衣裳鬘を始め其他の費用を見積らせ、正直に話をして、尚振附料一日に付きいくらいくらと値を極めて、話はすっかりまとまったのです」といった打ち合せの様子から、「楽屋の方は一層の大騒ぎで、私が一人で大勢の顔を拵へるのは迚《とて》も手が廻り兼ねて、衣裳方や床山に言付けて下塗りをさせる。私は仕上げを受持つといった工合（中略）それでも顔の出来た役者を、順々に衣裳方へ廻して、衣裳をつけさせるのですが、村芝居はどんな端役でも、雑兵でも一切絹物でなければ納まりません。そういう事は衣裳屋がよく心得ていて、木綿物は初めから一枚も持って行かないのです」（市川中車、一九四三、七五〜八四頁）といった芝居当日の喧噪の様子が生き生きと描写されている。

同書にはまた伊勢路の島の話の伝聞として、振付に呼ばれても最初の三日間は「手見世」として技量のチェックが行われ、村人たちがその振付を気に入れば、三宝の上に三日分の給金とそれとは別に何がしかの礼金が置かれており、気に入らないとなれば、三日間の給料だけで、外に草履と握り飯が載せてあるというお払い箱の仕来りがあったことなどが記載されている。

七代目中車は安政七年（一八六〇）の生まれであるから、彼が一三歳の頃といえば明治時代初期の話ということになる。ここに描かれた大歌舞伎の役者の地方巡業と農村からの振付への依頼の様相は、当時の村の芝居と大看板の役者の姿を描写したものとして貴重な著述である。中車による語りは、山路がモデルとして提示した歌舞伎芸能地方伝播のプロセスに沿ったものでもある。三都に代表される近世都市の成熟と経済的な発展、そして往来する歌舞伎役者ら芸能者の存在は、経済成長する地方都市や農村に歌舞伎の魅力を伝え、これを受け入れる土壌を形成していったことは間違いがない。

しかし、都市と農村とを結ぶだけでは、歌舞伎芸能がこれほどまでに全国的展開を示したその過程を解き明かすことはできない。そこには、在地を中心に活動をする芸能の保持者の存在を考えることが必要であった。永井彰子は、守屋が示した地方の役者や役者村の存在に注目する見解を援用しつつ、「神社の祭礼芝居だけでなく、家屋や庭を興行の場として家々を回る座敷芸も慣行化していた。都市を中心に、各地に成立した興行の拠点を組み込んで、大規模な商業的興行ルートが確立していくが、地元に密着した地役者たちは網の目のように細かなルートを張り巡らしていた」（永井彰子、一九九七、一四三～一四四頁）として、彼ら在地の芸能者たちが地方都市や農村などへの歌舞伎芸能の面的展開を支えたことを指摘している。長浜の曳山歌舞伎における三役などの芸能者の関与の状況もまた、こうした流れの中に位置付けられるものなのであろう。

中野洋平は、長浜曳山祭における三役の変遷について「江戸時代後期には長浜および周辺の素人愛好者、戦後すぐには上方歌舞伎出身者および長浜周辺のセミプロ、昭和三〇年代からは岐阜県下の地芝居関係者、ついで中歌舞伎の劇団関係者・大歌舞伎・養成所出身の者、平成に入ると三役修業塾生、という流れが見えてくるだろう。これらの人々が重層的に関係し合い、三役が務められてきたのである」（中野洋平、二〇一二、二二三～二二四頁）として、歌舞伎に関わるさまざまな層の人びとが、相互に連環しつつ、また時代の状況に応じて柔軟に対処しながら長浜の曳山歌舞伎を支えてきたことを指摘している[10]。

芸能が発生し、それが地方へと展開してゆくプロセスは決して一方向からだけの単純なものではない。歌舞伎芸能の地方伝播に際しては、江戸京大坂の三都を中心にこれが発生しやがて各地へと展開してゆくというモデルが示され、その芸能の輸送者として、三都間や地方巡業などに往来する歌舞伎役者ら芸能者の存在が仮定されてきた。しかし、現実に在地の歌舞伎芸能を指導して祭礼における芝居を完遂させてきたのは、愛知県西加茂郡小原村の万人講のような在地に誕生したいわゆる役者村の出身者など、地芝居を中心に活動する芸能者たちであった。つまり、歌舞伎芸能の地方への定着には、地方都市や農村が経済的に成熟して歌舞伎を嗜むことと共に、三都の大歌舞伎に携わる役者などと在地とを結ぶ中間極としての在地の芸能者が誕生する必要があったものと考えられる。

民俗芸能として各地の祭礼行事の中などに残存する芸能を見るとき、それとかつて都や主要都市で流行し、やがて地方へと伝播してゆくという形態は、ありうる姿として納得されてきた。それ故に各地の芸能の残滓から、往古中央で花開いた芸能文化を想起する検証も積極的に行われてきた。確かにその方途には一定の価値があるものとは思われる。しかし、芸技の伝達継承がそれほど単純な作業であるのか、そして中央から地方へという一定方向からの想定で包括できる活動であるのかということについては、つねに疑義を持っておく必要があるだろう。

［注］

（1）長浜曳山祭の本教等の古記録については『長浜曳山祭総合調査報告書』（一九九六）の「第八章　曳山祭の史料」を参照。

(2)各曳山の墨書等については『長浜曳山祭総合調査報告書』(一九九六)の「第四章　長浜曳山祭の山車その特色」を参照。
(3)前近代の三役については『長浜市史　三　町人の時代』(一九九九)二七九頁所収の「表四〇　三役一覧」を参照。
(4)これらの墨書銘については『長浜曳山祭総合調査報告書』(一九九六)所収の「曳山祭の史料」を参照。
(5)三枡源九郎の事績等については、大矢敦子(二〇〇六)を参照。
(6)市川升十郎の事績については、同氏の著作『かぶき人生』(一九八三、豊文堂)に詳しい。
(7)小原村の万人講については豊田市郷土資料館特別展図録『歌舞伎の衣裳と文化』(二〇一一)の三三〜三七頁等を参照した。
(8)豊沢重松の事績に関しては、同氏へのインタビュー記事(『義太夫』義太夫協会会報第六九号、一九九九)等を参照。
(9)「地芝居アンケート調査集計結果」(第二〇回全国地芝居サミット in 長浜実行委員会、二〇一〇)のデータより。
(10)なお、この一節に関して浅野久枝は中野の見解を「つまり大きな流れとして地元の素人愛好家が三役を勤めるという、指導者も役者もすべて地元民による文字どおりの民俗芸能としての地芝居的な形が元にあり、次第に三役の地域的な拡散が起こり、最終的には中歌舞伎や大歌舞伎のプロが介入するように変化したとする」とまとめ、これについて「はたしてそうであろうか」と疑義を呈しているが(浅野、二〇一五)、中野はそれらを必ずしも時系列で捉えているわけではなく、あくまで各層出身の芸能者が「重層的に関係し合い」展開してきたことを指摘しているので、議論の余地があるだろう。

［参考文献］

浅野久枝、二〇一五、「子供歌舞伎振付師の系譜からみえる長浜曳山祭地芝居の傾向」『民俗芸能研究』（五九）。

市川中車、一九四三、『中車藝話』築地書店。

大矢敦子、二〇〇六、「尾上松之助の舞台と映画の関連性―明治末期から大正初期の京都において―」立命館大学『アート・リサーチ』（六）。

大佛次郎、一九七三、『大佛次郎自選集　現代小説　第五巻　宗方姉妹』朝日新聞社。

郡司正勝、一九七一、『地芝居と民俗』岩崎美術社。

豊田市郷土資料館編、二〇一一、『歌舞伎の衣装と文化―地域に息づく農村歌舞伎―』豊田市教育委員会。

永井彰子、一九九七、「Ⅶ　地役者の活動」『岩波講座　歌舞伎・文楽　第三巻』岩波書店。

中野洋平、二〇一二、「長浜曳山祭における三役の変遷とネットワーク」滋賀県立大学人間文化学部地域文化学科編『長浜曳山祭の芸能―長浜曳山子ども歌舞伎および長浜曳山囃子民俗調査報告書―』。

長浜市教育委員会・長浜曳山祭総合調査団編、一九九六、『長浜曳山祭総合調査報告書―重要無形民俗文化財―』長浜市教育委員会。

長浜市史編さん委員会編、一九九九、『長浜市史　三　町人の時代』長浜市。

守屋毅、一九八八、『村芝居―近世文化史の裾野から―』平凡社。

安田徳子、二〇〇九、『地方芝居・地芝居研究―名古屋とその周辺―』おうふう。

山路興造、一九八四、「民俗芸能の伝播」赤田光男ほか『日本民俗学』弘文堂。

第7章　山組の組織の変化と今後

村松　美咲

はじめに

近年、人口減少や郊外化等、さまざまな理由により、都市祭礼の担い手不足が深刻な問題となっている。これは長浜曳山祭においても例外ではない。本章は、そうした状況の中で、長浜において、祭りの担い手集団がどのように新たな担い手を確保していこうとしているのか、またもともとその地域に住んでいなかった新たな担い手を入れていく中で、祭りの組織は地縁としての組織からどのように変わりつつあるのかを明らかにすることを目的としている。

上野千鶴子は、近代化によって社会的世界が多元化していると同じように、祭りも多元化していると述べている。上野は社会的紐帯と同じく祭りも血縁の祭り、地縁の祭り、社縁の祭り、選択縁の祭りの四種類に分けることができると述べる。上野は、さらに地縁の祭りを担い手によって伝統保存型、行政主導型、住民主導型、非地域型の四つに分類し、地縁の選択縁化がすべてに共通することを指摘している。その第一の理由として上野が挙げるのは、地縁から生産の共同が失われた後に地縁の拘束性は著しく弱まり、たんに地理的近接だけでは共同性に同一化する理由にならない、ということである。第二の理由として、流動性が高く規模の大きな都市のオープン・コミュニティでは、選択の余地のない閉鎖的で排他的な地縁関係を結ぶ理由もない、ということがある。集合住宅の住人は、たんに階段を共有するとかフロアが同じだとかいう物理的な接近によってではなく、団地のサークル仲間や生協加入者のグループで、階が違う人や棟が離れた人たちと選択的地縁関係をとり結ぶのである（上野、一九八四→二〇一一）。

一　問題設定

（1）研究目的と都市祭礼をめぐる先行研究

では、そういった地縁の選択縁化の中で都市の祭りは、具体的にどのように変わっているのだろうか。以下、いくつかの研究を見てみよう。

和崎春日は、京都左大文字を事例として、シンルイを介した祭の継承の様相を明らかにしている。左大文字は、町内会という地域集団を介在して行われるものではなく、不動講・左大文字保存会・尼講の三つの組織が関与する祭礼である。これらは普段は各々の組織活動を行っているが、左大文字の祭礼となるとそれらは凝集してくる。

和崎の分析によると、戦前まで左大文字地域では、配属関係（婚入と婚出）が循環的かつ自己完結的であり、閉ざされた土着性を持っていた。つまり、地縁に基づく社会関係に支えられて、血縁・姻戚関係が成立していたのであり、また逆に見ると、血縁・姻戚関係に支えられて、地縁に基づく社会関係（循環的シンルイ構造）が成立していたのである。しかし戦後、急激な市街地化などにより、その循環的シンルイ構造が崩壊する。昭和三七年（一九六二）に「土着家系とシンルイでなければ、入会を許可しない」という、左大文字保存会の入会規準が設けられる。一見、この手法は保存会を土着家系に絞り外部から祭りの担い手に入る人を排除することを目指しているように考えられるが、シンルイの範囲は流動的であり、新たにシンルイであると認められた者は担い手として参加可能となっている。すなわち厳しく親族関係のない移住者を区別しながらも、ある時は、土着家系の血族を、ある時は姻戚を、さらにある時には姻戚の姻戚を、その適用範囲に入れることができるのである。つまり、シンルイという極めて融通性に富んだタームは、土着集団の目指す閉鎖性、凝集性とは矛盾しない好都合なタームとして存在しているのであり、このようにして祭りに新たな担い手を組み入れているると和崎は論じる。このように、一見すると血縁・地縁集団を基盤とする祭りであっても外部から選択縁的な形で、人を参加させることができる仕組みを取り入れるようになっている（和崎、一九七六→二〇一二）。

有末賢は、東京都中央区佃・月島の住吉神社大祭を事例とし、佃と月島地区は同じ氏子地区であるが、祭礼が内部（佃）・外部（月島）という関係を持った重層的構造になっていること、この両者の関係が地域社会構造の一つの反映でもあるとしている。さらに有末は出生地や年齢構成の変化を探ることで、この地域の持つ社会構造を明らかにし、それが祭りにどう影響しているのかを論じている。

佃一丁目の祭祀組織である住吉講は、原則として佃島の居住者・出身者を主な構成員としているという意味で、地縁性を原理とした祭祀組織である。しかし、このような伝統的な都市祭礼を支えている佃住吉講の組織と活動にも、次第に大都市構造の変化の波が押し寄せて来ており、三年に一度の大祭りごとに、少しずつ外部居住者の割合が増えてきている。全体を通して見ても、昭和五八年

（一九八三）では、約四割の人が佃一丁目以外の居住者であり、若衆だけで見ると、ほぼ半数に近くが外部居住者である。

一方、月島の祭礼は、町内会をベースにし、参加階層に多様性がある。これは神輿の担ぎ手に顕著に表れている。町内の人なら誰でも担げるし、最近では外部から神輿かつぎの同好会も入ってきているようである。また祭礼行事の中では、町内神輿に比重を置き、家族・子ども中心に祭を楽しむ層も多い。有末は、上記のような、構造別の祭礼形態について明らかにした後、さらに内部構造および外部構造（佃一丁目、佃二丁目、月島三丁目、勝どき一丁目、晴海一丁目に分けて）の地域別社会的属性（家族類型、職業〈従業上の地位〉、出生地、来住時期、居住形態）や、それらの地域の住民の社会関係や社会参加の様子（定住志向、近所づきあい、加入団体等）をデータ化し、祭礼の内部構造と外部構造の差異が地域社会構造の差と関係付けられることを明らかにしている。

上記の手法と同じように、内部構造内（佃一丁目内）での町組別（一部・二部・三部）社会的属性と社会関係、社会参加の様子をデータ化し、土着の住民が少ない三部の住民は、神社の氏子集団・講・無尽などで加入および役員経験が少ないこと等を明らかにし、こうしたことから居住歴や居住形態が地縁性と結びついており、そうした構成の変化が地縁性に対しても変化を及ぼしているのでないかということも論じている（有末、一九九九）。

しかし、これら都市祭礼をめぐるいずれの先行研究でも、現代の祭りが直面する人口減少・担い手不足の中で、外部の出身者が約半分を占めるまでに至ったとき、祭りがそれ以前と違ってどのように行われるようになるのか、また、内部出身の担い手と外部出身の担い手がどのように仕事を分担し協同して祭りを運営しているのかについては明らかにしていない。これを明らかにしていくことで、都市における現代の祭りの姿を見ていくことができるのではないだろうか。

(2) 対象と方法

本章においては長浜曳山祭のM山の若衆を主な研究対象とする。M山は、A町とB町の二町で構成される。A町は長浜駅から徒歩約十分の場所に位置しており、県外からの観光客に人気のスポットや土産物屋などが連なる中心地である。特に近年では人口減少が著しく、平成二年(一九九〇)から平成二四年(二〇一二)の間で人口は半減している。

また近年、町内の人員だけでは祭を行えなくなってきているため、積極的な町外出身者の人員の確保が行われている、という特徴も持つ。このような点で先述の研究目的に合致している。

調査法は町の祭り運営に関わる資料(M山パンフレット)を読むことで、若衆組織について理解を得たうえで、この山組のメンバーにインタビューを行う方法を採用した。対象者・質問内容は以下のとおりである。

① M山若衆の中でも、出身が町内でない者を対象に、どのような経緯で若衆に入り、どのような気持ちで若衆を現在務めているのか、祭りではどのような役割を担っているのか、今後の祭りへの関わり方等を聞く。

表1　インタビュー対象者の基本情報（年齢は2013年1月当時）

町外出身若衆

	若衆A	若衆B	若衆C	若衆D	若衆E	若衆F
年齢	39歳 公務員	36歳 飲食店経営	38歳 飲食店経営	45歳 飲食店経営	47歳 飲食店経営	46歳 食品店経営
若衆に入った年	平成18年	平成20年	平成18年	平成6年	平成6年	平成12年

町内出身若衆、中老

	若衆G	若衆H	若衆I	中老X	中老Y	中老Z
年齢	41歳	40歳	32歳	56歳	72歳	47歳

②　①をふまえながら、M山若衆の筆頭や中老にインタビューを行い、外部からの参加者を祭りにどのように組み入れているのか、そうしたメンバーを含めてどのように今後の祭りを運営していこうと考えているのか見解を聞く。

以下、インタビューを行った対象者の基本情報を載せておく[1]（表1）。

まず、M山で子ども歌舞伎にかかる行事や役割を担う若衆について、また曳山の曳行・警備、祭礼の進行などを担う中老それぞれの役割について述べていく。

筆頭　文字どおり若衆全体を統べる責任者のことである。例外はあるが、幼少時から町の一員として生活し、役者などの経験を積むことで町内の人たちに認められている者がなる場合が多い。若衆の中で副筆頭や会計を経験し、山組運営に関する経験及び知識を高めてからこの役職に就く人がほとんどである。

副筆頭　副筆頭は、筆頭により指名され、祭りの執行に関する事務全体を統括する。祭りについての会議は、基本的に副筆頭が進行し、祭当日の指揮も筆頭との意思疎通を図りながらおもに副筆頭が進める。

会計　会計は、祭り運営に関する会計を管理し、筆頭および副筆頭と話し合うことも多い。

役者方　役者一人ひとりにつき、それぞれの役者の移動や、稽古から本番まで全面的なサポートをおこなう。特に本番では、時間の遅れや雨など、何が起きるか予想がつかないため、臨機応変な対応が求められる。その一方で、ときには役者の話し相手になったりもする。役者の人数に合わせて人数は増減する。

舞台後見　つねに曳山の楽屋に待機し、上演中に舞台上の役者の動きの補助や衣装替え、また小道具の出し入れや拍子木などの鳴り物を鳴らすなどして、歌舞伎を円滑に進行させる。

三役方　振付・太夫・三味線の三役の世話をする。失礼がないように、若衆の中でとくに経験がある年配の者が担当する。

囃子方　日常の囃子の練習および本番での演奏を取り仕切る。囃子を演奏するのは子どもが多いため、指導などもおこなう。

提灯方　昼とはまた違った夜の祭りを彩る提灯の管理などを担当する。

賄方　役者や三役、若い衆の賄いを調達する。

籤取人　長濱八幡宮・御旅所で子ども歌舞伎を奉納する順番の籤を引く。独身の男性しかなれないという決まりがある。

このように山組にはさまざまな若衆の役職がある。基本的には誰がどの役職をやるかは年によってかわることもあり、絶対的に決められているものではない。ただし、賄方を家が飲食店を営んでいる若衆が務めたり、提灯方を昼間は仕事の都合でなかなか参加できないが提灯の必要な夜の時間帯なら参加できるという若衆が務めたりと、それぞれの若衆の状況に合わせることはあることをある若衆から聞き取りすることができた。

次に、中老内での主な役割について述べていく。

負担人　中老の代表者のことであり、山組を代表しあらゆる業務を統括する。

副負担人　負担人を補佐し、山組の会計処理をおこない、負担人に事故があるときは、その代行をする。

總當番　組を代表して、總當番に出仕し、全山組の運営に務める。

二　若衆の成員構成とその推移

(1)町内の人口推移

M山を構成するA町・B町の人口・世帯数の推移について述べる。平成二年(一九九〇)から平成二四年(二〇一二)の間で、世帯数は一〇世帯減り、人口は一二三名から六七名に半減している[2](図1、表2参照)。五年ごとに一〇名前後の減少であるが、ことに平成二二年から平成二四年にかけての二年間で約一〇名減少するという、急速な人口減少となっている。さらにこの期間の年齢人口別の推移を見ると、一五歳以上六五歳未満の人口は、八一名から二九名に減少している。これは、町内に住む

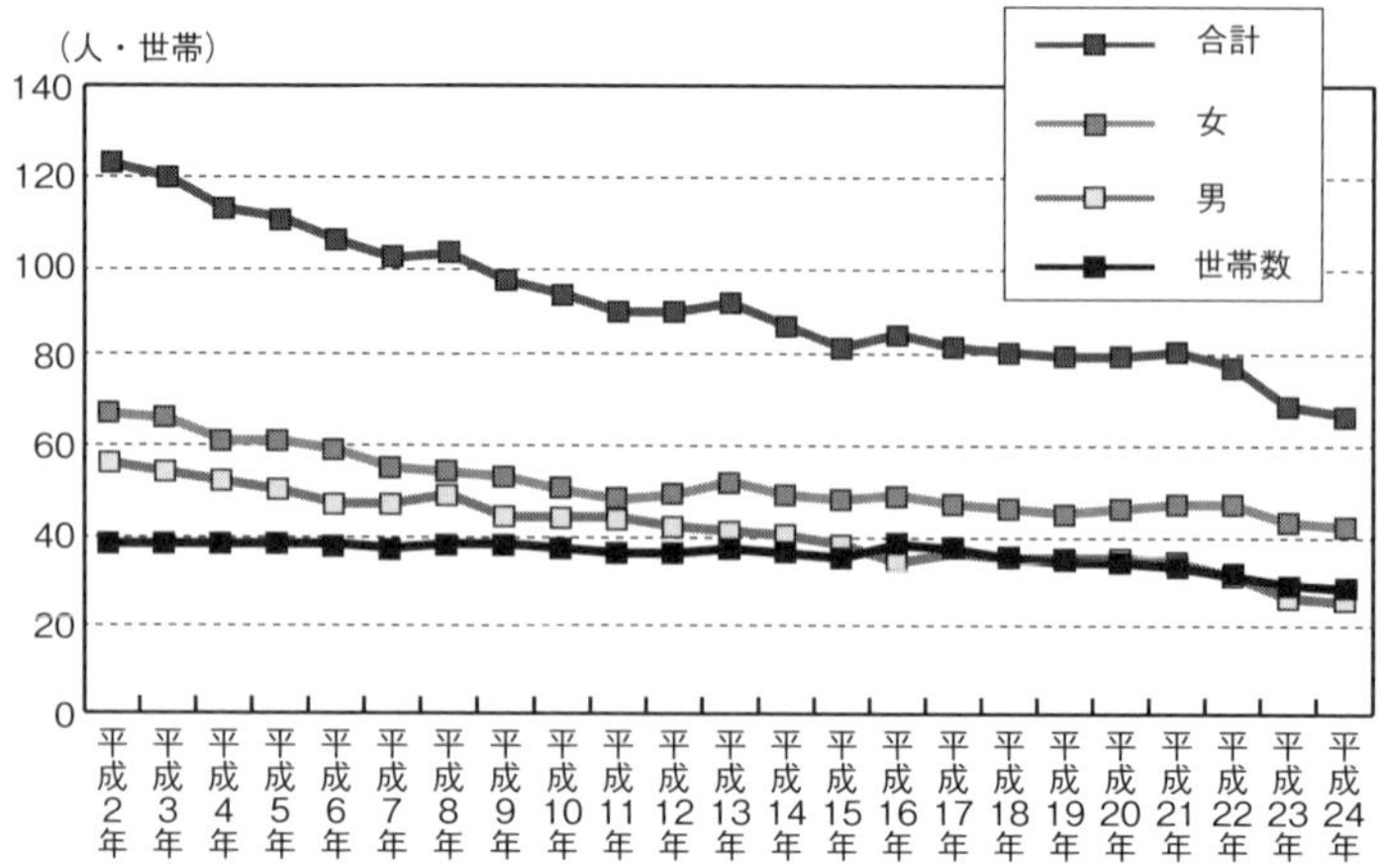

図１　A町の人口動態

表２　A町の年齢層別人口推移

	年少			生産			老年		
	男	女	計	男	女	計	男	女	計
平成２年	11	9	20	40	41	81	56	67	123
平成３年	11	10	21	36	40	76	54	66	120
平成４年	11	8	19	34	38	72	52	61	113
平成５年	9	7	16	33	39	72	50	61	111
平成６年	6	7	13	33	38	71	47	59	106
平成７年	6	6	12	33	33	66	47	55	102
平成８年	6	6	12	34	31	65	49	56	102
平成９年	6	6	12	29	30	59	44	53	97
平成10年	5	4	9	28	30	58	44	50	94
平成11年	4	5	9	27	26	53	42	48	90
平成12年	4	6	10	24	26	50	41	49	90
平成13年	4	7	11	24	26	50	41	52	93
平成14年	4	7	11	21	24	45	38	49	87
平成15年	2	5	7	19	25	44	34	48	82
平成16年	2	5	7	21	25	46	36	49	85
平成17年	1	5	6	17	22	39	35	47	82
平成18年	1	4	5	17	22	39	35	46	81
平成19年	1	4	5	17	21	38	35	45	80
平成20年	0	4	4	17	21	38	34	46	80
平成21年	1	4	5	16	21	37	34	47	81
平成22年	1	4	5	15	20	35	31	47	78
平成23年	1	3	4	12	18	30	26	43	69
平成24年	1	3	4	12	17	29	25	42	67

若衆と中老の数が減っていることを意味する。さらに、一五歳未満の人口は、この二〇年で五分の一となってしまっている。特に十数年後に、若衆となり、祭りを担っていくと考えられる年少の男子に関しては、現在一名という状況にある。これは、将来的に血縁かつ町内に住まいを持つ若衆が減っていくことを意味している。

町外へと移っていった者は、同じ長浜市内の比較的中心市街地に近い大通りや住宅が立ち並ぶ郊外へと移った者が多い。

(2) 若衆の出身地

一九七〇年から一九七九年頃にかけての期間に注目すると、町外出身者が比較的多いことが図2から分かる。さらに、その後一九七九年頃から一九九七年頃にかけて、町内出身者の割合がかなり高くなり、若衆が地縁集団で運営されていたことが分かる。その後町外出身者が増え、再び町内出身者の割合が減って現在に至る、ということがこのデータから考えられることである。これは、A町・B町を含む長浜市中心市街地の衰退と大きく関わっている。

矢部拓也(二〇〇〇)は、「長浜市は一九七〇年代以降の駅前や中心地への大手スーパーの進出により、中心市街地の商店街の集客力は徐々に低下していた」と述べ、さらに長浜近郊における大型店の動きを説明している。一九六九年に駅前に滋賀資本のスーパー平和堂がオープンしたことで、M山のあるA町を含む中心市街地は対抗策として、翌年、地元業者が協業化大型店舗Pを中心市街地内にオープ

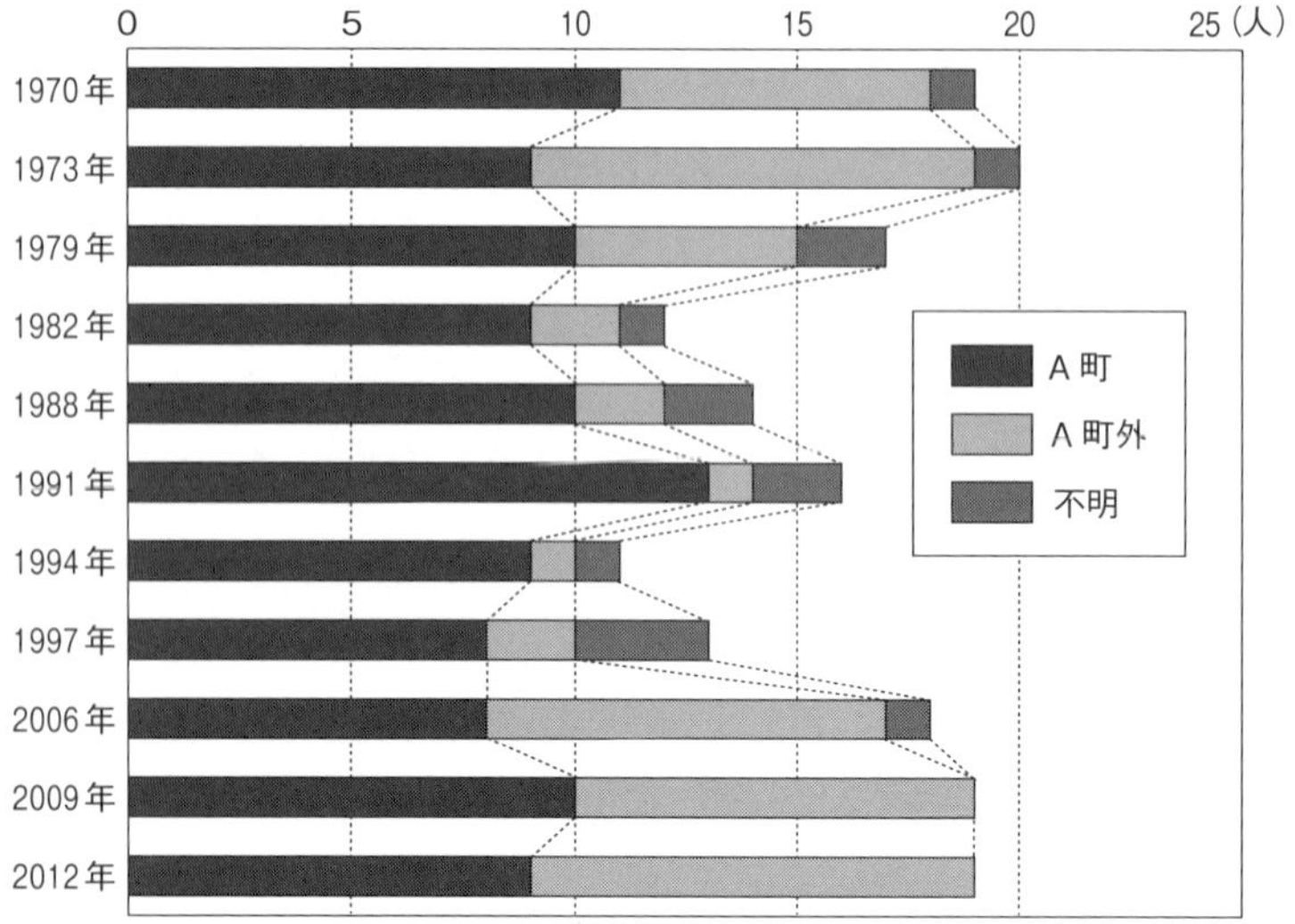

図２　Ａ町若衆の出身地

ンさせる。Ｐ設立の担い手は、「公開経営指導協会」で勉強し、ショップリング（日本専門店会）に集う六〇店ほどの進歩的な経営者たちであった。この中には山組に入り若衆を務めた者もいる。開店当初は非常に賑わい、中心市街地の核施設としての役割を果たした。

しかしやがて西友と平和堂によって大型の郊外ショッピングセンターの計画が表明され、八八年には郊外大型店西友長浜楽市が完成する。その結果、駅前大型店には対抗し得たＰも、時代の変化に対応しきれなくなり、隣のビルに入居していたスーパーに一階〜三階をテナントとして貸し、四階は学習塾に貸すこととなる。また、商店街の有力商店の一部は、郊外大型店にテナントとして出店する道を選んだ。すなわち、郊外大型店出店という中心市街地の危機に対して、既存の商店街（山組）の有力店は、中心市街地よりも郊外に投資先を移動させることで経営の存続を図る戦略をとったと矢部は述べている。

この動きを山組についてみてみると、まず一九六九年に駅前にスーパーがオープンし、A町を含む長浜市中心市街地は徐々にその影響を受け始め、仕事等のつながりで若衆として祭りに参加していた町外出身の者は町内での仕事から手をひき、若衆をやめ、若衆総数は減っていく。とはいえ、町内に身を置く者はこの段階ではかなりの人数残っていたため、なんとか祭りをおこなうことはできており、その時期をしのぐことが可能であった。その後しばらくの期間、若衆組織はほぼ町内出身の者（血縁者）で構成されることとなる。一九八八年に郊外大型店が完成したことで、A町内での商売が成立しなくなり、仕事のつながりでM山若衆に入っていた者がこの町から去っていったのである。

その後少子化やさらなる郊外店舗の開店などの影響で、若衆全体の人数確保が危うくなり、A町に関わるあらゆる人を若衆に加入させたことで、二〇〇六年の時点では町外出身の若衆の数が驚異的に増えていく。若衆Iによると、「若衆の数が激増した二〇〇六年、二〇〇九年に若衆Gたちが町外出身の男性を若衆に勧誘した」ということであった。具体的に誰を勧誘したのかは明確ではないが、A町出身かどうかにはこだわらず、仕事や友人関係を通じてA町に何らかのゆかりのある人に声をかけたと考えられる。

（3）現在の住まい

前節で、M山若衆に占めるA町外出身者の数が増加していることを述べたが、M山若衆を構成する成員の変化はこれだけではない。町内出身である若衆の中にも、現在の住まいを町外に置く者が増え

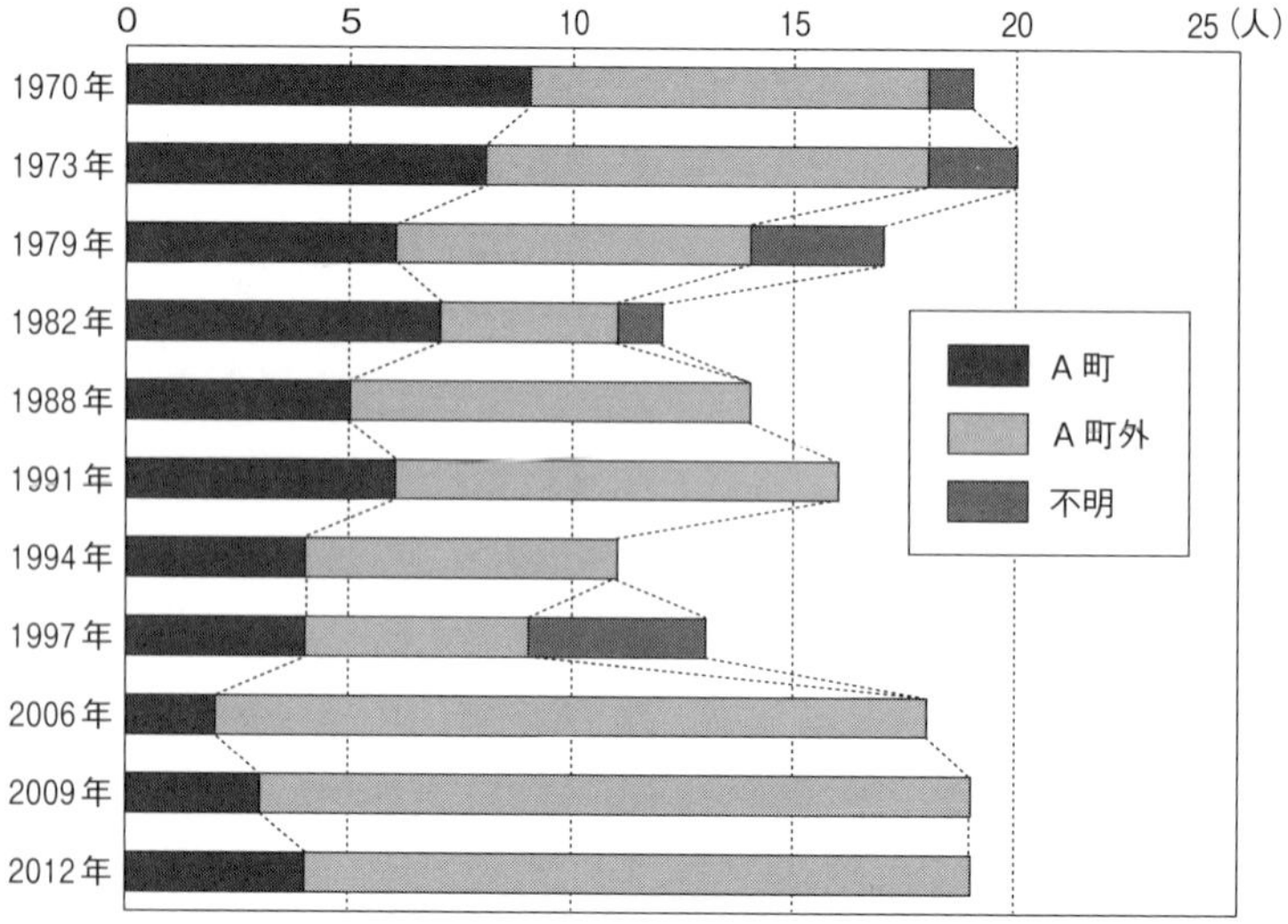

図3　A町若衆の現在の住まい

てきているのである。

図3を見ると、現在の住まいを町外に置く若衆は二〇〇〇年代に入ると著しく増え、町内に住まいを置く若衆は減っている。住まいを町外としながらも、「実家があるから」という理由により、若衆としての意識を持っていることがうかがえる。これは「A町にある家は一階を貸店舗などにしているため、居住スペース（二世帯住宅ならさらに）が確保できない」（若衆Gへのインタビュー）ことも理由のひとつとしてあげられる。

若衆Iによると、「現在住んでいるか住んでいないかということは、特に意味をなさなくなった」とのことである。さらには「誰がどこに住んでいるのかも最近では分からなくなってきている」とのことだった。A町にかつて店をかまえていた人が若衆に入ったことがあったが、

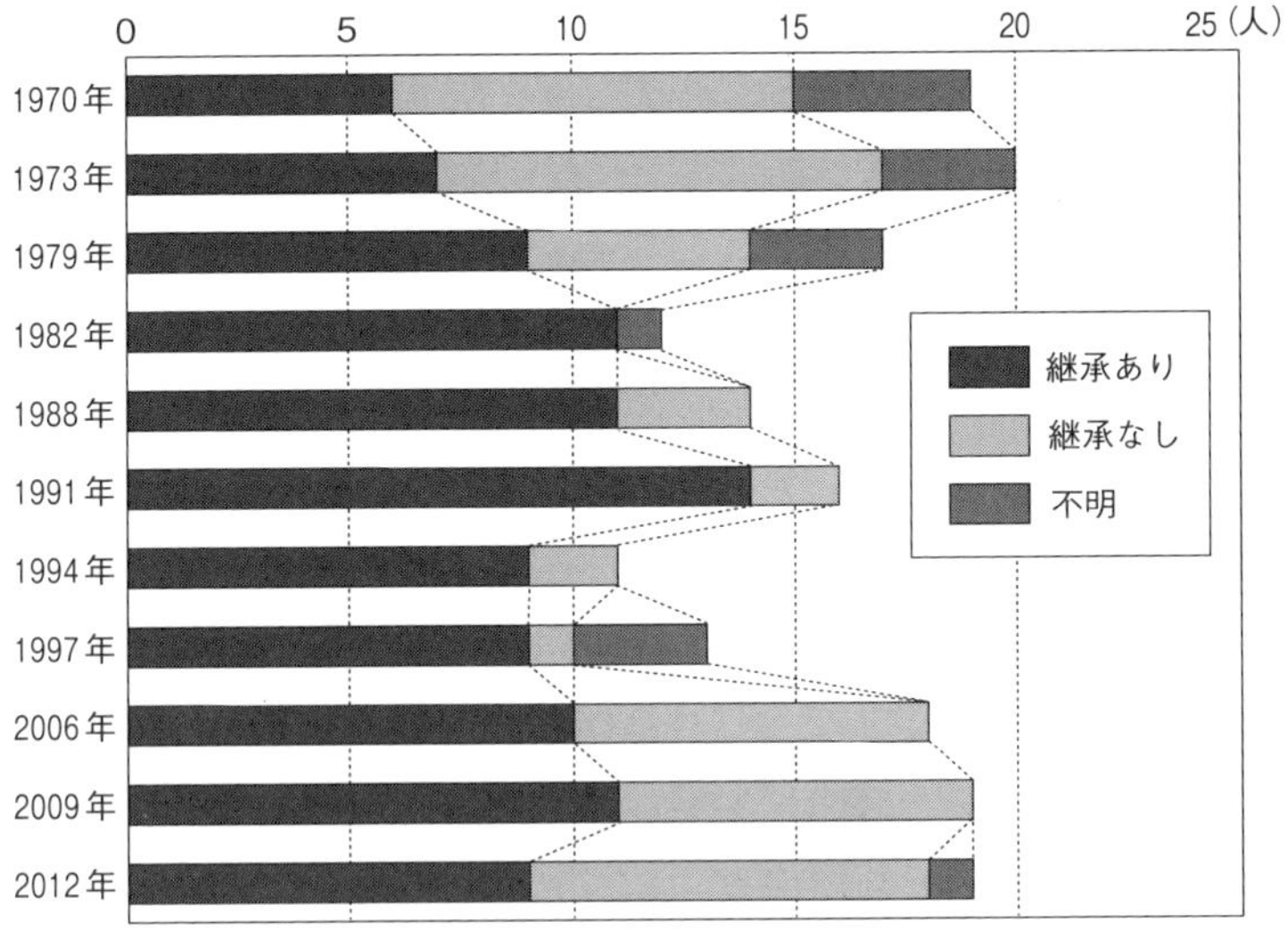

図４　A町若衆の親の代からの継承関係

店をやめると同時に若衆もやめ、現在ではほとんど会うこともないという。

A町に身を置く人が減ることで、地域一体となって祭りに取り組む姿が徐々に見えなくなってきているのが現状である。しかし、次節で述べるように、たとえ住む場所が町外になっても、祭りの若衆の親からの継承は続いており、若衆における血縁というつながりは現在も強固に残っているのである。

(4) 親の代からの継承

図4を見ると、図2とよく似たパターンを取ることが分かる。すなわち、出身地がA町の若衆はほぼ親の代から若衆を継承しており、また、出身地がA町外の若衆は親の代から若衆を継承していないのである。

若衆Iによると、「長男だけ若衆入りをする[3]

ということは暗黙の了解となっていて、現在でも続いている」とのことだった。また、「筆頭、籤取りなどの役職を経験する若衆については、親の代からの継承はかなりの意味を持つ」のだそうだ。親がやっていてその姿を見ている、ということが理由の一つだという。

また、A町内の家に娘婿として入った若衆は、もともと住んでいた場所がA町でなかったとしても、A町住まいの妻の「家」を引き継ぐこととなり若衆も引き継ぐ。

ただし、祭りやそのしくみに関することは親から教えられるものではない。若衆の先輩から学ぶ。中老Zには現在大学生の息子がいるが、その息子に長浜に帰ってきてほしいかという問いに対して、「祭りを引き継ぐために帰ってきなさいということはない。祭りは親として教えていくことじゃない。地域が教えていくことだと考えている」と答えていた。

(5) 役者経験の有無

役者経験の有無に関しても、図5を見て分かるように、図3や図4と類似したパターンを示し、出身地と深く関わると考えることができる。図5からは、一九七〇年代には役者経験がない若衆が多かったが、だんだんとそのバランスは崩れ、一九七九年を境に逆転を起こしている。二〇〇〇年代に入ってからはまた逆転しているが、近年は両方同じくらいの人数であることが読み取れる。

中老Yへのインタビューから、「昔は子どもが多くて役者を経験できることが稀であった」ことがわかった。役者を経験できる者は人数的に限られており、役者の経験が若衆と必ずしも密接に関わっ

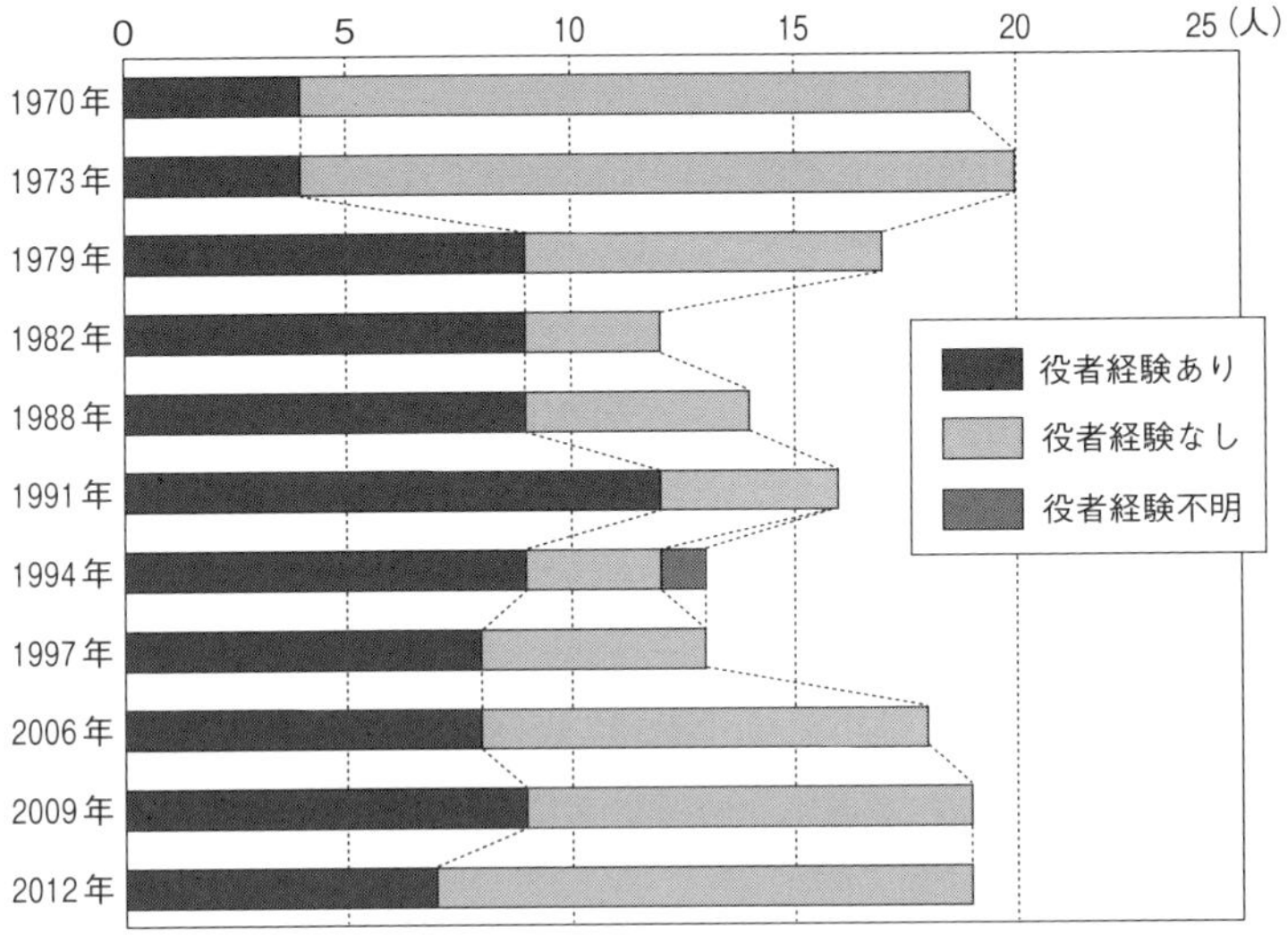

図５　Ａ町若衆の役者経験

ていなかったといえる。

一九七〇年後半以降には年々子どもの数が減少し、役者を経験しそののち若衆にも入る人が増える。しかし、最近ではＡ町出身の若衆が減り、町外出身の若衆が増えたことから、役者を経験していない若衆も同時に増えたということが推定できる。

町内出身の若衆Ｉによると、「役者→若衆→中老というのは理想のサイクルであるが、役者を経験してもその後若衆入りをするかどうかは特に決められておらず、市外に出て行ってしまったりするなどで、若衆に入らない人もたくさんいる」という。若衆Ｉは、役者を経験し、その後若衆に入ったが、特にその経緯は決められていなかったという。ただ、若衆として祭りを運営していくにあたって、役者を経験していると、役者の子どもたちが感じる気持ちも理解しやすく、自分たちが役者の頃に若衆の人たちにしてもらったことを、若衆になったら今度は自分たちが役者にしてあげるという考えに至り、これは若衆をやっていくうえではプラスになるという。

一方、出身は山組ではないが、養子として後を継いだ若衆Eは「若衆のほうは、役者としてあがったんやったら、恩返しをせなアカンと僕は思うよ。常々みんなに言うんやけど、役者でお世話になってるのに、若衆に出てこんいうのはおかしいんちゃうんって。それだけ大人にかわいがられて、恩を返せんいうのはおかしいやろ。せっかく帰ってきて同じ町にいるのなら。どっか行ってもうたらしゃあないけど。次につなげていくのが恩返しやと思うし」と語っていた。役者を経験した際に学んだことを若衆となったときに恩として返していくことが、祭りを次代につなげていくためには必要であると考えているのである。

(6) 町内外の若衆の役割分担

以上、若衆の出身地や現在の住まい、親の代からの継承、役者経験の有無が、個々の若衆による祭の継承にどのように関係しているかについて見てきたが、次に実際に祭りを執行する際に、そうした差がどの程度、祭りにおいて担う役割に影響しているかについての具体的な調査結果を紹介しておきたい。昭和四五年(一九七〇)から平成二七年(二〇一五)にかけて、M山の若衆たちが若衆を終えるまでにどのような役割を担ったかを、全七九事例について調べたところ、会計・副筆頭・筆頭・直前筆頭・相談役は完全にA町の出身者で占められていたことが明らかである。さらに筆頭へのキャリアパスを見てみると、その直前に必ず副筆頭あるいは会計、そして多くがそれ以前に舞台後見あるいはその両方を、一例を除いて経験している。すなわち籤取り・舞台後見→会計・副筆頭・筆頭→直前筆頭・相談役というのが、A町内出身者の祭りにおけるエリートコースといえる。

近年はA町出身の若衆の割合が少ないこともあり、今後の町内出身者はほぼ自動的にこのコースを通っていくことになると思われるが、もとはそういうわけではない。平成二四年（二〇一二）にすでに若衆としてのキャリアを終えた町内出身者三七名のうち、筆頭となったのは一三名に過ぎない。それ以外の町内出身者は稀に舞台後見を務めることはあるが、多くは役者方・賄方・小道具方・提灯方・演出照明であり、他にパンフレット担当や囃子方、衣装方を務める者がいる程度である。

なお籤取人を一度経験するのみで、それ以降は祭りに関わらない者もいるが、これは独身男性を条件とする籤取りの該当者が山組内にいない場合にとられる措置である。M山では家の後継者以外は山組に入ることができないため、その中に独身男性がいない場合には若衆の兄弟で独身の者を籤取人として選び、その役割だけを担ってもらっている。

町外出身者の務める役割は、賄方・保健衛生・小道具方・衣装方・提灯方・演出照明・役者方が多い。こうした点ではエリートコースに乗らない町内出身者と役割としては重なっている。また祭り一回のみで山組を出る者もいる。ごく一部に舞台後見や三役方を担当する者もいるが例外的である。また舞台後見は、町内出身者の場合が若衆として入った初期からこの役割を務める場合が少なくないのに対し、町外出身者は少なくとも一度は祭りを経験している者でなければ務めていない。なお平成二七年

(二〇一五)に初めて、町外出身者が籤取人を務めることになったが、これは独身男性が山組内に若衆の兄弟も含めて見つからなかったこと、また当人が過去に二回にわたって祭りや町内のさまざまな行事に貢献したことが認められてのことだという(4)。

すなわち先に述べたようなエリートコース、特に筆頭・副筆頭・会計といった責任者はあくまで町内出身者に限られたものであり、またそうした責任者に至るまでのプロセスに当たる舞台後見・籤取人も一部の例外を別にすれば同様であること、そして町外出身者が舞台後見のような狂言に関する役割や籤取りのような花形の役割を務める上ではある程度の祭りの経験や、町内での実績が必要なことが分かる。

また町外出身者の役割は、祭礼の最中に狂言執行について何らかの責任ある判断が求められる役割ではなく、正副筆頭や舞台後見からの指示で動く役者方、また提灯方・賄方のように事前に用意して当日は配布といった仕事を担うことが多い。小道具方も事前に準備をするが、当日は舞台後見や役者方が小道具を扱う。役者方は自身の判断は不要だが、祭りの期間中完全に張り付かなければならない役割なのに対し、提灯方・賄方・小道具方・衣装方は仕事などがあり当日それほど働きを望めない者でも担うことができるという点で違いはあるが、いずれも経験が少なくてもできる役割、責任ある判断をともなわない役割という点で共通している。こうした町内出身か否かによる役割分担が現在も続いていると見ることができる。

三　若衆組織を構成する縁の変容と継承をめぐる課題

(1)山組を構成する縁

現在若衆を構成している人々は、一体どのような縁で入ってきたのだろうか。図6を参考にすると、縁は以下の四つに分類することができる。

①血縁に基づいた地縁から加入している者である。これは、その若衆の家が昔から山組に属しており、かつ現在の住まいも町内に置いている状態の者を指している。

②血縁はあるが、地縁がない者である。これは、親からの若衆を継承しているが、現在の住まいは他の場所にある者を指している。

③血縁はないが地縁がある者である。これは、もともと町内出身でなく、したがって親の代から若衆を受け継いだわけではないが、仕事場がA町に属している、A町の借家に居住していた等を契機に若衆に入った者を指している。

④血縁、地縁ともにない者である。親からの継承も、大手町に身を置く機会を持たない者を指している。

本節で中心的に論じるのは、③と④にあたる者である。①と②の場合は、いずれも血縁をもとに、本人が希望すればほぼ自動的に山組の若衆に入ることが決まっている。また、彼らは当然ながら幼少時から祭りの場に親しんでおり、幼少時に役者の経験を持つ者も多い。これに対して③と④の場合

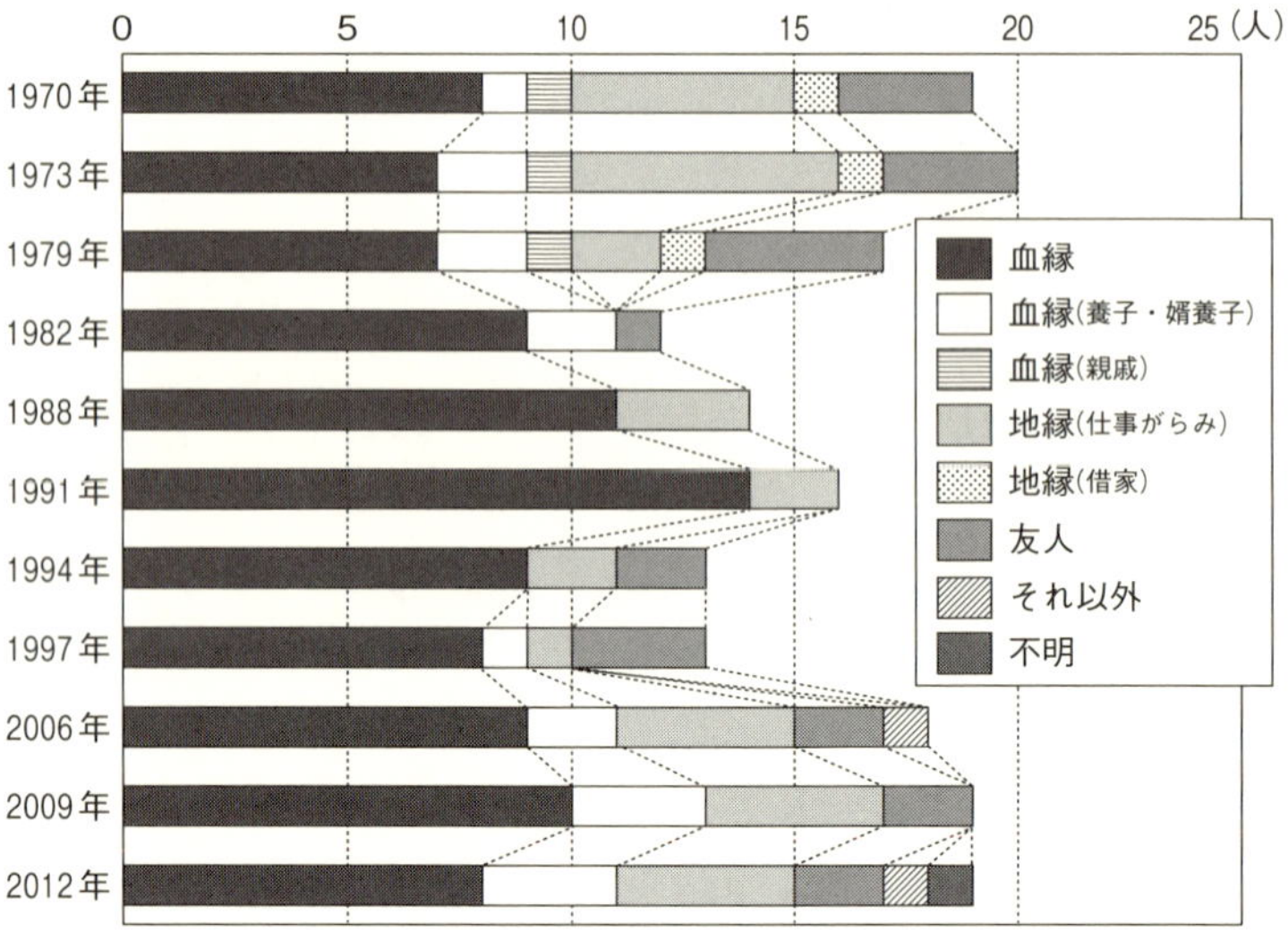

図6　A町若衆の加入契機

は、もともと山組に入らなければならない必然性はない。何らかの自発的な動機がないかぎり、山組の一員として祭りを執行することなどない。では、なぜこの両者は山組に入ることを選択したのか。また、それはどのようなきっかけによってだろうか。

ケースとして、一九七〇年から現在まで、若衆を集める手段として重要視されてきたのが、「町内に店をオープンした」ことによる「地縁」である。中老Zは「お店であろうが家であろうが、A町にあったら祭りに参加しないといけないという認識があった」と語る。現在の町外出身者が次のように語るように、そういった認識は現在も存在はするようだ。

「自分は、都合の良い時だけ町（A町）に来て、商売させてもらっていたので、町のために何かしたいという気持ちがあった。祭りには興味もあった。自分の生まれたところが、なにも祭りのないところだったから、このような町で仲間とみんなで力を合わせる、ということがなかったから、やってみたかった」（若衆F）。

また、若衆Bが、「祭りに携わることで、この町の人ともっとつながりを持つことができると思った」と話しているように、祭りを介して、新たなネットワークを持てることが動機となることが分かった。A町という場で自らの生計を立てる商売をすることや、その街に住む人や祭りに携わる人とのネットワークができることが、若衆入りのきっかけとなっている。

若衆の中心メンバーも、新しくA町に店をオープンした人やA町に関係する人がいるという話を聞くと、まず「若衆をやってみないか」と、直接その人の所へ行き声をかける場合が多い。

かつては、このような③の場合までしか若衆としての構成員加入は認められなかった。「自町以外では基本誘うスタイルはなかったわ。（中略）だからよそから来てくれというのは、僕はそのスタイルじゃないんかなというのが思いであったから。何かのご縁があるならあれやろけど、一応自町にからんでる人じゃないと、年寄りが誰やあの子と言わはる可能性が高いで、そうなってくると話がややこしくなるんで、それはどこどこの誰さんやっていうのが分かる人しか、若衆にはいいひんかったと思う」（若衆E）。

血縁がなく、さらに地縁に関する前記の原則からはずれた④のケースには二通りがある。まず「青年会議所を通じて」という「青年会議所縁」である。さまざまな業種の人が集まる長浜市の青年会議所での活動を通じて、A町の人から誘われて若衆に入るというかたちである。青年会議所という長浜に身を置く若者が集う場所では、曳山祭に関する話題も繰り広げられるようだ。

もう一つは「同級生を通じて」という「友人縁」である。友人を通じて入る場合、「山組の若衆」という新たな集団に居場所を作り出すこととなる。若衆Aは、「M山の人はみんな良い人ばかりで、気軽に輪に溶け込むことができた。飲み会等もしてもらった」と語っており、気軽に話す中で関係を築いていく若衆たちの受け入れ方がうかがえる。

若衆Aが若衆入りする際に、中老の方々に受け入れてもらいやすいように、「Aは町内の人と遠い親戚である」ことを、Aを紹介した若衆が強調した。血縁に準じるという位置づけをし、若衆入りを正当化したという。Aが若衆に入った平成一八年（二〇〇六）頃には、そのような理由付けを用意しておくことが必要だと考えられていた。しかし平成二四年に自町との関わりはあっても①～③に当てはまらない若衆が加入した際には、中老に対する説明は行われたものの、血縁の確認はとられていない。とはいえ、町内に何らかの縁のない者が加入することは現在でも困難である。

このように若衆入りのきっかけには、さまざまなケースが見られる。人口不足が若衆不足へとつながる過程の中で、単なる「血縁に基づく地縁」や「血縁あり・地縁なし」の形だけでは、人員を集め、組織を運営していくことがすでに困難となってきているのである。

図7は、この節までで明らかになった若衆組織を構成する縁をモデル化したものである。

(2) 町外出身の若衆が感じる困難とその解決策

以下では新しく入ってきた若衆に対して、運営側がどのような役割を与えるのかを述べる。その次に、与えられた役割に対して、若衆が抱えている困難な点などをインタビュー内容より挙げ、これを運営の課題として論じる。祭りで感じる役者方などの困難さや、仕事と祭りの兼ね合いについても論じる。

まず挙げられるのが、祭りの準備から本番に至るまでの負担の大きさである。平日も子どもたちは芝居の稽古があり、若衆は役者の送り迎えから、付き添い、振付による稽古の進行補助などをおこなう必要がある。若衆としての役割を与えられたらやりとげる責任があり、自分の仕事があるからといっ

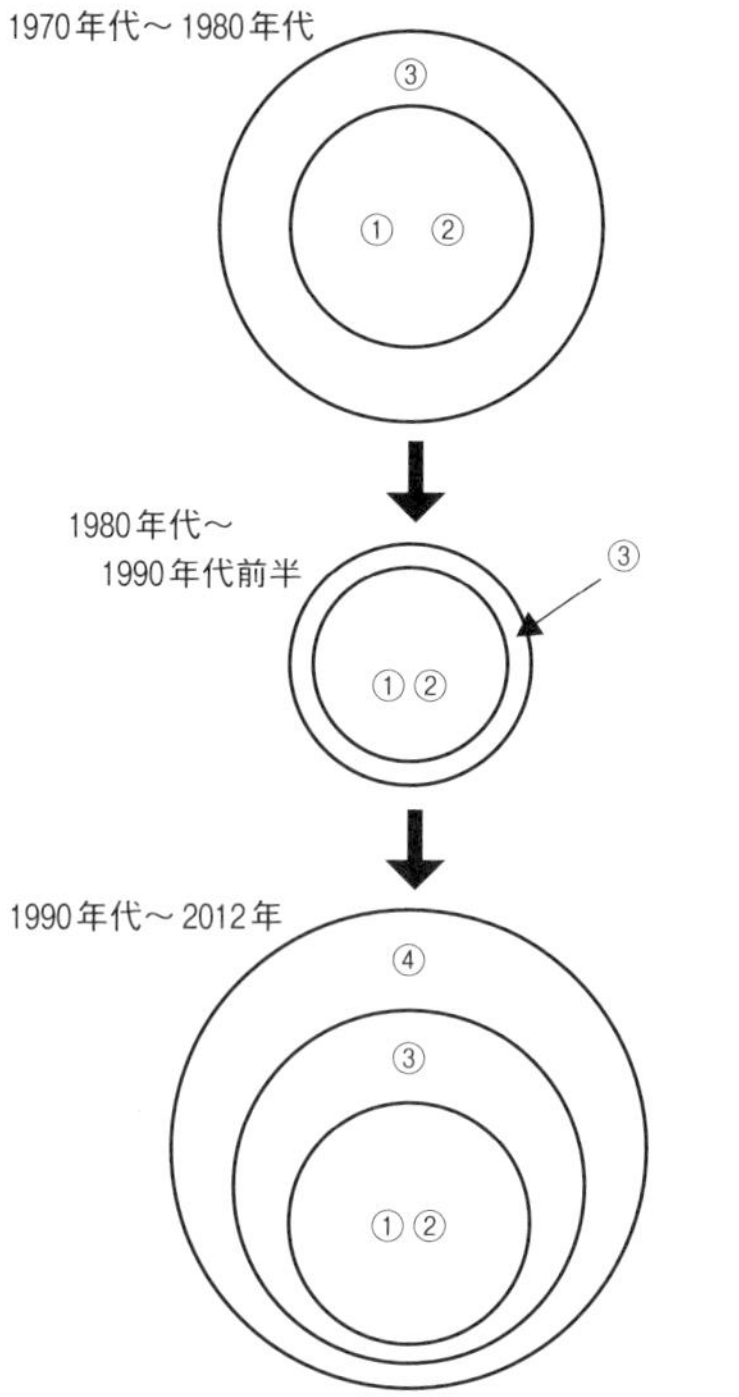

※円の大きさは人数の規模の大きさを意味する。円が①と②を中心に同心円状に描かれているのは、血縁集団を中核として若衆組織が運営されていることによる。①～④は215頁の説明を参照のこと。

図7　若集組織を構成する縁モデル

てその役割をおろそかにはできない。若衆として祭りに参加するためには、それに割くことのできる時間が必要であり、その時間を作り出すには、仮に商店の場合なら祭り期間中にはその店を他の従業員に任せるか、もしくは店自体を閉めないといけない場合がある。前者の場合は、若衆本人が社長である場合が多い。

若衆FはA町に食品店を置いているが、他県にその食品を製造する工場等の拠点があり、製造と販売をおこなっている。それに関しては従業員やパートに任せることができるため、祭り期間中も、「長浜で店をやっていくには祭りに参加することが不可欠だから。一〇日間ほどいないから」と伝え、祭りに参加することができているのだという。A町の店も、祭り期間中は他の従業員に任せ、時間が空いた時には若衆の衣装を着て接客をすることもあるという。

町外出身の若衆Bは、こうした時間的な負担を考慮し、今後の自らの仕事について次のように語った。「今年は仕事を完全に休んだのは三〜四日。本日《ほんび》も休んだ。裸参りは仕事二日休んで。あとは夕方まで参加して、夜から朝まで仕事。仮眠はできる。みんな夜中まで飲んではるからあんまり変わらないと思う。休める日は休んだが、お店を閉めないといけなかった。三年後は、自分がいなくても店を閉めなくても大丈夫なような体制にしたい」。このように、この若衆は今後、祭と仕事の両立に取り組みたいと考えているのである。

さらに、体力的な面でも負担も大きい。町外出身の若衆の中で、住まいを岐阜県に置き、長浜(A町)に来る日が週に二回だという若衆Fは、裸参りから千秋楽まで九日の祭り期間中はA町近くのホテルに泊まり、祭りに参加していたという。舞台後見を務めることとなり、近辺に身を置かないとできないと判断したそうだ。さらに数年前は、長浜から車で約三〇分の場所にある彦根の妻の実家に泊めてもらい、そこから送り迎えをしてもらい祭りに参加していたという。そのようにしてまで連日参加した理由は、「町の人と融和をはかりたかった。一緒にお酒も飲みたかった。自分で車で来ると帰れないから」だという。この語りからも分かるように、若衆を務めると、朝から深夜まで祭りに時間を割く必要があり、さらに町の人との親睦を深めるための飲み会等に参加すると、遠く離れた家に自力で帰ることはできなくなるのである。「家族の協力がないとできない」と語るように、自分一人だけの力では若衆を務めることはできないのである。

次に、マナーや祭りの流れに関する知識の問題がある。役者を経験していない町外出身者は、振付や祭りそのものに対するマナーを知らないまま若衆入りするため、見よう見まねで覚える必要があり、衣装や小道具がいつどのように使われるのか把握することにも時間がかかるという。

このようなことを踏まえ、筆頭や副筆頭など祭りの役割を決定する側は、新しく入ってきた若衆に、まず「役者方」と呼ばれる役者の子どものサポートをする役割を与えることが多い。この理由について、二〇一三年のM山筆頭である若衆Hは「役者方は、曳山祭の一番の花形、見せどころである、子ども歌舞伎に稽古から本番まで携わることのできる役職であり、子どもたちの成長を一番間近で感じることができる。だからこそ、祭りの楽しいところを感じてもらいやすいし、楽しいと感じてもらえれば、次回以降の祭りでも若衆を続けてもらえる」と語っている。実際に、町外出身の若衆Aも、「子供の芸がうまくなっていくのを見ると、とてもうれしく感じるし、ここにいて良かったと思う」と語っていた。

さらに町外出身の若衆Fは「大変なことを成し遂げた時の達成感があり、子どもたちがすばらしい演技をしてくれると涙が出てくる。若衆を続けるとそういう感動を味わうチャンスがあるのかなあと思うと、祭りの若衆をやるのもいいなあと思う」と語っており、役者方という役割を通して子どもたちの成長に触れることが若衆を続ける原動力となることもわかる。この役者方という役をまず経験することで、若衆になるまで持っていなかった曳山祭に関する知識を蓄え、役者の成長という感動に触れて、若衆を続ける気持ちを持つことができるのである。

しかし、役者方という役割を通して、役者の扱い方に関する問題点と向き合う若衆もいる。稽古のなかで、騒いだりする役者たちを叱ろうと思っても、人の家の子だからどこまで叱って良いのかが分からず、すごく困るという若衆がいる。さらに役者を経験していないことで、役者たちがどのようなことに悩むのかが理解できないが、役者経験のある若衆はそのあたりの扱いがとてもうまい、と語る者もいた。若衆Fは、「役者を経験した若衆は、役者だった頃、いたずら等をしていて芸がしっかりできていないと若衆から怒られた経験があるので、子どもたちにちゃんと叱ることができる。僕らと違って。自分は子どもの頃にこのA町で叱られた経験がないから、今大人の立場になって、A町の子たち(役者として来ている子どもたち)を叱ることができない」と語っていた。

また、若衆Aは「かつては役者たちは町内に住む顔見知りの若衆にしつけられることができていたが、現在は、稽古が始まるまでまったく知らなかった入れ替わり立ち替わりの若衆が役者方を担当しているから、しつけという概念が通用しない。叱ってもなかなか伝わらない」と語っていた。役者の子どもたちも、稽古までまったく接点がなかった大人に、急にしつけられてもなかなか受け入れにくいのであろう(5)。

また、そうした役者方として感じる問題等も含めて町外出身の若衆には、次のようなことを述べる者もいる。例えば若衆Bがそのひとりである。

「町外出身のハンデというか、多少ですけど、正直言ってポツンと取り残されていると感じる時もある。別に省かれているとかそういうことじゃないけど、周りはいろいろやってて、自分が言われてしか動けない時にそういうことを感じる」。とはいえ、若衆Bは「もっと認められるようになっていかないといけないと思う。言われたことだけをやる。ハンデというか自分が仕事をそこまでこなしきれていない」とも語っており、ハンデを乗り越えて今後の祭りへの参加を継続していこうと考えている。町外出身の若衆の多くは、運営に携わるもの(筆頭や副筆頭、会計)を自分はできないと語っている。町内出身の者がまったくいないわけではないため、やはり運営に携わる役に関しては町内出身の者がやるほうが良い、自分にはできない、との考えである。

近年、筆頭にA町に住む女性と結婚して娘婿として若衆に入った者が就くということがあった。この若衆Eはこうした縁から若衆に入ったが、若衆入りしてから四回目の出番の際に筆頭を任されることとなった。基本的に、筆頭は町内出身者および役者を経験している者で、昔から町内と深いつながりのある者がなるとされている。当時若衆Eを筆頭に指名する立場であった筆頭経験者の中老Zは、若衆Eに対して「町外出身者」という位置づけではなく、家の後継者であり「町内」の者とみなして指名したわけだが、とはいえEは子どもの頃から祭りを経験してきたわけではない。

若衆Eは、M山での若衆と並行して、もうひとつの山組でも若衆を務めていた。彼が婿入りした家はM町に属するが、その家が運営する飲食店は別の山組の領域にあるからだという。つまり、若衆Eは三年間のうち二回出番を経験することとなり、他の人の倍の経験を積むことができたのである。このことについてEは次のように語る。

「ほかの人よりも倍やっていたで、覚えは早かったと思う。吸収は。三年に一回と三年に二回やと全然違う。やっぱり三年に一回やと忘れてまうんや。次何するんやとか、この日は何をするんやとかが、昔からやってた子でも分からん部分やで、その濃度が濃かったというのがひとつやと思うんやわあ。この店自体がここの町内に入ってるんやわ。やってくれと言われて、しゃあなしでやってずるずると続いて、結局三、四回続いたんかな」。

また、この経験は筆頭をするに至っても大いに役立ったという。

「祭りの流れを覚えるということでは今から考えると、ものすごくありがたかったなあと思う。筆頭やるにしても、よその山の祭を知ってるというんでまあ、色々自分の中での膨らまし方もあったし、ええ経験やったんかなあと思うんやけど」。

彼が就いた若衆内での役職については、M山若衆に入って当時の筆頭から舞台後見(6)を任され、いきなり重要なポジションに就くこととなった。教えてもらうのを待つのではなく、当時の筆頭や周りの若衆たちの姿を見て、若衆の仕事を覚えていったという。その後、再び舞台後見をやった後、副筆頭(芸担当)、筆頭という順番で若衆としての役割を果たしていった。筆頭を終えたあとは、直前筆頭として次の筆頭を支え、その次は本来ならば若衆を終える年齢であったが、彼が筆頭を務めていた年の副筆頭が筆頭を務めたため、「彼のサポートを若衆としてやりたい」という気持ちと、周囲の判断から、相談役として若衆に残り祭りを支えたという。

(3) 町外出身若衆が語る山組への思い

町内出身の若衆は、親からの継承や昔から大手町に住んでいたという理由から、山組に対する思いが強い。「歌舞伎の芸の一番はM山」という誇りを持つ若衆も数多くいる。一方で、町外出身の若衆は、自らが所属する山組に対して、どのような思いを持って役割をこなしているのだろうか。その思いから見えてくる、若衆組織運営の課題について述べることとしたい。

町外出身の若衆で山組に対して強い思い入れを持つ者は少ない。

「「町内の人」にまではなりたくない、という思いがある。まだこういう(町外出身という)スタンスだからできている。自分はやっぱり町内の人とは違う。山組とかそういう気持ちがない。そこまで思うことがない。一線というか、そこまでして良いのかと思う。よそ者というか、所詮よその人、という考えは僕にはある。店があるから、ということでやってはいるけど」と町外出身若衆Dは語る。

もちろん町外出身の若衆も単に義務として祭りに参加しているというわけではない。町外出身の若衆Bが「祭があるからこそ、親密になれる。そういう関わり合いがあってよかったと思う。大人になって、熱くなれる、いい経験をさせてもらえること。祭をやる前は、野球をやっていたけど、遊びみたいなもので、熱くなるということはなかった。個人店なので、団体で行動することもないし、新鮮」と語るように、積極的にA町に関わることに楽しみを見出しているのも確かである。

ただし若衆という役割をこなすことは自らの生活（主に商売）があって成立することである。町外出身若衆Fは、「もし店がこの先うまくいかなくなったら、この長浜という場所を去って営業することもあるだろうし、自らが持つ店がうまくいっているから若衆も続けられるんだと思う。みんなそうだと思う」と語る。若衆Fの店も黒壁以降の長浜の観光化の流れの中で商売を成立させ、その商店街の付き合いの中で祭りにも参加している。若衆を続けることができるのはA町で店を続けていくことができるからであり、したがって当然ながら単なる自発的に参加するサークルのような形で祭りに関わっているのとは異なり、そうした商売上の付き合いが前提となっている。

（4）M山の今後と課題

これまで、M山という山組が抱える課題について述べてきたが、若衆を取りまとめる筆頭やその他の中心メンバーはその課題を少しでも解決していきたいと考えており、町外出身の若衆を含むすべての若衆が継続してその役割を担ってもらえるように、現在模索をおこなっている。今後は若衆それぞれの事情に応じてどの役割にどの若衆を配置させるのかといった整理を細かく行うことがさらに重要になってくるであろう。また、M山ではおこなわれていないが、他の山組では、若衆が中心で祭りを執行する若衆祭りのところであっても、稽古場における振付の世話や掃除といったことを中老に任せているところも多い。このような中老への仕事の配分といったことも考えられる。

若衆がいないと、役者の確保も世話もできないため、祭りの継承に困難が生じる。また、その際に、外部から入ってきた若衆の子どもは役者の候補となりうるのか、またそれを若衆が受け入れるのか、といった問題が今後生じる可能性がある。さらに、次世代の男子が少ないことは、数十年後の祭りの担い手（若衆）が不足することにつながってくる。

また、これらとは別の問題として、現在の町外出身若衆たちが、一体今後どれだけ祭に対して関わっていくのかという問題がある。

若衆Eが、「A町は規約では四〇歳で（若衆が）終わりなんよ。伸びてるんよ。それが」と語るように、当初決められていた上限の年齢を超える若衆が増えてきている。同様の形で、町外出身の若衆も上限を超えても若衆を続けていくと考えられる。ただし、それを半永久的に続けるというわけにもいかず、若衆をやめる際には、中老への移行について再考を迫られることとなるだろう。

若衆を終えると、町内出身の若衆はほぼ全員中老に移行していくが、現在の町外出身の若衆は、中老への移行についてどのように考えているのだろうか。

彼らの多くは、中老への移行については消極的である。その理由として、一つ目に挙げられるのが、

「町内に住んでいない自分が、中老という町内に深く関わる役を務めるべきでない」という考えである。若衆Aは、「自分が中老になって、あーやこーや言うのは、無理だと思う」と語る。「町外出身」ということで、彼らの中には少しながら「引け目」が存在しており、それを感じながら現在若衆を務めていると考えられる。また、二つ目の理由として「そこまで曳山に関してこだわりや執着がない」ことがある。このように語る若衆は、若衆を「お手伝い」の気持ちで務めており、現在ある程度の人数が確保されている中老に関して自分は手伝う必要がないとの考えをもっている。

中老の役割としては、山曳きに関して責任を負うことや、負担人として山組同士の話し合いの場である總當番が主催する会議に出席し、町としての意見を述べること、さらに総当番として出仕し、祭り全体の運営を行うことがある。このような役割は、今後も町内出身者によって行われると思われるため、町外出身者が必ずしも必要になるとは言えない。ただし、今後祭りの継承がさらに困難になっていった際に、祭りに関わることができる人材として必要とされることは考えられる。そうした意味で、中老への移行など、町外出身者が今後どのように祭りに関わるか考えておく必要のある問題だといえる。

ただし、以上で述べたそれぞれの問題点はまだM山の内部において十分に検討がなされておらず、いずれも今後の課題である。こうした今後の祭りの継承をめぐる課題については、さらに三年後、六年後といった出番が重なる中で、どのように解決をしていくか、今後さらに見ていく必要があるだろう。

［注］

（1）各若衆・中老へのインタビューは以下の日程で行われた。若衆Aへのインタビュー（二〇一二年九月一六日）、若衆Bへのインタビュー（二〇一二年九月二四日）、若衆Dへのインタビュー（二〇一二年一〇月二四日）若衆Eへのインタビュー（二〇一二年一一月二日）、若衆Fへのインタビュー（二〇一二年一一月一三日）。中老Xへのインタビュー（二〇一一年八月二六日）、中老Yへのインタビュー（二〇一一年一一月六日）。中老Zへのインタビュー（二〇一二年一一月五日）。若衆G、H、Iへのインタビューについては、週末に行われるM山の囃子練習に通い、その際におこなった（二〇一一年六月一二日〜二〇一二年一二月一六日）。また若衆Hには追加調査も一度行っている（二〇一五年四月二四日）。

（2）村松美咲、二〇一二、「山組の組織と今後」市川秀之・武田俊輔編著、滋賀県立大学曳山まつり調査チーム『長浜曳山まつりの舞台裏―大学生が見た伝統行事の現在《いま》―』（淡海文庫48）、サンライズ出版より。

（3）中老Yの証言によると、一九五〇年代前後には、そのような決まりはなく、M山若衆も五〇人を超えていたという。

（4）平成二七年（二〇一五）四月二四日における若衆G氏への聞き取りによる。

（5）こうした問題は、近年町外出身の若衆が増えたことと同時に、町外に住まいのある役者が増えたこととも関係があると考えられる。

（6）つねに曳山の楽屋に待機して、狂言中に舞台上の役者の動きの補助や衣装替え、また小道具の出し入れや拍子木などの鳴り物を鳴らすなどして、狂言を円滑に進行させる。若衆Eによれば、筆頭・副筆頭・会計を除くとこの舞台後見がM山若衆の中で最も忙しい役割だという。

［参考文献・参考ホームページ］

有末賢、一九九九、『現代大都市の重層的構造―都市化社会における伝統と変容―』ミネルヴァ書房。

市川秀之・武田俊輔編著／滋賀県立大学曳山まつり調査チーム、二〇一二、『長浜曳山まつりの舞台裏―大学生が見た伝統行事の現在―』（淡海文庫48）、サンライズ出版。

上野千鶴子、一九八四→二〇一一、「祭りと共同体」、有末賢・内田忠賢・倉石忠彦・小林忠雄編『都市民俗　基本論文集三―都市生活の諸相―』岩田書院、三八一―四一二。

出島二郎、二〇〇三、『長浜物語―町衆と黒壁の十五年―』特定非営利活動法人まちづくり役場。

中野紀和、二〇〇七、『小倉祇園太鼓の都市人類学―記憶・場所・身体―』古今書院。

長浜曳山文化協会・滋賀県立大学人間文化学部地域文化学科編、二〇一二、『長浜曳山祭の芸能―長浜曳山子ども歌舞伎および長浜曳山囃子民俗調査報告書―』長浜曳山文化協会。

日本生活学会編、二〇〇〇、『生活学第二十四冊―祝祭の一〇〇年―』ドメス出版。

松平誠、二〇〇八、『祭りのゆくえ―都市祝祭新論―』中央公論新社。

矢部拓也、二〇〇〇、「地方小都市再生の前提条件―滋賀県長浜市第三セクター「黒壁」の登場と地域社会の変容―」『日本都市社会学会年報』（一八）、五一―六六頁。

和崎春日、一九七六→二〇一一、「都市の祭礼の社会人類学―左大文字をめぐって―」、有末賢ほか編『都市民俗基本論文集三――都市生活の諸相』岩田書院、四四九―四九九頁。

長浜市ホームページ（http://www.city.nagahama.shiga.jp/index.cfm/index.cfm/6,8948,12,92,html/）二〇一三年一月一四日閲覧。

第8章　若衆――中老間のコンフリクトと祭礼のダイナミズム

武田　俊輔

はじめに

本章では長浜曳山祭において山組の若衆たちがどのように祭礼を担うのか、その準備から祭礼当日の執行に至るまでの若衆たちの役割について概説する。と共に、そのプロセスにおいて頻繁に生じる若衆―中老間での祭りのあり方をめぐるコンフリクトと相互の駆け引きに注目し、それが若衆・中老の双方が祭礼の「面白さ」を体感する上でいかに重要な意味を持ち、また祭礼を活性化させる上で重要な働きをしているかについて明らかにする。

祭礼についての従来の分析においては、地縁・血縁に基づく共同体を基盤とする伝統的な地域社会において、その共同性が祭礼を通じていかに構築されてきたかをめぐって、あるいはまた、そうした地域社会における人口減少や少子高齢化の進行、転入世帯の新規加入や「選択縁」に基づく祭礼への参加（上野、一九八四）等の変化にともなう祭礼の再編成をめぐって、民俗学・文化（都市）人類学・社会学といったさまざまな見地から研究が重ねられてきた。そうした研究において基本的に注目されてきたのは、祭礼の持つ社会的な統合機能についてであった。

実際、長浜曳山祭のような都市祭礼は、伝統的な商家町の社会構造を反映し、町内において経済力と威信を持つ商家が中心となって継承され、その社会構成原理を時代に応じて再構築する役割を担ってきた。松平誠はその都市祝祭論において「伝統型の都市では、その存在理由をカミにことよせ、神社祭礼に依拠して生活共同の認知がはかられ、そこに共同帰属原理が求められてきた。祭礼費を決める「等級制」に明示される身分階層制、祭礼役職の基準となる「筆順」にもとづく集団の組織編成によって示される威信構造が、神社祭礼のつど氏子集団の中で強化・再編成され、それがそのまま町内の社会構成原理としてはたらいていた」と述べている（松平、一九九〇、四頁）。

こうした研究状況について芦田徹郎は、従来の祭礼研究がしばしば、祭礼が地域社会の再生や共同性・関係性の構築を強調する「予定調和論的な偏り」に陥っていると批判している。確かに「祭りが「内部」を結束させ、成員に生きる意味と力を付与する」一方で、「その背後には「外部」に対するさまざまな差別、排除、抑圧、暴力、犠牲等が張り付いていたのであり、今日でもそれが顕在することは珍しくな」いのであり、時と場合に応じて状況的に何が「外部」とされていくのかといった動態的なプロセスには注意すべきだろう（芦田、二〇〇一、二八頁）。これと同様の観点から近年、祭礼における担い手間の差異やその相互のコンフリクトについて注目する研究がいくつか生みだされている（中野、二〇〇七／有本、二〇一二／中里、二〇一〇）。

しかし祭礼の場においてどれほどコンフリクトが生じているにせよ、実際にはそのことによって祭礼それ自体が根底から崩壊したり、中止されたりするわけではない。例えば祭礼の担い手同士のもめ事や喧嘩は面倒な出来事とされ、祭礼の執行に重大な支障をきたさないように処理されなくてはならないものではあるが、そうした観点だけでとらえられるべきものではない。もめ事や喧嘩は、それをオーディエンスとして眺める他の担い手や見物人にとっては、むしろ面白い出来事として大いに話題となり、祭礼を盛り上げる機能を持つものでもあるからだ。

さらにそうしためごと自体が、発生から時間が経過し回顧されるようになる中で、当事者同士の間ですら武勇伝や笑い話として語り継がれ、むしろ担い手同士の結束を高めるものとなっていることも決して少なくない。コンフリクトが祭礼の担い手にとって持つ意味を考える上では、単にそれが発生した一時点だけでなく、そうした時間的な経過の中でもたらされる結果についても、考察する必要がある。本章ではそうした観点から、祭礼の担い手である若衆―中老間のコンフリクトと、そしてそれが祭りを行う上でどのような意味を持つのかについて、具体的に論じていきたい[1]。

具体的には以下のような手順で分析を進めていく。第二節では長浜曳山祭の中心となる子ども歌舞伎の準備のプロセスとそこで要請される若衆を中心とした団結について論じる。その上で第三節では若衆―中老間でいかなる問題をめぐってコンフリクトが発生するかについて概説する。第四節ではそうしたコンフリクトが祭の障害として抑制されるばかりでなく、むしろ祭礼の担い手たちを高揚させるものとして享受され、また時に積極的に演出されていること、祭礼を執行する上で子ども歌舞伎や曳山とも並ぶもう一つのメインステージとも呼ぶことができる重要性を持つことを示す。最後に第五節では「伝統」的な都市祭礼である長浜曳山祭であっても、それは単に「伝統」を前例踏襲で守るというものではなく、それぞれの世代の若衆たちのこだわりと自己主張によって祭りのやり方が更新され活性化されていくものであることを論じる。

なお本章の執筆においては平成二四年（二〇一二）～二七年（二〇一五）にかけて、筆者がX町の若衆として自ら祭礼の準備に関わった参与観察調査のプロセスで得たデータ、さらにX町の若衆・中老、そして町内の中老の妻で若衆の母（若衆：XW1・XW2・XW3・XW4・XW5、中老：XC1・XC2・XC3・XC4・XC5、女性XJ1）へのインタビュー調査のデータが用いられている。またX町と友好町として三年に一度の祭礼の出番の際に協力し合う関係にあるY町の中老（YC1）へのインタビュー調査、そして筆者が二〇一四年の祭礼において参与観察調査を行ったZ町の若衆たち（Z1・Z2・Z3・Z4・Z5）へのインタビュー調査のデータも用いられている。

一　若衆たちの祭礼の準備のプロセス——X町を事例として——

（1）X町の山組組織

まずは各山組の若衆が出番に当たり、どのように祭礼に向けた準備を進めていくかについて、筆者自身が若衆を過去に務めたことのあるX町の事例を中心に見ていこう。X町は若衆祭り、すなわち子ども歌舞伎に関する準備の一切を若衆のみが行い、中老は一切そこに立ち入らない形で祭礼の準備を行う山組である。中老も子ども歌舞伎に関わる総祭りの山組では、稽古の際の役者の世話や振付をはじめとした三役への対応、稽古場の管理などについては中老が関与しているし、若衆祭りであっても各家の当番において町内の女性がそうした役割を担う山組も多い。筆者は平成二三年（二〇一一）〜平成二八年（二〇一六）にかけてこれまでに七つの山組において稽古の参与観察を行ってきたが、X町はそうした点についても一切中老や女性は関与せず、すべてが若衆によって担われているという点で徹底している山組である。

X町の若衆の構成員のうち半数は、土地・建物を親か本人が所有している地縁・血縁に基づく若衆である。その中には商店主や自営業の後継者だけでなく、親がX町内に土地を所有して店を経営、あるいは居住していて、本人はサラリーマンをしている者もいる。なおX町では一つの家からは若衆には一人しかなることができず、商家・自営業者の場合はその後継者、それ以外については原則として長男が若衆を務める。

残り半数の若衆の多くは、X町にテナントとして店舗を借りている者によって構成され、テナントとして入る以前は山組とは無関係だった者である。他にX町に特に基盤を持たない状態で、地縁・血縁に基づく若衆からの紹介で若衆に新たに入った者も数名おり、こうしたテナントや友人関係に基づく若衆も含めた形で、近年は二〇名程度の人数が維持されている。なお若衆の上限年齢は町内の規約では四〇歳になってから一回までとなっているが、これを厳格に適用すると、現在では祭礼の執行自体が困難となるため、実際には四〇代後半まで若衆を続ける場合も少なくない。また年齢にかかわらず、新たにX町に加入した者は最低三回、若衆をすることが求められるが、これについてもある程度の融通を利かせている。

多くの山組においては、その中心的な運営メンバーは、山組内に土地・建物を長年所有してきた者とその血縁者から選ばれており、X町でもそれは同じである。若衆における役職のエリートコースは、若衆入りしてからほどなく務める籤《くじ》取人（子ども歌舞伎を執行する順番を決める神籤を引く役目）、舞台後見（子ども歌舞伎の舞台において黒子や役者の補助、鳴り物を鳴らす役目を務め、子ども歌舞伎が行われていないときには曳山上で御幣を守る役目）、そして経理をつかさどる会計、そして副筆頭を経て、若衆全体を統べる筆頭になるというものであるが、これらは基本的に従来からの地縁・血縁に基づく若衆が務めることが慣例となっている。そうした若衆たちからは、テナントや友人関係で入った若衆に対しては、「助けてもらってるとか、手伝ってもらってるっていう言葉がついてでる(2)」ものであり、決して同列に祭礼を担う存在としてはみなしていない。

(2) X町の若衆たちによる子ども歌舞伎の準備

長浜曳山祭に限らず都市祭礼は、複数の「町内」の間において、山車・芸能を媒介としつつ相互に「見る」――「見られる」という関係にある。そしてそこでの競争と評価のまなざしが「町内」の内部や各町同士の関係、さらに観客たちにも作用する中で、「町内」同士が威信をかけて競い合うという性質を持つ。長浜曳山祭においてそうした競争・評価にさらされているのは、言うまでもなく子ども歌舞伎の出来である。すなわち「よそが一二も出てたら、よそよりええ外題せえへんかったら誰も見に来てくれへん(3)」というわけだ。

実際、X町に限らず各山組で話題の中心となるのは、今年はどの山組の子ども歌舞伎が良かったか、どの役者がよかったかということである。特に中老以上の世代では、「芸にしても色々見てやるで、昔の……同じ外題とかようありますやんか？　好んでかけてる……。「あの時のあれは良かった」とかいちいちうるさい」、「もうほらすごいね、狐忠信とか上手。終戦後一番。（中略）P山の裏のQちゃんの弟で、ほら、あんなもんそばにも寄れんっちゅう、すごい……」(4)というように、山組の境界を越えて後々まで語り継がれることになる。そしてそれは子ども歌舞伎や役者の評価であると同時に、山組全体、とりわけその年の祭礼を担った若衆たちへの評価でもある。

そうした立派な子ども歌舞伎を作り上げ、奉納するために、筆頭を中心とした若衆は出番に向けて努力することになる。それは直接的には役者たちのしつけや稽古のサポートということになるが、それだけでなく、祭礼に合わせて発行されるパンフレットの広告取りを通じた資金集め、打ち合わせを重ねた上での祭礼当日のスムーズな段取りといった準備も含まれる。

ちなみに筆者自身が若衆として祭礼の準備にたずさわった際に最初に驚かされたのは、出番前年の秋から始まる若衆内の会議における、資金集めに関する話し合いのウェイトの大きさについてであった。出番に向けた会議は、祭礼半年前にあたる前年一一月より月に二回程度、そして二月に入るとほぼ毎週行われるが、一月頃まではほぼすべての議題は協賛金に関する内容で占められていた。子ども歌舞伎に関する議題が中心となるのはそれ以降のことである。

出番の際の山組の支出は、振付・太夫・三味線への指導料・謝金・宿泊費・交通費が挙げられる。加えて子ども歌舞伎で用いられる小道具・大道具のレンタル代や製作費用、パンフレットの印刷代も必要となる。祭礼期間中は、衣装屋・鬘《かつら》屋・顔師への謝金や宿泊費・交通費がこれに加わる上、役者・若衆・中老・囃子（各山組の子どもたちが中心となる）の賄いも必要である。また先述した祭礼直前の四日間行われる裸参りでの賄いや道具に関する費用もかかる。準備から当日までにかかるこうした経費を合計すると、一つの山組につき八〇〇万〜一〇〇〇万円とされ[5]、それを賄うのは決してたやすいことではない。

こうした費用は市からの助成と町内から集めた祭典費、そして協賛金で賄われるが、このうち前二者の金額はほぼ固定しており、若衆たち自身の努力で増額できるのは協賛金のみである。協賛金を集めることができなければ、遠方の優れた振付を呼ぶことも、豪華な衣装を使うことも、また役者や若衆・中老に十分な賄いを用意することもできなくなる。このことは、もちろん子ども歌舞伎の出来映えにも直接反映するし、若衆・中老たちの士気にも影響を与える。さらにこうした資金の多寡は、同じ町内だけでなく他の山組に対しても、広告の量やその相手先の数でパンフレットを通じて如実に表出されてしまう。そうした点からもどれだけの金額を協賛金として集められるかは重要な課題なのである[6]。

一・二月に入ると、役者が正式に決定し、振付と役者、役者親、そして若衆の顔合わせが行われる。また衣装・鬘合わせも行われ、会議の内容もそれらに関わることが中心となっていく。そこにパンフレット編集の最終作業が加わり、さらに三月に入ると子ども歌舞伎の稽古の際に稽古場の管理や振付の世話、役者の面倒を見たり稽古の補助をする稽古当番の担当決めといったことも行われることになる。こうして次第に祭礼に向けた役割分担が決定し、それぞれの準備、祭礼当日の打ち合わせも本格化する。

写真1　役者たちの発声練習を指導する若衆
（平成24年3月29日）

そして三月下旬から四月一二日まで、ほぼ毎日、朝・昼・晩と一日三回の稽古が行われる。この間、若衆たちは約三週間弱にわたって交代で、家ないし学校と稽古場との間の役者の送迎を行い、そして役者の稽古につきっきりで面倒を見る（写真1）。稽古場では振付による稽古の補助、役者の体調やメンタル面のケア、演技に合わせてツケや鳴り物を鳴らす練習、大道具や小道具の製作・購入・レンタルといった作業に連日従事するのである（武田、二〇一二b）。さらに稽古の後には筆頭・副筆頭を中心に若衆たちが集まって、祭礼当日のスケジュールや段取り、若衆間の分担、ルールやしきたりなどの確認を行う[(7)]。若衆たちはそういった一つひとつの積み重ねを通じて、より出来の良い子ども歌舞伎を披露できるように準備を整えていく。

(3) 若衆の負担の重さと団結の必要性

このようなさまざまな負担のため、かつて二〇〜三〇年前に若衆を務めた現在の中老たちの世代では、「祭りのたんびに御幣返すまで、僕も若衆時代は［仕事を放り出して］出ずっぱりやった」という状態であった。特に筆頭経験者などは、「［出番直前の］ほぼ三カ月はほとんど仕事しませんでした」とさえ言う[8]。現在でも特に若衆の幹部クラスを引き受けるとなると、「稽古でやっぱり、三週間仕事しなかったです[9]」と述べるほどで、それなりの覚悟をしなくてはならない。もっとも山組内で店を親子で経営している若衆の場合は、店を中老である父親に任せて祭に集中することも可能だが、町内にテナントとして店を借りていたり勤め人をしている若衆の場合、仕事のかたわらこうした負担をこなすのは大変なことである。

こうした負担の重い祭礼に向けて、筆頭には、自らを中心に若衆たちが一丸となって頑張れる態勢を組み、団結を維持していくことが求められる。昭和の末から平成初年頃までは、「若衆会で三年前に筆頭が決まると、月に一回は家でお酒とちょっとしたもん食べてもろうて、そのあと麻雀したりとか飲みに行くとか、そういうのでみんなの結束を作っていくちゅうのはひとつの形」であり[10]、「私らの時なんて筆頭いうたら貯金一〇〇万も二〇〇万も、みんなに飲ませたりしてたもんで。貯金もしっかりしてましたし[11]」といったように、筆頭が自宅に若衆たちを招いたり、飲みに連れて行って、祭礼に向けての気運を盛り上げていたという。現在ではそこまでではないにせよ、例えば毎週の囃子の練習の後に若衆同士で飲みに行ったり、また核になる若衆たちを中心メンバーとする会議を定期的に開いて、出番に向けた方針を決めている年もある[12]。

いずれにせよ筆頭がそうした若衆同士の団結をいかに作れるか、また仕事や家族のための時間を犠牲にしてまで祭りに力を注ぐような頑張りを若衆たちから引き出せるかどうかが、祭礼の準備の段階から問われることになる。「もしそういう立場［筆頭］になるんであれば、やっぱ周りに納得してもらうというか「あいつがやるんやったらな」っていう思いを持ってもらわんかったら、はっきり言って「ああ、あいつやの？　じゃあ俺のほうがええわ」って分かりやすく行動に出てしまいますよね。若衆から抜ける云々ではなかったとしても、正直協賛金は前まで一人各一〇万集まってたのが一万しか集まらんくなったって、分かりやすくそういうところってみんなのモチベーション……[13]」という発言に見られるように、そうした団結を生み出すことができなければ、若衆たちの協賛金集めや、子ども歌舞伎の稽古への若衆たちの参加にも影響が出るし、その結果は如実に子ども歌舞伎の出来や祭礼に参加する若衆たちの士気という形で、町内の他の人々や他の山組の人々にまで分かるくらいに表面化してしまう。そのような意味で子ども歌舞伎の出来は、その年の若衆たちの力量、とりわけ若衆をまとめる筆頭の器量について、山組内外の人々が判断する指標として機能しているのである。

二　祭礼における町内のコンフリクトとその演出

(1) 役者・外題選びをめぐるコンフリクト

ここまで祭礼における若衆の結束の重要性について述べてきたが、コンフリクトを抑えて結束を生み出す必要があるのは、若衆だけでなく山組全体についても同じである。特にその際に大きな問題となるのは、子ども歌舞伎における外題と役者決めをめぐってである。

実は前節で述べた子ども歌舞伎に関する直接的な準備自体は、せいぜい出番直前の半年程度にかかわるものに過ぎない。むしろ筆頭を中心とした若衆たちがそれ以前の二年半、議論を繰り返し、そして若衆だけでなく中老世代や女性たちを含む町内の人々が最も関心を持つのは、子ども歌舞伎の外題(芸題)と役者の決定である。そうした注目の高さゆえに、これらはコンフリクトが発生する大きな原因となっている。役者・外題の決定権については山組によって違いがあり、X町の場合は若衆内での相談を踏まえて、最終的には筆頭が役者・外題を決定しており、中老がそこに関わることはない。一方総祭りのY町・Z町においては中老も関与するが、近年においては基本的に若衆が中心になって決定を行っている。

筆頭は歌舞伎の外題や内容、またどのような役者が必要かといったことについて三年間学び、役者候補の男児の人数・年齢に合った外題を振付と相談しながら考えるわけだが、長浜において役者をするということは、その男児自身はもちろんのこと、役者を出した家にとっての名誉や威信を示すものでもあるため、その選択には慎重を要する。ある母親が役者選びについて、「うち選んでくれんとどうすんねん。この子［息子］らの時は子どもも多かって、おばあさんが、この子抜かれた時があって、「言うてきて」って言うて。で、私が「なんでうちの子出さんのや」って言いに行きましたよ」[14]と述べているように、役者の選択は山組内におけるコンフリクトの最大の種である。「一番怖いのは祭りが、足引っ張る人が出てくる」[15]ことで、ここで十分な合意や納得を得られない事態になると、それまでに築いてきた若衆からの信頼も崩れ、また中老世代も含めた各家からの祭礼への協力も得られなくなる。

そんな事態にならないよう、人々を納得させるための理由としてしばしば重視されるのは、第一に、それぞれの家の山組内における「歴史」、すなわち居住歴の長さである。「経済状況より、歴史をがちゃがちゃ言わはる人が多いんやと思う[16]」、「全部町の中のお金がこの祭りの中にぎょうさん入ってますんで。［天正時代以来、長浜に住むという］XC6さんとこ［の家］からお金がどんぐらい来たか[17]」というように、山組の町内に長年にわたって在住して祭典費を払ってきた家の男児かどうかという、家の「格」[18]が重視される。

また同じ親戚筋から何人も役者を出すことや、筆頭のような若衆の幹部クラスが自分の家から役者を出すことについても忌避される。特に「責任者になってるもんが、自分の子どもとか家族を優遇するような選択をすることは許されない[19]」というように、他の家を差し置いて自分の家から役者を出すことは、町内からの信頼を失いかねない問題になる。さらに役者選びの問題は配役にも及び、過去に役者をした経験のある男児の家では、経験がある分、役者たちのリーダー格として主役級の扱いを期待する。したがってどの家の男児にどの役が当てられるかも問題になる[20]。

このように「役者を言うてきてくれはらへんかった、出してもらえんかったと。あそこには言うてこっちには来はれんかったとか、頼みに来はる順番がどうのこうの[21]」といったことを言われないようさまざまな点に細心の注意を払いながら、筆頭はコンフリクトをできるだけ抑えようとする。そのため筆頭は「指名されて、そこから二年間は情報収集」、すなわち「いろいろ親戚関係とか家庭環境とか」を「リサーチ」[22]し、それを踏まえた上で慎重に決定を下していかねばならない。「もうこれ結構大変なんやわ。寝ても覚めても。X町の中老さんがいうには、役者と外題が決まったら筆頭の祭りは終わったようなもんやぞ、って言われるくらい、そこで苦労せんとあかん」[23]という言葉に表れているように、筆頭の最大の仕事は、子ども歌舞伎の本格的な準備が始まる前の段階で、町内においてコンフリクトを起こさないよう調整し、配役や外題を決定することなのである。

（2）若衆─中老間で発生するコンフリクト

役者選び以外にも、祭礼において町内でコンフリクトが発生しうる問題はさまざまにある。その際にしばしば構図としてクローズアップされるのは、若衆と中老の間の対立である。

対立する理由はさまざまである。若衆が子ども歌舞伎を担うのに対し、中老は曳山の管理・曳行や祭礼の進行、また他の山組との交渉を行い、また祭典費を各家から徴収・管理する。こうした役割に基づく立場の違いが、しばしば対立の背景には見出される。

祭礼に関わる予算の使途は、そうした問題になりやすい事柄の一つである。曳山を預かるのは中老であり、立場上、曳山の修理・保全に関する費用をできるだけ残そうとする。[24]例えば役者の人数が多ければ多額の予算が必要となるため、中老側が減らすことを求めるのに対し、若衆側はコンフリクトを抑えるためにも町内の各家からできるだけ多くの役者を選ぼうとするといった対立が起こりうる。あるいは若衆たちが予算をかけてでも威勢良く自分たちなりの格好良い裸参りをやろうとするのに対し、中老たちが予算を抑えるように求める場合もある。

また中老は他の山組との間の交渉を行ったり、總當番が主催する山組集会において祭礼全体の問題を協議する会議に出席する。そのため他の山組との間で問題を引き起こしかねないことについては敏感にならざるを得ない。したがって他の出番山組と共に行う、また暇番山組の人々からの注目を浴びるような行事、例えば裸参りや夕渡りをめぐっては、とかく若衆と中老の間でコンフリクトが起きやすい。

さらにこうした立場の違いや、予算や資源の配分をめぐる問題とは別に、若衆と中老のそれぞれが持つ祭りに対するさまざまなこだわり、例えば子ども歌舞伎や裸参り、夕渡りの仕方についての美意識、祭りを行う上での時間的・金銭的負担への配慮、役者や籤取人の選択や彼らの家への敬意の表現の仕方[25]といったことをめぐって、しばしば考え方の違いが生まれる。「やっぱり多分筆頭やる人にしろ、何かの責任を負う立場になる人間は、前よりよくやりたいとかそれはきれいにやりたいであったりとか、格好良くやりたいであったりとか、人に負担がかからないようにやりたいであるとか、思いはいろいろやと思いますけど、前よりバージョンアップしたいなっていう、洗練させたいなっていうのは、多分、誰しも思ってる[26]」ことで、自分が中心となって祭りを担う以上は、そのこだわりを通したい。そして「最終的にうちの祭りの運営の仕方で言えばやっぱり最終やっていくのは結局若衆なので、やろうと思って、やりたかったらやっちゃえばいいんですよね（笑）。後で怒られようがそれは結局事後で怒られることで、ほの「その」「やっちゃってる」最中にはさすがに誰も止められない[27]」というように、若衆の側はしばしば自分たちの考えを押し通そうとして、中老との間で対立が発生することになる。いくつか具体的な事例を見てみよう。

［事例1］裸参りにおける出発時の演出の仕方をめぐるコンフリクト

「今回も［裸参りの出発の時に使う］ステージ作ったやろ、あれ。あれはほんでやっぱ［町家の中で］線香番が終わってからの、中やる［片付けて裸参りの準備をする］のが時間がかかるんよ。それをなくそうとしたで、ステージ［を作った］。まあステージはあそこで［役者親を］接待する予定やったけど、ほんで、これやったら線香番が終わってすぐ外でセットしてたらもうこのまま着替えてすぐ出れるやん、あれだいぶ短縮できたんや。三〇分以上。あれはあれで成功やったけど、中老とかは「あかん、出発はこん中からせなあかん。片づけてやったらええやん」言うて。俺ら［中老に］反対したんや。俺ももう強引に押し切ったよ。［中略］ステージなかったらやっぱ食べ終わった後、寂しいやん。ステージに向かって照明付けて、ほんで役者親さん二人に出させて、やっぱええ画になったで。あれはきれいに［記録用のDVDに］映ったるわ(28)」。

裸参りの際には、長濱八幡宮と豊国神社への参拝を終えた後、若衆たちは自町に帰って役者たちの家に向かい、役者と役者親を肩車して盛り立てる。それまでZ山ではかなり夜遅くまで裸参りをしており、若衆たちが家を激励に訪れるのを待つために役者たちが深夜まで起きていなくてはならなかった。この時のZ山の筆頭や中心的な若衆たちは、線香番が終わった後の片付け時間を短縮することで裸参りを早くスタートさせ、役者たちの負担を減らそうと考えていた。また籤取人や役者・役者親をステージに上げて照明を当て、下から若衆たちで盛り立てるという演出も行われた。しかし中老の側では従来のしきたりどおり、線香番が終わった後の町家に若衆たちがぎっしりと集まり、籤取人と筆頭を盛り立てるべきだと主張したのである。

［事例2］裸参りでの若衆や見物人の盛り上げ方をめぐるコンフリクト

「ZW6さんが八幡さんの井戸入る時に、あの扇、あの組体操の扇あるやん。扇やろーっとか言われて、井戸入る時扇やろーって言われて、扇やったんよ。ZW6さんに言われたらやったんや、しゃあない。お世話になったで。後からめっちゃくちゃ怒られたなあ。［中略］ほれから俺、絶対俺変えたろって、ほんま。そういうのもあったんわ[29]」。

「俺［長濱八幡宮で井戸に入って身を清めるときに］相撲のあれ［土俵入りのパフォーマンスを］取り入れたんや。相撲の神事やろ、朝青龍［の土俵入り］。今回は日馬富士入れたし、塩ちゃんとまいたんし、文句は言わせんって。ちゃんとあのー、横に両方にあの太刀持ち作って、ちゃんと［映像に］映ったんよ。［中略］井戸に入る前に井戸の上立って、ウワーッ、ウワーッて入るやん。入るまでが、パフォーマンスせなあかんなと思ったときに、何かないかなと思ったら相撲の……。言われたで、「ZW1さん朝青龍やってたよ」って、言われたもん俺。「めちゃめちゃ面白かったですよ」って[30]」。

裸参りは「若衆の祭り」[31]と呼ばれることがあり、役者を中心に回る長浜曳山祭において、唯一若衆たちが純粋に楽しめる部分である。したがってしばしば若衆たちは自分たちで盛り上がるべく、また時には裸参りを見物する他の山組の人々をも巻き込んだ盛り上がりや笑いを作り出すべく、さまざまな趣向を凝らす。

しかしそうした参拝に対して中老の側が厳しく若衆、特に筆頭などの中心メンバーを批判することも起きる。神事である以上粛々と行うべきだという考えの中老や、そうした趣向は見物している他の山組に対して示しがつかないと考える中老もいる。裸参りは出番・暇番問わず多くの人々が見物に来る大きなイベントということで、どんな参拝の仕方をするかは、他の山組から注視されているという意識が強くあるためである。

次に夕渡りをめぐるコンフリクトについて見てみよう。

［事例3］夕渡りにおける「招き」をめぐるコンフリクト

昭和四三年頃よりいくつかの山組では、夕渡り行事の際には役者に随行する若衆が「招き」と呼ばれる役者の氏名と年齢を記した木札を掲げ、見物客に対して役者の名前を披露している[32]（写真2）。役者親の若衆にとってもそれはうれしいことで、かつ自分の家の子どもが役者をした記念として代々、この「招き」を残しておくことができる。そのため「招き」を用いない山組でも役者親から「「招き」

写真２　役者がその姿を披露する夕渡り。中央の役者親が持っているのが「招き」である（平成 27 年 4 月 14 日）

できひんか」という声は上がることがある。[33]しかしかつては存在しなかったこの慣習について不適切と考える中老もおり、ここから以下のようなコンフリクトが起きる。

「負担人さんは、「招き」ってのが気に入らんで、「招き」を夕渡り持つなって、作るなって。總當番の寄り［山組集会］で、夕渡りのときに「X町は持ちません」っちゅうとこやった。俺も持つな言われたけど、若衆に八幡宮もってかせて、それで四番山やったで一番に出な[34]って［招き］持たしてた。俺行ったら皆「あれ？『招き』なんやねん？」と。それで「招き」は負担人あかん言うて、ほら「もうなんだ、分からんわ」言うて、怒られる。未だに。

ほんときに、ワーッとやりとりして、ものすごい観衆がいる所で［負担人と筆頭の］二人でやり取りしてて、そしたら一人の女のカメラを持ってる人が、「ちょっとあんたらどいて。役者の写真撮りたい」と、それで撮ろうとしはんねん。その横にいたおっちゃんが「何言ってるんや、［役者より］おもろい［面白い］のはここ二人やんけ」って言わはって、一瞬その時に、負担人さんパッと元に戻らはって。それで「このやろう」言うてはって。

副負担人さんが来て「ここはわしの顔に免じて、ここだけは涙飲んで渡ってくれ」言うて、それを「すんまへん。うちが出なんだら祭りは済まへん」ちゅうことで、「そんなこったら副負担人さんの顔に免じて行くわ」言うて、「招き」持たずに［夕渡りを］歩いた。［中略］それで次の日一五日の朝、また負担人さんのところで準備や。［朝］一番に行かんならんのやけど、［負担人の家で］誰も喋ってくれはらへん。ほれもほやけど、面白かったで[35]」。

［事例4］夕渡りにおける役者の衣装をめぐるコンフリクト

「夕渡りでも、本来はね、これは知ってる人は知ってるけど知らん人は知らん。あの、狂言が終わった姿で渡りをするわけですよ。だからね、場合によって狂言が終わった姿っちゅうのは、みすぼらしいいう言い方は悪いですけど、脱いだ後で格好の悪い場合もあるわけですよ。そういうときに、［筆頭の判断で］出た時の晴れやかな衣装つけて［夕渡りをしようと］したんです。［中老から］「違う」と。「お前、違うやないか、脱がせろ」て言われて、「ほんなもん、狂言が終わったときの姿やない」。ほんでも、今は子どもが晴れるような形にもっていきたいということが大前提に今は流れが変わってきてるけど、本来はやっぱそうなんです、狂言が終わった姿で渡りはせなあかんっちゅうのが……。それのとき「脱がせよう、脱がせな」でひと悶着ありまして、親さんはやっぱり泣かれましたね。「なんでうちがこんなん［こんな目に］遭わんならん」。もうね、あんとき［役者親と中老の間に］挟まれるとね。どうしようもないですよね[36]」。

このように夕渡りという場における役者親の立場、そして役者や役者親を盛り立てたいという思い、その一方で中老側の自分たちが受け継いできたしきたりを守るべきとする考えや他の山組からのまなざしへの意識がぶつかり合う。それぞれのこだわりの中で、筆頭としていかにコンフリクトを処理するかは、若衆たちが祭礼を行う際の大きな課題である。そのためには「当然デコボコデコボコはするんです。そのデコボコしたのを、いい勉強材料として自分が本来学ばなあかんのですわ[37]」というように、前回の祭礼までにどのような衝突があったかを学習し、火種になりそうな問題にどう対応するかを考える必要がある。例えば［事例3］の例で言えば、「招き」についてはX町では衝突が起きた次の出番から、各役者に随行する若衆が持つことになっている灯を入れた提灯に、役者の役名・氏名を入れることでうまく若衆と中老が折り合いをつけるようになったという[38]。

このようにコンフリクトが起こりそうなさまざまな点に「目配り気配り」し、「［対立を］最小限で、最大公約数に収める」こと、そのために若衆の方針について町内で事前に「言うて回って歩いて」おくことが、祭礼を行う上で必要と考えられている[39]。

三　積極的に創り出されるコンフリクト

ただし上に述べたことは、必ずしも若衆が町内に根回しをして、コンフリクトが起きないように努めなくてはならないことを意味するのではない。それどころか逆に、毎回の祭礼において山組内でコンフリクトが絶えることはないし、むしろ上記で述べたような種々のコンフリクトは娯楽として消費され、ときに積極的に創出されることさえある（武田、二〇一六a）。いくつかの事例を見てみよう。

［事例5］一六日の千秋楽後の筆頭と負担人との大喧嘩

「最後な、千秋楽が終わって、で、セレモニーするやん。ほんときに天気が悪うなり始めたんや。で、負担人さんは「もう、すぐに山片付けるぞ」と。「もうちょっとゆっくりさせてえな、まだ降ってないやんけ。ほんなもんやってられるか！」言うて、［筆頭が］いはれんようなった。だからここに来るまでにいろんなこと［中老との間のもめごと］ぐーっとあったで、最後の最後にここは意地張るところと思たんやろな。で多分、こっち［負担人］も思わはったんやろな。で、平行線上でバーンとなってもうたんよ。ほれはほういうポーズやけど、バーンとなってもうて、［筆頭が］扇子を投げてその場にいることは、多分できんかったと思う[40]」。

「最後［筆頭が］行方不明になったけど、皆で探しに行ったし、どっかの川にはまってはれんかとか、八幡宮の川で泳いではれんかとか（笑）、ほれが笑い話になって、やりきった感があった[41]」。

このコンフリクトは、その後、町内の人間関係にも影響を残した。しかしにもかかわらず、この出来事を記憶する町内の人々にとって、「笑い話」として楽しめるものとして感じられている。

また例えば先の［事例3］における「招き」の扱いをめぐるエピソードは、もちろんコンフリクトの当事者たちにはそれを楽しむ余裕はなかったが、「何言ってるんや、［役者より］おもろい［面白い］のはここ二人やんけ」という言葉のとおり、それを眺める山組の人々にとっては格好の娯楽であり、さらに筆頭としてその当事者であった語り手さえも、「ほれもほやけど、面白かったで」というように、今となっては祭りの盛り上がるエピソードとして自分でもそれを懐かしみ、思い返して楽しむことができるものとなっている。

時には、コンフリクトは山組の人々によって積極的に創出されることさえある。

［事例6］若衆間でコンフリクトを起こそうとする中老

「うちの町内の裸参り、ある時から微妙におかしなった。これはいつやいうと、多分XW7の籤取［人］のときなんやわ。僕の記憶では、豊国さんの裏［豊国神社の境内にある出世稲荷神社への参拝］で、あそこは多少は［騒いでも］ええわいう話をしてたら、「うちの父ちゃん昔ロン毛でした」とか、わけのわからんことを言うて、それで回り［の若衆］がウケるから。そっから路線がずれていったんやわ。僕らは中老さんとか上の代から、あんなことさすなとさんざん言われてるわけや。ところがその言うた本人が参ってる本人に、「お前はええ籤取りや」てニコニコして言われてるらしいんやわ。思いっ切り混ぜに［混乱させに］来てるやんけ(42)（笑）」。

すでに述べたように裸参りは、長濱八幡宮・豊国神社に対して祈願しお祓いを受けるという神事である上、他の山組や大勢の見物客のまなざしを意識せざるを得ない空間である。そこで冗談ばかりの祈願をすることに対して中老が若衆の幹部クラスに文句を言うのはある意味当然のことだが、一方では籤取人に対しては逆のことを言う。中老の側はあえて若衆内で意見を対立させ、それを面白がろうとするのである。(43)

ここまで述べてきた事例の多くは、自分以外の第三者同士のコンフリクトを楽しんでいるというものであるが、たとえ自分たちがコンフリクトの当事者であってもそうしたコンフリクトは、祭礼に欠かせないものである。例えば筆頭・副筆頭を近年に経験したある若衆は、自らがその立場で経験した役者選びの際の若衆内のコンフリクトについて、以下のように述べる。

「役者選びに関しても、ほんまのちょっとしたことで、やってきたことが全部バシャッと「コンフリクトの結果」潰れる可能性のあることばっかや。全部がうまいこといきすぎて完全にマニュアル化されたら、祭りというのはイベントになって、祭りの高揚感はぐっと減る。これがなかったら一本調子で、面白くも何ともない。今回「の祭礼」はぎりぎりの線で、神様に助けられたな(44)」。筆頭・副筆頭の立場としては役者選びをめぐるコンフリクトが大事に至るのは、先に述べたように最も回避されなくてはならない事態のはずである。しかし、にもかかわらずそれが一切なければ他人ばかりか自分自身も祭礼を楽しめないというわけだ。

その意味でむしろコンフリクトは単なる障害ではなく、山組の人々が祭礼を継続・継承していく上で不可欠なものだ。「結局、山組同士が会うて、山の話しかせえへんのは、結局もめ事を楽しんでる話しかしてないんやと。ほれは祭りの時だけやなくて、常日頃から山組同士が普段顔を合わすと、その話しかしない。九割その話やな。日常や。しかも同じ話を何回も言う。言う間にほのネタが熟成されて、余計面白い話に変わっていく。洗練されてくんやわ。意外と尾ひれはつかんと、しゃべり方から何から洗練されてネタに変わっていくんや。鉄板ネタに[45]」というように、そうしたコンフリクトをめぐる話は山組の若衆たちや中老たちの間で飲み会の酒の肴として繰り返し楽しまれ、さらに世代を越えた「鉄板ネタ」として山組内で伝承されていく。そうして祭りの「面白さ」は、コンフリクトを引き起こすことの危険性についての警告と一体のものとして、受け継がれていく。

興味深いことに、こうしたコンフリクトは時として山組の人々の語りにおいて、「芝居」に譬えられる。例えば［事例3］における負担人と筆頭の公衆の面前におけるやりとりは、それを眺める人々にとってはそれ自体が一種の「芝居」として楽しまれるものだったわけである。これまで本書で何度も紹介されているように、長浜曳山祭は舞台上で子ども歌舞伎という芝居を演ずるのをそのメインステージとして位置づける祭礼である。しかし実は役者選びや予算、裸参りや夕渡りのやり方をどうするかといったさまざまな決定をめぐってのコンフリクトこそは、一般の観客には見えないもう一つの「芝居」、いわば山組内における隠れたメインステージなのである。

したがって、コンフリクトをめぐる語りは、単にそれを引き起こさないための教訓としてのみ下の世代に引き継がれるのではない。むしろ山組内の飲み会を通じて、若衆たちはこれまでのコンフリクトの際の若衆・中老の主張や意地の張り合いの経緯についての話題を楽しみつつ、コンフリクト自体の祭礼における面白さや重要性を知り、そしてどのように若衆・中老という役割を演じていけばよいのかを学んでいく。Y町のある中老は「無形文化遺産は夜［飲み会で］作られる[46]」と表現するが、まだ経験の少ない若衆もそうした中で、祭礼に関するコンフリクトやそこでのふるまいを学び、自身が筆頭や副筆頭としての役割を演じる際にそれを応用できるだけの知識を蓄えていく。そのようにして祭りは世代を越えて継承されていくのである。

四　世代間コンフリクトが創り出す祭礼のダイナミズム

ここまで長浜曳山祭の担い手である山組内における役者・外題選び、予算、夕渡りや裸参りと言った祭礼の場面におけるさまざまなコンフリクトが持つ意味について分析し、コンフリクトが単に祭礼を執行する上で克服されるべき障害ではなく、むしろそうしたコンフリクト自体が祭礼を高揚させ、その醍醐味を構成するもう一つのメインステージとして機能していることを明らかにしてきた。コンフリクト自体にそのような意味がある以上、単にコンフリクトを起こさないように中老世代の顔色を窺っているだけでは十分ではない。むしろ「粛々とやって、あの、［中老が］怒り甲斐もないような祭りにしてまうとまたあかん[47]」のであり、コンフリクトが起きることを承知の上で、若衆が自らの主張を行わなくてはならない。

X町の筆頭経験者の言葉を借りれば、「若衆として威勢をはるとかじゃないけど、若衆がこうやりたいんやという自己主張というか、向こう［中老］も喜んではると思うよ。裸参りとか、そのへんは若衆の好きにやらしてくれという。そういうなんで意地を張るとかは良い意味なんちゃうかなと俺は思うけど。なんもツラーッと静かに終わっていくお祭りやなくて「自分はこうやりたい」という我を張りたい部分は見せたほうがええんちゃうかなと思う。なんかあるやん、お祭りの醍醐味みたいな部分が。そのへんは演出ではないけど、あったほうがええんと思う。自分の感覚かな。ここは意地張ったほうがええんかなとか、ここは［中老を］立てたほうがええなとか、そのへんは筆頭の技量なんかなあと思う。結構あるで、そういうポーズなんか[48]」ということになる。「ポーズ」という言葉に示されているように、こうした若衆と中老とのコンフリクトは、社会学者のE・ゴッフマンが論じたような、それぞれの役割に即した自己提示として見ることができる（ゴッフマン、一九五九＝一九七四）。「中老さんも自分の［若衆の］ときどう言うてたかは完全に手のひらくるり[49]」、「立場立場で変わるさかいに、ほんときに都合のいいことだけ言わはる[50]」ということが、山組内ではよく指摘されるが、発言内容が若衆から中老に移行した途端に変わるのは、それがあくまで「役割」だからであり、その役割を演じることが祭礼という場において定められている以上、必然的に「若衆と中老は対立するもん[51]」なのだ。

したがって「うまいこといきすぎて」「一本調子」で祭礼を終わらせるのでなく、こうした役割を踏まえつつ、「［中老の意向を］知ってて、顔を立てんようにすることもある[52]」というように、コンフリクトをどこまで煽り、そしてどのタイミングで収めるか。またそうしたコンフリクト自体を「醍醐味」として、いかにそれを「演出」し、適度に創り出しつつ「酒のアテ」「笑い話[53]」のレベルに収束させるか。「ほの時ワーワー言ってて終わって、千秋楽終わってほの後宴も全部終わって、終わってみたら「なんだかんだ言って、頑張ってええお祭りやったな」ってなる[54]」ような結果をいかに生み出せるか。筆頭の「技量」というべきものはそこにある。

ただしこのことは、こうしたコンフリクトがあらかじめ仕組まれた単なる「やらせ」で、最初から調和的に丸く収まることを前提としたものであることを意味するわけではない。「[コンフリクトを]コントロールするとこもあるけども、結局、コントロールできんようにもなるんよ[55]」ということもあり、時には町内においてそれ以降口も利かない関係になってしまったり、「家と家との付き合いが二〇年途絶え[56]」てしまうような状況も起きてしまう。とりわけ祭礼の最中は皆酒が入り、加えて連日連夜の行事で疲労困憊している状況で、そう簡単に諍いが収められるものでもない。

だがコンフリクトを楽しむ際、それが本気でなく、あらかじめ適度に丸く収まる予定調和だと分かっていれば、そもそも山組の人々もさして盛り上がらないだろう。過去に、X町では役者・外題選びを通じて「[稽古の]初日で筆頭の顔見たらこれはちょっとほんまにやばい、精神的にやばいっていう[57]」、「追い詰められるとああなるよね、憑きもんがついたような[58]」と町内における語り草になる状況があった。しかしこれについても当時幹部であったある若衆は以下のように回顧する。

「当時、中老の人らも筆頭見て、「あいつ、ほんまに大丈夫なんか」いう話で。ほのぐらいのぎりぎりで、プラス［祭礼の盛り上がり］に転じるかマイナス［祭礼において取り返しの付かない状態に陥ること］に転じるかの祭を、うちの町内の役員はしてる[59]」。そこまで筆頭が追い詰められるほどの「ガチ」

なコンフリクトも起こりうるからこそ、「[筆頭は]命懸けでいかなあかんくらいの覚悟でやらなできん」[60]とされるのだ。そうした意味で、コンフリクトが祭礼からの離脱をともなうような「ガチ」なものになるか、適度に楽しめる程度に収まるかは、あくまで結果的にしか分からない。むしろだからこそコンフリクトを眺めている人々にとっては、それは「醍醐味」となるのである。

こうした形で行われる都市祭礼は、単に固定的に過去に行われた前例を「伝統」として踏襲するものではない。むしろ「[上の世代からの]逸脱しすぎないようにっていう圧力と、まぁ逸脱してるかもしれんけれども、やりたいことはやっぱりやりやりたい。だって格好良いと思うもんっていうこのパワー」とのせめぎ合いが、そしてコントロールできるかどうかギリギリのコンフリクトが、祭りへの熱狂を引き起こすのである。逆にコンフリクトのリスクを恐れて単に前例を踏襲するだけの筆頭では、「やらされてる」[61]とか、「事務的にしてるだけや。筆頭の値打ちない」[62]とさえ酷評されてしまう。

そうした世代間のせめぎ合いの中で、祭りのあり方は出番のたびに更新されていく。ある若衆はその点について、「それは[筆頭の]カラーなんですよね。その年その年の祭りのカラーやから。四〇〇年続いている祭りでも一個一個が成立してる祭りやと僕は思うんで。ほんでほの筆頭のお祭りが終わったらその祭りは一旦終わるわけですよ。長浜の曳山祭はずっと続けていくんだけども、何年度の祭りは終わりと。で、次年度のお祭り、ほんでまた次の次年度があるという考え方で続いてる祭りや思うんで。まったくもって一緒でやってると、たぶん衰退してる祭り」[63]と述べる。このように、三年ごとの出番が回ってくるたびに、それぞれの山組において筆頭を中心に、その時期の山組の状況(そこには例えば、少子化や山組の若衆の減少といった社会的な状況も含まれる)、そして筆頭の美意識に即して、その時々の祭りの形が創られていく。そしてそれゆえに、祭りのあり方もそれぞれの時代の状況に応じて柔軟に工夫し、また上の世代との交渉や衝突を経ながらも、修正することが可能となっているのである。

ただしこうした祭りのダイナミズムが今後も維持されるかどうかは、ひとえに、ここまで述べてきたような山組内におけるコンフリクトをめぐるさまざまなエピソードが楽しく語られることで、次の世代が過去の若衆や中老たちの主張を理解し、若衆として何をどこまで主張しどこで中老の顔を立てるかといった「演出」のセンスを培うことができる、そうしたコミュニケーションの場が、今後どれだけ継承されるかにかかっている。

前章で論じられているように、近年は山組の多くを構成する中心市街地においては少子化が進み、また山組の域内に居住していない若衆・中老も多い。さらにテナントとして新たに入って来て、祭礼をめぐる儀礼や慣習についての基本的な知識を前提にできない若衆たちが山組に入るようになってきている。そうした中で祭礼をめぐる濃密なコミュニケーションがどれだけ維持されうるのか。さらに、無難に前例を踏襲するのでなく、自らがコンフリクトの当事者となるリスクを背負って、自分たちなりの祭りについての主張を覚悟をもって行う、そんな祭りのあり方を継続できるかどうか。単なる固定化した「伝統」をマニュアルどおりに継承するだけにとどまらず、長浜曳山祭が生き生きとした活力を保ちつつ今後も伝承されていくかどうかは、その点にかかっていると言えるだろう。(64) 町衆たちの創意工夫の中で、そうした祭りのダイナミズムが今後とも引き継がれていく可能性に、筆者としては期待していきたいと思う。

［注］

（1）なお本章の内容は、筆者の別稿に新たな論点を加えて加筆修正したものである。（武田、二〇一六a）。

（2）X町の若衆XW1氏への聞き取りによる（平成二七年五月一五日）。

（3）X町の中老XC1氏への聞き取りによる（平成二七年五月二〇日）。

（4）X町の女性XJ1氏への聞き取りによる（平成二七年五月一五日）。

（5）『朝日新聞』平成二七年三月一〇日付朝刊（滋賀版）による。

（6）筆者自身の平成二七年一月〜二月にかけての若衆会議への参与観察、およびX町の若衆XW1氏・XW2氏（平成二七年四月二四日、六月二一日）・XW3氏（平成二七年五月一一日）への聞き取りによる。なお協賛金とその広告には、単なる資金調達に限らずその獲得のための社会関係資本の質量を他の山組に対して顕示する競争という側面もあるが、これについては別稿を参照のこと（武田二〇一六b）。

（7）筆者自身の平成二四年（二〇一二）三月二一日〜四月一二日までの、若衆として活動に基づく参与観察による。

（8）X町の中老XC2氏への聞き取りによる（平成二七年五月一一日）。

（9）X町の若衆XW3氏への聞き取りによる（平成二七年五月一一日）。

（10）X町の中老XC2氏への聞き取りによる（平成二七年五月一一日）。

（11）X町の女性XJ1氏への聞き取りによる（平成二七年五月一五日）。

(12)X町の若衆XW1氏への聞き取りによる(平成二七年四月二四日)。
(13)X町の若衆XW1氏への聞き取りによる(平成二七年五月一五日)。
(14)X町の女性XJ1氏への聞き取りによる(平成二七年五月一五日)。
(15)X町の中老XC1氏への聞き取りによる(平成二七年五月二〇日)。
(16)X町のXJ1氏への聞き取りによる(平成二七年五月一五日)
(17)X町の中老XC2氏への聞き取りによる(平成二七年五月二〇日)。
(18)X町のXJ1氏への聞き取りによる(平成二七年五月一五日)。
(19)X町の中老XC3氏への聞き取りによる(平成二七年五月九日)。
(20)X町の中老XC1氏への聞き取りによる(平成二七年五月二〇日)。
(21)X町の中老XC1氏への聞き取りによる(平成二七年五月二〇日)。
(22)X町のXJ1氏への聞き取りによる(平成二七年五月一五日)。
(23)X町の若衆XW4氏への聞き取りによる(平成二四年一一月二日)。
(24)X町の若衆XW2氏への聞き取りによる(平成二七年四月二四日・六月二一日)。
(25)これは裸参りの際に役者の家を回る順番をどうするか、また籤取人や筆頭、負担人の家をいつ訪ねるかといったことである。例えば「今回でも、ZW5のとこ最後にしたんや、籤取人の。ZC1さん(籤取人の親)、俺、お世話なったで。あれも異例なんやで。ホンマは初日に籤取の家に行くんやわ、そやけど俺はもう。それは言われたんや「なんで最後の日にZC1さんとこ行くんや」って。ちょうど通路……裸参りの順路の一番最後やったでポっと言うたんや。「最後やし、僕がZC1さんいつもお世話になってるんで、最後の花を持っていただこうと思てZC1さん最後にやったんです」って。これは中老さん納得してくれはった」（Z町の若衆ZW1氏への聞き取り、平成二八年二月六日）というように、どの順番で誰の家を回るかも、それぞれの家に対する敬意の払い方をめぐる諍いの種になりかねない問題なのである。

(26) Z町の若衆ZW2氏への聞き取りによる（平成二八年七月一七日）。
(27) Z町の若衆ZW2氏への聞き取りによる（平成二八年七月一七日）。
(28) Z町の若衆ZW1氏への聞き取りによる（平成二八年二月六日）。
(29) Z町の若衆ZW1氏への聞き取りによる（平成二八年二月六日）。
(30) Z町の若衆ZW1氏への聞き取りによる（平成二八年二月六日）。
(31) Z町の若衆ZW4氏への聞き取りによる（平成二八年七月一七日）。
(32)「招き」が用いられ始めた時期と理由については、常磐山の中老である野邊泰造氏による回顧「常磐山燦燦」（『平成二十八年　長浜曳山まつり　常磐山』、一〇一頁）に依拠している。
(33) X町の若衆XW2氏への聞き取りによる（平成二八年二月六日）。
(34) 夕渡りにおいては籤順と逆の順番で披露が行われるため、ここでは四番山が最初に出る必要があることを述べている。
(35) X町の中老XC2氏への聞き取りによる（平成二七年五月一一日）。
(36) Y町の中老YC1氏への聞き取りによる（平成二七年八月三一日）。
(37) Y町の中老YC1氏への聞き取りによる（平成二七年八月三一日）。
(38) X町の中老XC2氏への聞き取りによる（平成二七年五月一一日）。
(39) Y町の中老YC1氏への聞き取りによる（平成二七年八月三一日）。

（40）X町の若衆XW2氏への聞き取りによる（平成二八年二月六日）。
（41）X町の若衆XW2氏への聞き取りによる（平成二八年九月三〇日）。
（42）X町の若衆XW2氏への聞き取りによる（平成二七年四月二四日）。
（43）ただしこうした楽しみ方ができるのは、こうした発言をする本人が負担人や副負担人といった責任ある立場にないからでもある。また若衆祭りのX山では正副負担人以外の中老はあまり出番がなく、こうした発言を通じて祭りの中での自分の自己顕示欲を満たせるという面もある。X町の中老XC3氏への聞き取りによる（平成二八年一一月一六日）。
（44）X町の若衆XW2氏への聞き取りによる（平成二七年四月二四日）。
（45）X町の若衆XW2氏への聞き取りによる（平成二八年二月六日）。
（46）Y町の中老YC1氏への聞き取りによる（平成二八年九月三〇日）。
（47）Z町の若衆ZW5氏への聞き取りによる（平成二七年七月一七日）。
（48）X町の若衆XW4氏への聞き取りによる（平成二四年一一月二日）。
（49）X町の若衆XW1氏への聞き取りによる（平成二七年五月一五日）。
（50）X町の女性XJ1氏への聞き取りによる（平成二七年五月一五日）。
（51）X町の若衆XW4氏への聞き取りによる（平成二四年一一月二日）。
（52）X町の若衆XW2氏への聞き取りによる（平成二七年四月二四日）。
（53）X町の若衆XW2氏への聞き取りによる（平成二八年九月三〇日）。
（54）Z町の若衆ZW4氏への聞き取りによる（平成二八年七月一七日）。
（55）X町の若衆XW2氏への聞き取りによる（平成二八年二月六日）。

(56)X町の中老XC2氏への聞き取りによる(平成二七年五月一一日)。
(57)X町の若衆XW1氏への聞き取りによる(平成二七年五月一五日)。
(58)X町の女性XJ1氏への聞き取りによる(平成二七年五月一五日)。
(59)X町の若衆XW2氏への聞き取りによる(平成二五年四月二四日)。
(60)X町の若衆XW4氏への聞き取りによる(平成二四年一一月二日)。
(61)Y山の中老YC1氏への聞き取りによる(平成二八年九月三〇日)。
(62)X町の若衆XW2氏への聞き取りによる(平成二八年九月三〇日)。
(63)Z山の若衆ZW4氏への聞き取りによる(平成二八年七月一七日)。
(64)二〇一六年に長浜曳山祭を含めた「山・鉾・屋台行事」がユネスコ無形文化遺産に登録されたが、このことはこうしたダイナミズムを後押しするものとも言える。ユネスコは無形文化遺産の「保護(safeguarding)」について単なる現状保存というよりも、その促進・拡充・再活性化といった現状の変更を積極的に捉えている(俵木、二〇一五)。山組の人々が祭礼の継承のためにそのあり方を主体的に変化させることも、その点で望ましいと言うことができる。

〔引用・参考文献〕

芦田徹郎、二〇〇一、『祭りと宗教の現代社会学』世界思想社。

有本尚央、二〇一二、「岸和田だんじり祭の組織論―祭礼組織の構造と担い手のキャリアパス―」『ソシオロジ』(一七四)、二一―三九頁。

上野千鶴子、一九八四、「祭りと共同体」井上俊編『地域文化の社会学』世界思想社、四六—七八頁。

高木唯、二〇一二、「まちなかの変容と山組」市川秀之・武田俊輔編著／滋賀県立大学曳山まつり調査チーム『長浜曳山まつりの舞台裏—大学生が見た伝統行事の現在—』サンライズ出版、一六六—一七六頁。

武田俊輔、二〇一二a、「長浜曳山祭における社会的文脈の流用—観光／市民の祭／文化財—」長浜曳山文化協会・滋賀県立大学人間文化学部地域文化学科編『長浜曳山祭の芸能—長浜曳山子ども歌舞伎および長浜曳山囃子民俗調査報告書—』長浜曳山文化協会、二四五—二五六。

———、二〇一二b、「曳山まつりの継承とその未来」市川秀之・武田俊輔編著／滋賀県立大学曳山まつり調査チーム『長浜曳山まつりの舞台裏—大学生が見た伝統行事の現在—』サンライズ出版、一八八—二〇九頁。

———、二〇一五、「都市祭礼の継承戦略をめぐる歴史社会学的研究—長浜曳山祭における社会的文脈の活用と意味づけの再編成—」野上元・小林多寿子編著『歴史と向きあう社会学』ミネルヴァ書房、一二九—一五一頁。

———、二〇一六a、「都市祭礼におけるコンフリクトと高揚—長浜曳山祭における山組組織を事例として—」『生活学論叢』(二八)、一七—二九頁。

———、二〇一六b、「都市祭礼における社会関係資本の活用と顕示—長浜曳山祭における若衆たちの資金調達プロセスを手がかりとして—」『フォーラム現代社会学』(一五)、一四—三一頁。

———、二〇一六c、「都市祭礼における周縁的な役割の組織化と祭礼集団の再編—長浜曳山祭におけるシャギリ(囃子)の位置づけとその変容を手がかりとして—」『年報社会学論集』(二九)、八〇—九一頁。

中里亮平、二〇一〇、「祭礼におけるもめごとの処理とルール—彼はなぜ殴られたのか—」『現代民俗学研究』（三）、四一―五六頁。

中野紀和、二〇〇七、『小倉祇園太鼓の都市人類学―記憶・場所・身体―』古今書房。

長浜市教育委員会・長浜曳山祭総合調査団編、一九九六、『長浜曳山祭総合調査報告書―重要無形民俗文化財―』長浜市教育委員会。

長浜曳山文化協会・滋賀県立大学人間文化学部地域文化学科編、二〇一二、『長浜曳山祭の芸能―長浜曳山子ども歌舞伎および長浜曳山囃子民俗調査報告書―』長浜曳山文化協会。

俵木悟、二〇一五、「「護るべきもの」から学ぶべきこと―民俗芸能研究のフロンティアとしての無形文化遺産」『民俗芸能研究』（五九）、五六―七五頁。

松平誠、一九九〇、『都市祝祭の社会学』有斐閣。

村松美咲、二〇一二、「山組の組織と今後」市川秀之・武田俊輔編著／滋賀県立大学曳山まつり調査チーム『長浜曳山まつりの舞台裏―大学生が見た伝統行事の現在―』サンライズ出版、一七七―一八七頁。

Goffman, Erving, 1959, The Presentation of Self in Everyday Life, Doubleday Anchor.（ゴフマン／石黒毅訳、一九七四、『行為と演技―日常生活における自己提示―』誠信書房）。

［付記］
本稿は科学研究費補助金（基盤C）「地域社会における祭礼・芸能の変容と住民／他出者／外部参加者の関係性に関する研究」（研究代表者：武田俊輔、研究課題番号15K03852、二〇一五～二〇一八年度）の成果の一部である。

終章　ウチ―ソト関係からみた長浜曳山祭

市川　秀之

以上、第1章（序説）では長浜曳山祭の概要を述べ、続く第2章から第8章にいたる諸論考では子ども歌舞伎・シャギリ（囃子）・神輿などをめぐる、三役・若衆・中老・七郷・囃子保存会など多様な人・組織のありかたについて論じてきた。多様な組織が関係し、数多くの行事が複合して構成されるこの大規模な都市祭礼のすべてを通観する分析軸を設定することは難しい。ただ本書に収められた論考にあらわれる諸事象のなかに共通点を探すとき、ウチとソトという関係がすべての論考において重要な意味をもつことは確かであろう。以下、本書の終章ではウチ―ソトをキーワードとしながら、長浜曳山祭を支える人と組織のありかたについて整理をしておきたい。

長浜曳山祭はいうまでもなく典型的な都市祭礼である。「都市祭礼」という言葉のうち、まず「祭礼」の部分に着目してみよう。祭礼時においては住民の日常生活ではなかなか意識されないウチとソトという関係性が顕在化する。村落部の祭りでも、村落空間の境界部が強く意識され、祭礼の期間中に厄災が入らないように榊が挿されたり、あるいはその内側を祝祭するため境界をめぐる儀礼がおこなわれたりする。社会的にも当屋制神社祭祀組織(1)のように村落内をさらにウチ・ソトに区別する組織が祭礼を担ったり、日常的にはさほど意識されない男女の区別が強く示されることがある。眼を都市の祭礼に向けた時にも、ウチ―ソトの関係性は村落以上に明確であるが、それは一層からなる単純なものではない。幾重にも重なりあったウチ―ソト関係が、全体としてその空間と社会を統合する一つの秩序を形成している。長浜曳山祭にはその典型をみることができるだろう。長濱八幡宮の氏子範囲は広範囲に及ぶが、その中心部分は大きく旧市街地からなる山組とかつての農村部を中心とする七郷に分かれる。さらにその外側を一般の氏子圏が取り巻いている。山組と七郷を取り上げたとき、いうまでもなくどちらかをウチとすれば、他方はソトということになる。中野論文（第2章）では七郷が自らをウチとし、ソトである山組に対して神輿など儀礼面での優位を保とうとする姿が描写されている。また山組も、子ども歌舞伎を奉納する一二の組と、太刀渡りをおこない長刀山を持つ長刀組に分かれ、この場合にも宮入りなどの順序では長刀組が優位に立つ。長浜曳山祭の主役というべき狂言を執行する一二の山組に対して、長刀組や七郷は神事面での優位性をもつという点で微妙なバランスを保っているのである。

また各組織の内部もさらに細分化され、それぞれの内部組織は自らを中心としたウチ―ソト関係の存在とその優劣をさまざまな機会に主張している。子ども歌舞伎を執行する一二の山組は互いに強烈な対抗意識を持っている。他の組よりも少しでも良い歌舞伎を上演するために若衆は緊張感に包まれながら、必死に稽古と祭りの日々を過ごす。筆者も調査の中で、若衆が他の山組に対して自分の山はこうだという風にその山組のアイデンティティを強く語る場面に何度も遭遇した。

このような山組間の強い対抗心は裸参りなどの際に、時に暴力的に発露することもあるが、長浜の人々はこれもまた祭りの一環として受容している。もちろん山組間の関係性は対抗だけではなく、協力関係として現れることもある。本書の各章で述べられたように戦後長浜以外からの祭りへの参加が減少しているが、これに対して暇番山が出番山の山曳きやシャギリを手伝うといった新たな協力体制が生まれている。

また山組の内部は中老・若衆という年齢階梯的な組織によってさらに区分され、多くの山組の子ども歌舞伎執行は若衆が中心的役割を担っている。その中老—若衆の関係性は山組ごとに大きく異なるが、若衆の人々には自らをウチとみなす傾向が強い。例えば稽古場にも四月九日の線香番までは役者の家族や中老さえも入れない山組もある。稽古の期間は稽古場が若衆にとってのウチであり、そこにソトの者が入るのを拒むかのようである。

長浜曳山祭ではシャギリなどを除いて女性の参加はほとんどみられないが、これもウチ—ソト関係の一つの表れであろう。シャギリは本書東論文（第3章）が述べるように、それが長浜曳山祭のなかで周辺的な存在とみることができるため、例外的に女性の関与が認められたという側面も否めない。このようなウチ—ソトの対抗意識がさらに激化し、祭りの準備をめぐって若衆と中老、あるいは若衆内部でさまざまな対立関係が見られることを本書武田論文（第8章）は丹念に描いている。

山組は本来地縁的組織であるが、近年では都市の空洞化や少子化の影響で、住民のみでは必要な人数の確保が困難になっている山組も多い。いわばウチの空洞化である。同様の動きは祇園祭をはじめとする他の都市祭礼においても広くみられる。これを克服するため若衆の個人的なつながりや血縁関係をもととして若衆の拡大がはかられることが近年みられるようになっている。このウチの拡大とでもいうべき現象のなかで若衆がどのように再構成されていくのか、その過程を村松論文（第7章）は取り上げている。今後の都市祭礼の行方を考える上でも、ウチ—ソトを区分する基準の変化は大きな問題点であろう。

またこのような組織間・組織織内での関係性は祭りの進行のなかで大きく変化していく。筆者がそれを実感したのは二〇一一年春の祭りの時であった。この年は三月一一日におこった東日本大震災の直後に祭りがおこなわれたために、神輿の渡御は中止となり、榊での神霊の移動がおこなわれた。各山組でもさまざまな「自粛」がおこなわれ、ある山組では裸参りをこの年は行わないこととなった。本書武田論文（第8章）が述べるように若衆は祭りの準備から本番にかけて非常に厳しい毎日を過ごさなければならない。裸参りにはその節制の日々によって抑圧された若いエネルギーを爆発させ、翌日からの祭りへの奉仕を継続する力を与えるという機能がある。このようなことから裸参りの執行をめぐって、自粛を決定した中老と若い衆の間で一触即発の事態がみられた。これは祭り前日の一二日のことであったが、翌一三日の籤取式は特に混乱もなく、その後の行事も一同円満のうちに進行していったのである。このように祭りの各局面によって組織ごとの関係性はどんどん変化していく。筆者は祭りの機能を考えるときに準備期間がもつ意味を大きく評価しているが、長浜曳山祭はこの準備期間が非常に長期に及ぶ例だといえる。この長い準備期間において、対立を克服して、本日《ほんび》（一五日）を山場とする祭礼を乗り切っていくことが、祭礼を盛り上げる一つの要素となっているのである。その意味ではさまざまな組織間の対立は祭礼を活性化させる要素であるともいえる。しかしながら、ソトを意識するあまり山組の組織構成があまりに固定的なものとなり、ソトを排除する傾向が強すぎる場合には、メンバーの減少が顕著になり、組織の衰弱がみられることもある。

次に都市祭礼の「都市」という部分に視点を移してみよう。長浜は近世以来、交通の要地として、あるいは商工業の中心地として重要な地位を占めてきた。商工業の発展は当然のことながら経済的な蓄積をもたらし、その富が長浜曳山祭を支えてきた。本書では曳山そのものについては触れていないが、豪華な曳山の飾りや見送り幕は長浜の富を象徴している。また祭りを支える集団についても、戦前までは都市に集積された富を背景に都市の外部に依存してきた。曳山を曳く山曳きは戦前には遠くは岐阜県から来ていたと伝承されるし、本書上田論文（第4章）が述べるようにシャギリもまた長浜近郊の農村の人々が演奏してきた。三役は振付・太夫（浄瑠璃）・三味線からなるが、現在でも長浜では三役を長浜以外から呼ぶことが多い。小林論文（第5章）が取り上げた太夫や三味線奏者のように長浜郊外の農村の出身でありながら、長浜のみならず岐阜県の祭礼でも広く活躍した人物もいる。また橋本論文（第6章）では近世以来の振付の出自が探られているが、やはり長浜近郊農村出身の振付が広く活躍したことが述べられている。このような在地に基盤を持ちながらも広域を移動するなかばプロの芸能者が、それぞれの祭礼の特色を他に伝播する役割を果たしたことも十分考えられるだろう。このように広域で活動する芸能者の存在を可能にするのも、多くの人が集まる「都市」祭礼の一つの特色であろう。

このようにかつての都市祭礼を支える集団が都市の外部に存在したことについては、もちろん長浜だけではなく祇園祭や大津祭など他の都市祭礼に広くみられる現象である。このように長浜曳山祭のような都市祭礼では、都市とその周辺農村というウチ―ソト関係がかつて広く存在した。つまりソトの人々が祭りの実際面を担い、ウチの人々はそれを楽しむという構図である。このウチ―ソト関係が都市における富の集積に支えられていたことは長浜以外でもまったく同様である。また都市というものが本来的に周辺の村落部や遠隔地との経済的、人的交流から成立するものだとすれば、都市祭礼に見られるこのようなウチ―ソト関係は、祭りだけではなく広く経済や政治を含む社会全体を象徴したものとして理解すべきものであろう。

以上述べてきたのは都市祭礼を、都市以外の人々が支える形でのウチ―ソト関係であった。これはベクトルとしては周辺農村から都市へと向かう矢印で表現することができるが、逆に都市が周辺に影響を与える形での関係性もある。周辺農村からの助力に対する反対給付としての金銭や酒、食事などのお礼は当然のことながらその一つであるが、それ以外の形もみられる。たとえば本書上田論文（第4章）が紹介するシャギリ文化の周辺への広がりなどもその一つとしてあげることができるだろう。本書では芸能史的な考察をおこなっていないが、長浜曳山祭が他地域に与えた影響はシャギリだけではない。たとえば福井県三方郡美浜町早瀬では現在でも春祭りに曳山が出され、三番叟が演じられているが、この曳山は早瀬が幕末に千歯こきという農具の生産で繁栄したころ、長浜に人をやって曳山の作り方を学び制作したものだといわれている。このように長浜から周辺地域へというベクトルを示すウチ―ソト関係もさまざまにみられたのである。

しかしながらアジア太平洋戦争と終戦後の混乱はこのようなウチ―ソトの関係性に変更を迫ることとなった。長浜曳山祭の場合には昭和一二年（一九三七）より子ども歌舞伎などが中止となり、昭和二五年に再開されるまで十数年の空白期間があった。その間に戦前には近郊農村でシャギリをしていた人々も参加が困難になった。戦後、ふたたびその関係は復活したがやがて農村部でも生業面、社会面での変化が生じた結果、シャギリや山曳きとしての参加は困難になっていった。シャギリについてのこのプロセスについては本書東論文や上田論文が述べるとおりである。その結果として東論文が詳述するように昭和四六年（一九七一）に長浜曳山祭囃子保存会が組織され、長浜内部の人々がシャギリを担うこととなったである。これは空間的に長浜の町をウチととらえれば、ウチ―ソトの交流によって成り立っていた祭礼がウチの人々によってのみ担われることを意味している。これは長浜曳山祭のウチ化とも捉えられる。ムラの祭りがウチのみによって構成されることを考えれば、長浜曳山祭という都市祭礼が巨大なムラの祭りに転化したとみることもできるだろう。

ただこのような空間的なウチ化は、同時に長浜の内部においてさまざまな面で社会的なウチ―ソト関係の変化を招くこととなっている。たとえばシャギリにおいては、長浜曳山祭囃子保存会の設立や学校教育に取り入れられることなどを契機として女子の参加が広くみられることとなった。山曳きやシャギリにおいてそれまでには考えられなかった山組間での協力もみられるようになった。これらの動きにはさまざまな要因が考えられるが、大きくみれば戦前までみられた都市と周辺農村とのウチ―ソト関係による祭りの執行体制が崩れ、長浜のウチで祭礼を執行せざるをえなくなった時代の変化を反映し、ウチの拡大とその内部組織間の交流がはかられた結果としてとらえることが妥当だろう。また近年では山曳きなどでのボランティア導入が開始されている。これなどは新たなウチ―ソト関係の萌芽とみることができるだろう。二〇一六年のユネスコ無形文化遺産への登録などによって、長浜曳山祭にはさらなる変化が予想される。時代に対応したウチ―ソト関係の再構築が、今後の祭礼運営には不可欠の要件となるだろう。

以上から長浜曳山祭に見られる人や集団の関係性は以下のように整理することが可能である。

（1）祭りでは一般的に社会的・空間的にウチ―ソトの関係性が顕在化するが、長浜曳山祭のような都市祭礼においては都市を中心とした日常的に展開されている同心円的な社会関係や流通を背景として、ウチ―ソト関係は広域化し、また組織の複雑さに対応してそれは重層化する。

（2）ウチ―ソトの関係性は、それぞれの組織間での、区別化・序列化・対立を内包し、それは祭りを継続する活力となるとともに、ときには衰退の要因にもなる。

（3）ウチ―ソトの関係性は固定的なものではなく、時代的にも変化が著しい。それは長浜の都市としての歴史と密接に関連している。

（4）ウチ―ソトの関係性は時代だけではなく、祭礼の局面によっても変化する。ウチ・ソトが厳しく対立する局面がある一方でその統合が図られる局面もある。一般的には準備段階での対立が、祭礼当日において無化し、全体としての統合が図られる。このようなウチ―ソト関係の局面における変化が祭りの動態を表現している。

この四点が他の都市祭礼においても同様に見ることができるか否かは今後の検討をまたなければな

らないが、一つのモデルとして提示することは可能だろう。第1章でも述べたように、長浜曳山祭を推進する諸組織は他の全国の祭礼と合同で「山・鉾・屋台行事」としてユネスコ無形文化遺産登録への推進運動を展開し、二〇一六年末には念願の登録が成就した。今回登録された「山・鉾・屋台行事」は大半が都市祭礼の一環としておこなわれている。このような祭礼の共通した意味を考える上でも今後は都市祭礼の比較研究が必要とされるだろう。

本書の作成およびその前提となった調査に関しては、長浜曳山祭に関係する非常に多くの人々、組織のお世話となった。その数が膨大であるため、お名前をすべて挙げさせていただくことはできないが、巻末にあたり皆様に厚くお礼を申し上げたい。今後の長浜曳山祭の発展を祈念しながら筆を措くこととしたい。

［注］

（1）市川は民俗学的立場（現在の聞き取り調査によって民俗事象を考察する立場）においては「宮座」という用語を使わず、それが意味するものについて「当屋制神社祭祀組織」という用語を使用することを提唱している。市川秀之、二〇一一、「山口県防府市の当屋制神社祭祀組織」『国立歴史民俗博物館研究報告』第一六一集。

あとがき

本書の序説にも記したように、この論考集は平成二三年、二四年の調査の当時から企画されていたものであり、何人かのみなさまには随分早くに原稿を頂戴していた。刊行まで長い時間を要したのは、ひとえに編者の責任であり、執筆者をはじめお世話になった皆様にはお詫び申し上げたい。またこのような学術書の刊行が現在の出版状況では困難なことも刊行まで時間を要した一因であった。その意味で平成二七年に創設されたおうみ学術出版会の第二冊目として本書の刊行が可能となったことは本当に幸いであった。同会の創設にあたって努力された皆様や編集についてお世話になった高村幸治氏、サンライズ出版の岸田幸治氏には心より感謝申し上げたい。

平成二八年末に長浜曳山祭は「山・鉾・屋台行事」の一つとしてユネスコの無形文化遺産に登録されることとなった。現在、長浜の町の所々には、登録を祝うポスターが貼られ、色鮮やかな記念の旗が立てられている。登録記念として平成二九年四月の祭りにはすべての曳山が出されるという。この記念すべき年に本書を刊行することができた僥倖を喜ぶとともに、今後とも長浜曳山祭が力強くその歴史を刻んでいくことを祈念し、本書のあとがきとしたい。

平成二九年三月

市川秀之

は 行

裸参り　14, 15, 17, 84, 90, 96, 109, 220, 239, 245-249, 254, 256-258, 263, 271, 273
囃子方　21, 38, 61, 79, 81-83, 85, 86, 92, 103, 109, 114, 122, 133, 134, 202, 213
萬歳楼　12, 86, 91, 102, 108, 119, 120, 122, 124, 128, 134, 135, 137, 179, 181, 182
曳山交替式　17
曳山博物館　3, 13, 16, 17, 23, 33, 34, 83, 90, 147
筆頭　12, 16, 17, 19, 21, 91, 201, 202, 210, 212-214, 221, 223-226, 229, 237, 238, 240-261, 263
副筆頭　21, 91, 201, 202, 212-214, 221, 223, 225, 229, 237, 240, 255, 257
副負担人　21, 203, 251, 265
舞台後見　21, 202, 213, 214, 221, 224, 225, 229, 236
負担人　11, 17, 18, 21, 37, 52, 53, 59, 60, 203, 228, 250, 251, 253, 256, 263, 265
船町組　12, 124, 135, 171, 183
鳳凰山　12, 120, 124, 131, 135, 137, 152, 153, 181
豊国神社　14, 17, 25, 149, 247, 254
奉演間　84, 89, 90, 119, 122, 127, 129
本町組　12

ま 行

米原　22, 29, 40, 92, 111, 113, 122, 123, 125, 126, 131, 135, 147-155, 157, 166
賄方　21, 202, 213, 214
神輿還御　16, 55, 67, 96
神輿渡御　16, 25, 57, 61, 65, 72, 77
御堂前組　12, 135, 137, 179, 180, 182
宮町組　12, 75, 122, 135, 137, 171
戻り山［行事名］　16, 19, 67, 119, 140
戻り山［曲名］　84, 89, 90, 122, 124, 127, 129

や 行

役者方　21, 202, 213, 214, 219, 221-223
山蔵　15, 19, 25, 28, 83, 84, 90, 95, 140
夕渡り　16, 18, 88, 90, 96, 138, 246, 249-252, 256, 257, 264

わ 行

若衆（若い衆・若連中・若き者・奇合）　12-14, 16, 17. 20, 21, 27, 37, 39, 53, 83, 85-87, 90, 91, 100, 102, 117, 122, 123, 125, 136, 170, 178, 199-203, 205-229, 231, 232, 234-250, 252, 254-266, 270-273

三役方　202, 213
三役修業塾　19, 23, 32-34, 108, 146, 179, 185, 190
七郷　7, 15, 16, 19, 22, 38, 43-49, 51-56, 58-62, 64-80, 111, 270, 271
社戯里'S　131, 132, 138
舎那院　3, 63, 64. 79
十三日番　15, 16
猩々丸　12, 85, 86, 119, 122-124, 134-137, 150, 171, 183
新放生寺　64, 70, 71
青海山　12, 119, 120, 123, 124, 136, 137, 149, 150, 172, 183
瀬田町組　12, 76, 122, 124, 128, 137, 179, 182
線香番　14, 17, 83, 90, 96, 118, 122-124, 247, 248, 272
總當番　11, 14, 16-18, 21-23, 25, 26, 29, 31, 32, 35, 37, 47, 52, 53, 59, 60, 64, 65, 67, 78, 203, 228, 246, 250

た　行

大通寺　2, 3, 60
高砂山　12, 25, 86, 108, 120, 122, 127, 135, 137, 138, 148, 153, 171, 179, 181
太刀渡り　7, 9, 16, 18, 25, 29, 66-68, 110, 171, 271
田町組　12, 124, 130, 137
垂井　29, 147-154, 166, 187
中老　14, 21, 39, 53, 100, 201, 203, 205, 210, 211, 216, 218, 224, 227-229, 231, 232, 234, 235, 237-241, 243, 245-259, 261-266, 270, 272, 273
提灯方　202, 203, 213, 214
出番山　11, 13, 15-17, 21-23, 30, 34, 65-67, 83, 87-89, 99, 102, 103, 127, 135, 177, 178, 246, 271
出笛　90, 103, 122, 124, 129
天満宮神社　46, 49, 50
常磐山　12, 137, 149, 150, 264

な　行

長浜観光協会　79, 94
長濱八幡宮　3, 7, 8, 14-18, 22, 25, 37, 38, 43, 44, 46-48, 50-57, 60, 62-65, 67, 69-80, 96, 108, 110, 111, 113, 170, 171, 202, 247, 248, 254, 270
長浜曳山文化協会　23, 24, 31, 79, 179
長浜曳山祭協賛会　30, 79
長浜曳山祭囃子保存会　23, 38, 87, 141, 276
長浜曳山祭文化財保護委員会　29, 32
長浜曳山祭保存会　6, 23, 30-32, 34
長刀組　7, 12, 16-18, 22, 30, 45, 59, 60, 64-68, 78, 79, 271
長刀山　7, 9, 12, 16, 30, 171, 271
習い番　17
人行事　18, 23, 29
登り山　16, 18, 66, 90, 129, 140

索引

あ 行

朝渡り　16, 18
衣装合わせ　13, 14, 17
伊部町組　12, 137, 180
祝町組　12, 124, 131, 135, 137
魚屋町組　→　祝町組
氏子総代　22, 46, 51-53, 59, 60, 62, 65
大手町組　12, 122, 126, 131, 137, 179, 182
大手門通り　4, 8, 9, 18, 90
翁山　12, 85, 133, 135, 137, 148, 180, 181
翁招き　16, 18, 66
起こし太鼓［行事名］　15, 17, 25, 90, 109, 119, 124, 140
起こし太鼓［曲名］　88, 119, 122, 124, 127
御旅所　9, 15, 16, 18, 19, 54, 59, 61, 65-67, 76, 90, 115, 202
御旅所祭　59, 63, 79
御遣り　84, 89, 90, 119, 122, 124, 127, 129, 132

か 行

神楽　84, 89, 90, 92, 119, 122, 124, 127, 129
春日山　12, 90, 148
暇番山　11, 15, 17, 23, 79, 246, 271
駕輿丁　45, 53-62, 66, 67, 72-75, 77, 78, 80
諫皷山　12, 108, 135-137, 148, 153, 179-182
北町組　12, 123, 124, 136, 137, 171, 183
籤取式　14, 16, 66, 273
籤取人　11, 14-16, 21, 202, 213, 214, 236, 246, 248, 255, 263
孔雀山　12, 25, 120, 124, 131, 135-137, 152, 183
月宮殿　12, 21, 85, 86, 102, 103, 119, 122-124, 127, 130, 134, 136, 137, 148, 152, 153, 181
神戸町組　12, 124, 131, 137, 183
後宴狂言　16, 19
壽山　12, 108, 120, 122, 126, 131, 137, 148-150, 179, 181, 182
呉服町組　12, 137
小舟町組　→　長刀組
御幣返し　16, 19, 118
御幣迎え　15, 17, 66

さ 行

三役（振付・太夫・三味線）　12, 13, 17, 19, 21, 25, 29, 32, 33, 39, 108-110, 142, 145, 146, 151, 154, 170, 172, 178-181, 184, 186, 187, 190, 192, 202, 235, 270, 274

村《むら》松《まつ》美《み》咲《さき》

1990年生まれ。滋賀県立大学人間文化学部地域文化学科卒業。現在、旅行会社勤務。著作に『長浜曳山まつりの舞台裏―大学生が見た伝統行事の現在―』(共著、サンライズ出版、2012年)

*武《たけ》田《だ》俊《しゅん》輔《すけ》

1974年生まれ。東京大学大学院人文社会系研究科社会学専門分野博士課程単位取得退学。現在、滋賀県立大学人間文化学部講師。著作に『世代をつなぐ竜王の祭り　苗村神社三十三年式年大祭』(編著、サンライズ出版、2016年)、『歴史と向きあう社会学　資料・表象・経験』(共著、ミネルヴァ書房、2015年)、「都市祭礼におけるコンフリクトと高揚　長浜曳山祭における山組組織を事例として」(『生活学論叢』28号、2016年)ほか。

執筆者紹介（略歴・主要業績）―論文掲載順　（＊編者）

＊市《いち》川《かわ》秀《ひで》之《ゆき》

1961年生まれ。関西大学大学院博士前期課程修了。博士（文学）。現在、滋賀県立大学人間文化学部教授。著作に『広場と村落空間の民俗学』（岩田書院、2001年）、『「民俗」の創出』（岩田書院、2013年）ほか。

中《なか》野《の》洋《よう》平《へい》

1980年生まれ。総合研究大学院大学文化科学研究科博士後期課程修了。博士（学術）。現在、島根大学地域未来戦略センター講師。著作に『職能民へのまなざし』（共著、世界人権問題研究センター、2015年）ほか。

東《あずま》資《もと》子《こ》

1965年生まれ。山口大学大学院東アジア研究科修了。博士（学術）。現在、一関市教育委員会文化財課文化財調査研究員。著作に「民俗芸能の継承に学校が果たす役割―大船渡の事例から」（『季刊民族学　39（2）』一般財団法人千里文化財団、2015年）

上《うえ》田《だ》喜《よし》江《え》

1980年生まれ。帝塚山大学大学院人文科学研究科修士課程修了。現在、安堵町歴史民俗資料館学芸員。著作に『近江 愛知川町の歴史』第3巻　民俗・文献史料編（共著、愛荘町、2008年）、「長浜曳山祭と周辺村落―長浜囃子保存会以前のシャギリを中心に―」（『長浜曳山祭の芸能』、2012年）、「曳山祭と見送り幕―愛荘町における刺繍技術の普及―」（『淡海文化財論叢』第五輯、2013年）、『大津曳山祭総合調査報告書』（分担執筆、大津市教育委員会、2015年）

小《こ》林《ばやし》力《つとむ》

1986年生まれ。滋賀県立大学大学院人間文化研究科修士課程修了。現在、八戸市教育委員会学芸員。著作に「南部煎餅の戦後史―煎餅型鍛冶資料を中心に」（『民具マンスリー　48（4）』神奈川大学、2015年）、「八戸地方における山伏神楽の春祈祷―白銀四頭権現神楽を例に」（『東北民俗　50』、東北民俗の会、2016年）

橋《はし》本《もと》章《あきら》

1968年生まれ。佛教大学大学院博士課程単位取得。博士（文学）。現在、京都文化博物館学芸員。著作に『戦国武将英雄譚の誕生』（岩田書院、2016年）、『近江の年中行事と民俗』（サンライズ出版、2012年）、『糸の世紀・織りの時代―湖北・長浜をめぐる糸の文化史―』（共著、サンライズ出版、2010年）ほか。

長浜曳山祭の過去と現在
祭礼と芸能継承のダイナミズム

2017年３月31日　第１刷発行

編　者　市川秀之・武田俊輔

発行者　位田隆一

発行所　おうみ学術出版会
〒522-8522
滋賀県彦根市馬場一丁目１-１
滋賀大学経済学部内

発　売　サンライズ出版
〒522-0004
滋賀県彦根市鳥居本町655-１

編集協力：高村幸治

印刷・製本　渋谷文泉閣

Printed in Japan　ISBN978-4-88325-615-0

おうみ学術出版会について

　おうみは、湖上、山野、いずこから眺めても、天と地と人の調和という、人類永遠の課題を意識させてやまない。おうみならではの学術の成果を、この地の大学と出版社の連携によって世におくり続けようと、平成二十七年（二〇一五）暮れ、「おうみ学術出版会」が発足した。滋賀大学、滋賀県立大学、サンライズ出版株式会社が合意し、企画、編集から広報にいたるまで、ほとんどの過程で三者が緊密に協働する方式をとる。しかも、連携の輪が他の大学や博物館にも広がりゆくことを期している。

　当会が考える学術出版とは、次なる学術の発展をも支えうる書物の出版である。そのためには何よりもまず、多くの人が読める文体の書をめざしたい。もちろん、内容の水準を保ちつつ読みやすさを工夫するのは容易ではない。しかし、その条件が満たされてこそ、垣根を越えた対話が深まり、創造が生まれ、学術の積み重ねが可能となる。専門分野に閉じこもりがちな従来の学術出版とは異なり、あらたな領域を拓く若い才能も支援したい。

　当会の象徴として、この地と大陸のあいだの古くからの往来に想いを馳せ、おうみの漢字表記「淡海」の頭字を選んだ。字体は、約三千年前の青銅器銘文の中から、古体をとどめる「水」「炎」の二字を集字したものである。水は琵琶湖を、横の二つの火はおうみの多彩な歴史と文化を表すと、我田引水の解釈をつけた。ちなみに、「淡」の字に付けられた古注は「無味」である。「心を無味に遊ばせよ」と荘子がうながすように、そこに何かを見いだせるのが人間の精神であろう。